Raymond A. Moody
mit Paul Perry

LEBEN VOR DEM LEBEN

Deutsch von Kurt Neff

Rowohlt

Die Originalausgabe erscheint im Januar 1991 unter dem Titel
*Coming Back. A Research Odyssey into the Meaning
of Past Lives* im Verlag Bantam Books, New York
Umschlaggestaltung Werner Rebhuhn unter Verwendung eines
Ausschnitts aus dem Triptychon *Der Garten der Lüste*
von Hieronymus Bosch im Museo del Prado, Madrid
(Foto: Archiv für Kunst und Geschichte, Berlin)

1. Auflage August 1990
Copyright © 1990 für die Übersetzung by Rowohlt Verlag GmbH,
Reinbek bei Hamburg
Coming Back Copyright © 1991 by Raymond A. Moody, Jr.
Alle deutschen Rechte vorbehalten
Satz aus der Sabon (Linotronic 500)
Gesamtherstellung Clausen & Bosse, Leck
Printed in Germany
ISBN 3 498 04336 6

Inhalt

Einleitung 9

Eine Odyssee für jedermann 14 · Einem Rätsel auf der Spur 16 · Antworten – aber kein Ende der Fragen 18

Erster Teil: Sondierung

1 Die neun anderen Leben des Raymond Moody 23

Im Dschungel 29 · Im unerforschten Afrika 31 · Der Fehltritt des Bootsbauers 33 · Der furchtsame Mammutjäger 34 · Als Bauarbeiter im öffentlichen Dienst der Frühzeit 36 · Raymond in der Löwengrube 38 · Aristokrat mit schlechtem Abgang 40 · Ein Massaker im Mittleren Osten 41 · Leiden einer Chinesin in China 43

2 Aspekte der Inkarnationsregression 53

Aspekte der Rückführungserlebnisse 54 · Regressions-/Reinkarnationstherapeuten 57 · Erstes Merkmal: Rückführungserlebnisse sind gewöhnlich visueller Art 61 · Zweites Merkmal: Rückführungserlebnisse führen ein Eigenleben 62 · Drittes Merkmal: Die Bilderwelt strömt eine unheimliche Aura von Bekanntheit aus 63 · Viertes Merkmal: Der Regressand identifiziert sich mit einer einzelnen Person 65 · Fünftes Merkmal: Die affektive Komponente des Vorlebens wird in der Rückführung miterlebt (nachempfunden) 66 · Sechstes Merkmal: Inkarnationen können aus doppelter Perspektive – Außen- und Innensicht – erlebt werden 67 · Siebentes Merkmal: Das Erlebnis spiegelt häufig die aktuelle Problemsituation des Regressanden wider 68 · Achtes Merkmal: Inkarnationsregressionen können zu einer realen Besserung des seelischen Befindens führen 70 · Neuntes Merkmal: Inkarnationsregressionen können sich auf den körperlichen Gesundheitszustand auswirken 73 · Zehntes Merkmal: Für die Reihenfolge von Rückführungserlebnissen ist nicht die Chronologie, sondern die Logik das maßgebliche Prinzip 75 · Elftes Merkmal: Inkarnationsregressionen sind auch Übungssache 76 · Zwölftes Merkmal: Inkarnationen spielen größtenteils auf Profanniveau 77 · Die allzeit zur Gefälligkeit bereite Psyche 77

Zweiter Teil: Anwendung

3 Die Heilkraft der Rückführung 83

Seelenkräfte 85 · Krankheit als Metapher: Ein Fall von Arthritis 88 · Ein Fall von Asthma 91 · Ein Fall von Bluthochdruck 94 · Ein chronischer Schnupfen 97 · Es ist der Geist, der sich den Körper baut 99 · Krankheit aus der Sicht der Reinkarnationstheorie 102 · Phobien und die Regressionstherapie/ Reinkarnationstherapie: ein Untersuchungsergebnis 104 · Sabrinas Furcht – wie ausgelöscht 105 · Die Männerfeindin 107 · Die Angst vor dem Versagen 111 · Symbole für Symbole 114 · Die Wunderwaffe gegen Depression 115 · Depression, reinkarnationstherapeutisch unter Feuer genommen 118

4 Rückführung und Gegenwart 121

Die Sprache des Unbewußten 124 · Die Immigrantin 125 · Leslie und das Feuer 128 · Kerry und die Ungebundenheit 130 · Donna auf Egotrip 134 · Ted oder die Vergötzung der Familienbande 137 · Victor und das Wunderwerk 139 · Der gemütstote Hohepriester 142 · Die alten Stoffe, neu gewendet 146 · Inkarnationsregression: ein therapeutisches Werkzeug 151

Dritter Teil: Deutung

5 Inkarnationsregression – Beweis für ein Leben vor dem Leben? 155

Einerseits... 155 · ...andererseits 158 · Der wiedergeborene Edelmann 161 · Rückkehr zur «Donner Party» 162 · Fazit 168

6   Ferien vom Ich?   170

Der Autoritätsverächter 174 · Die zurückgesetzte Tochter 178 · Warme Gefühle in kalter Umgebung 182 · Bobby auf Zivilisationsflucht 184 · Ken, der Mann als Frau 187 · Chet der Wegelagerer 189 · Die Psyche auf Einkaufsbummel 191

7   Unerkannte Gedächtnisinhalte?   194

Kryptomnesie 194 · Xenoglossie 200 · Hypnagogische Zustände 203 · Was hat es damit auf sich? 205

8   Der Königsweg zum persönlichen Mythos?   207

Mythen sind «allerorten sich gleich» 208 · Quasi ein neuer Ikaros 211 · Der Urwald-Zeus 214 · Dionysos in Dodge City 217 · Demeter die Märtyrerin 219 · Die Heilwirkung des Mythos 223

Vierter Teil: Selbsterforschung

9   Alleinreisen im Reich der Einkörperungen   229

Entmystifiziert die Hypnose! 230 · Trancelogik und andere Eigenheiten 231 · Formulieren Sie erhellende Fragen 233 · Verdauen Sie das Erlebte 234 · Die visionäre Kraft des Kristallsehens 234 · Vom Kurs zur Klinik 238 · Margaret die Mandschurin 239 · David der Insulaner 241 · Das Rätsel Michael 244 · Zur Technik des Kristallsehens 248 · Doch zuvor ein ernstes Wort! 250

10 Bilanz   260

«Außergewöhnliche Behauptungen» 261

Anhang

Anleitung zur Selbsthypnose   269

Einleitung

Ist das Leben, das wir leben, nicht unser erstes? Und womöglich auch nicht unser letztes?

Viele Menschen, Religionsanhänger wie Religionslose, sind der Überzeugung, daß es sich so verhält. Für die Hindus besteht das menschliche Schicksal in einem endlosen Kreislauf von Tod und Wiedergeburt. Aber auch in anderen asiatischen Religionen kann man beispielsweise den Glauben vertreten finden, daß der Mensch, wenn er mit Sündenschuld beladen stirbt, in ein neues Menschenleben hineingeboren wird, das ihm die Chance gibt, sich zu läutern. Im Hinduglauben freilich gewann dieses Prinzip, nach dem man erntet, was man gesät hat, eine ziemlich drastische Ausprägung: Wer als schlechter Mensch aus diesem Leben scheidet, kehrt für die Dauer der nächsten Runde in sehr unvorteilhaft veränderter Gestalt, etwa als Insekt, ins Dasein zurück.

Es gibt Menschen, die der festen Überzeugung sind, daß sie fast nach Belieben in solche früheren Lebensläufe zurückkehren können. Ihrer Ansicht nach ist es möglich, auf hypnotischem Weg Zugang zu einer Hirnregion zu gewinnen, in der die Informationen über die früheren Leben der Person ganz oder teilweise archiviert sind wie Akten in einem Aktenschrank.

Dieses Verfahren, mit Hilfe der Hypnose die Türen zu früheren Leben eines Menschen aufzustoßen, nennt man «Rückführung in ein früheres Leben» oder «Inkarnationsregression» (zum Unterschied von der «Altersregression»).

Ich glaube, es ist keine Übertreibung zu sagen, daß die meisten Zeitgenossen die Rückführung für Humbug halten. Für diese Skeptiker handelt es sich da um eine Sache vom gleichen

Kaliber wie der Glaube an die «harmonischen Konvergenzen» (Planetenkonstellationen, die angeblich Kraftfelder auf der Erde hervorbringen) oder an die krankheitsheilende Wirkung von Kristallen.

Es bestehen jedoch erhebliche Unterschiede zwischen harmonischen Konvergenzen, Kristalltherapie und ähnlichem Kokolores (denn daß es sich in diesen Fällen um Humbug handelt, ist auch meine Meinung) auf der einen und der Inkarnationsregression auf der anderen Seite. Und zwar beruht der Hauptunterschied in dem Umstand, daß im Zuge der Inkarnationsregression *etwas Wahrnehmbares passiert.* Normale, geistig gesunde Menschen finden sich de facto in alte Kulturen versetzt und erleben sich als Zeitgenossen längst vergangener Epochen. Sie sehen sich in zeitgemäße Gewänder gekleidet, und wenn sie, wie es häufig geschieht, die Gespräche in ihrer Umgebung mitbekommen, so stellt sich immer wieder heraus, daß diese ganz dem Geist der Zeit entsprechen.

Nicht jeder, der sich einer Rückführung unterzieht, findet sich in einem früheren Leben als Christoph Kolumbus, Heinrich VIII. oder eine andere historische Persönlichkeit von ähnlicher Statur wieder. Die wenigsten Menschen erleben sich in der Regressionshypnose als Mitglieder von Herrscherhäusern oder auch nur der sozialen Oberschicht. In der Mehrzahl aller Fälle sind sie Sklaven oder Gladiatoren, Soldaten oder Stallburschen, kurzum, Leute aus dem gewöhnlichen Volk, die ein genauso gewöhnliches Leben führen, wie sie es auch heute tun. Höchst selten, daß jemand sich als über dem Durchschnitt erlebt, und noch seltener, daß ein früheres Leben sich in Pracht und Herrlichkeit abspielt.

Für die Wahrheit dieser Angaben kann ich mich verbürgen, weil ich das alles in meiner psychotherapeutischen Praxis oft genug miterlebt habe.

Dann und wann begegnete mir im Zuge meiner psychotherapeutischen Arbeit mit geistig gesunden Menschen der überraschende Fall, daß Patienten wegen eines rätselhaften Intermezzos zu mir kamen, in dessen Verlauf sie, wie es ihnen schien, an einen entfernten Punkt des Raum-Zeit-Kontinuums zurückversetzt worden waren, wo sie sich eins gefühlt hatten mit jemandem, dessen Lebenszeit in einer früheren Geschichtsepoche lag.

Gewöhnlich tritt das Erlebnis in Form von Sinneseindrücken auf, meist als visuelles Bild. In manchen Fällen dagegen schildert die Person unter Hypnose nur Töne und Gerüche und erklärt, es gebe für sie nichts zu sehen. Dabei haben die Betreffenden durchweg das Empfinden, daß ihre Eindrücke sich auf Vorkommnisse aus der Zeit vor ihrer Geburt beziehen, und das Erlebnis ist dermaßen intensiv, daß alle das Gefühl haben, einen realen «Zeitsprung in die Vergangenheit» getan zu haben.

Lange Zeit war ich der Meinung, bei dem halben Dutzend Fälle dieser Art, das ich in meiner Praxis behandelt hatte oder vom Hörensagen kannte, handle es sich um nichts weiter als eine vorübergehende leichte Störung des Realitätssinns: so eine Art Anfall von überdurchschnittlich lebhafter Tagträumerei – jedenfalls um eine Sache, für die sich der Aufwand einer ernsthaften Untersuchung kaum gelohnt hätte.

Und damit wäre die Angelegenheit für mich wohl endgültig erledigt gewesen – hätte ich dann nicht *Leben nach dem Tod*, mein erstes Buch über Todesnähe-Erlebnisse, veröffentlicht. Kaum war das Buch erschienen, wurde ich von meinen Lesern mit Briefen förmlich überschüttet. Die meisten berichteten über ihr eigenes Todesnähe-Erlebnis, diese intensive spirituelle Erfahrung eines Menschen, der um Haaresbreite dem Tod entgangen ist. In einem Teil dieser Briefe wurden jedoch auf faszinierende Weise auch psychologische und spirituelle Phänomene anderer Art beschrieben, und in zahlreichen Fällen handelte es sich dabei um unvermutete «Rückblicke» in frühere Leben, wie ich sie bereits von meinen Psychotherapiepatienten kannte. Einige von ihnen fand ich einfach atemberaubend. So etwa den folgenden Bericht:

In der Rückführung sah ich mich als ungefähr zwölfjähriges Mädchen im Wald neben einem Wasser stehen. Ich blickte auf meine Füße hinunter und bemerkte, daß sie schwarz waren. Neben mir, auf einer Art Strohsack, lag eine Frau, von der ich wußte, daß sie meine Großmutter war. Sie lag im Sterben, und ich fühlte mich sehr einsam.

Es gelang mir, noch weiter zurückzugehen, bis ich ungefähr fünf Jahre alt war. Ich hatte nicht das Gefühl, daß da ein Vater in der Familie war, aber mit meiner Mutter war ich zusammen. Überall um uns herum waren die Männer in unserem Dorf dabei, Blockhäuser zu bauen. Ich verbrachte meine Zeit damit, alle Tage zusammen mit den Frauen des Stammes Körbe zu flechten oder Nahrung zu sammeln.

Ich hatte keine Ahnung, wo das war, wo wir uns aufhielten, aber ich wußte, daß da irgendwo der weiße Mann war, denn aus Gesprächen hatte ich aufgeschnappt, daß wir von weißen Eindringlingen an unseren neuen Aufenthaltsort verjagt worden waren.

Nach dem Tod meiner Großmutter wurde ich zur Einzelgängerin; bis ich Anfang Zwanzig war, lebte ich im Wald ganz für mich allein. Dann konnte ich auf einmal sehen, wie ich gestorben bin. Ich hatte mir das Bein gebrochen, und niemand war da, der mir hätte helfen können. Ich sah, wie mein Bein sich verfärbte, und zuletzt wurde mir klar, daß ich dabei gestorben bin.

Die Frau sagte mir noch, daß ihre Eindrücke sehr intensiv gewesen seien, so als handle es sich um die Gedächtnisspuren von jüngstvergangenen Ereignissen. Sogar den Geruch der Szenerie habe sie in der Nase.

Eine andere Frau fand sich an der Seite ihres Vaters im Menschengewühl eines Marktplatzes wieder:

Wir trugen Gewänder aus grobem Stoff, und überall um uns herum waren Pferdekarren. Bei einem Sklavenhändler blieben wir stehen, und mein Vater kaufte mehrere Sklaven.

Weiter ging es dann mit der Heimkehr in das Haus, in dem mein

Vater und ich wohnten. Es war ein Prunkbau mit mächtigen Mauern und wunderschönen Möbeln. Ich hatte das Gefühl, daß wir sehr reich sein mußten.

Ich bewegte mich dann vorwärts durch meine Lebenszeit bis zum Alter von sechzehn und stellte fest, daß ich ganz außer mir war über meinen Vater. Er wollte mich dazu bringen, einen Mann zu heiraten, der viel älter war als ich, und ich wollte nicht. Ich war wütend und ängstlich zugleich.

Ich beschloß, auszureißen und in die Neue Welt auszuwandern. Eine Frau, in der ich meine Erzieherin erkannte, steckte mir heimlich etwas Geld zu, und ich buchte eine Überfahrt nach Amerika auf einem großen Segelschiff. Aber das Schiff ging unter. Ich konnte sehen, wie alle Leute um mich herum in Panik gerieten, und ich konnte sehen, wie wir allesamt verzweifelt im Wasser hin und her schwammen und nach irgend etwas suchten, woran wir uns klammern könnten. Dann sah ich, wie ich ertrank.

Wie dem Leser bereits selbst aufgefallen sein dürfte, gleichen die geschilderten Fälle einander in vielem. Das typische Ablaufschema sieht so aus, daß jemand von einer Bilderflut überschwemmt wird, in der sich seinem oder ihrem eigenen Eindruck nach ein anderes Leben widerspiegelt, das er oder sie in der Vergangenheit gelebt hat.

Zwar stellen sich solche Bilder häufig in einer psychologischen Konfliktsituation oder einer Lebenskrise ein. Aber es kommt durchaus auch vor, daß sie ohne erkennbaren Anlaß auftreten.

Ein Teil meiner Patienten wie auch der Leser meines Buches, die mir Briefe schrieben, gibt an, daß diese Bilder sich im Anschluß an den Besuch eines ihnen bislang vollkommen unbekannten Landstrichs einstellten. Die unerklärliche Vertrautheit der fremden Umgebung hinterließ in ihnen die bohrende Empfindung, daß «diese Mauern voller Erinnerungen stecken».

Solche Déjà-vu-Erlebnisse erwecken in vielen Betroffenen eine gewisse Wehmut – fast so etwas wie Heimweh. Nicht selten beginnen sie – und dies ist der erste Schritt zur Inkarnationsregression –, sich nach einem genaueren Kennenlernen der Umstände zu sehnen, aus denen jenes spontane Vertrautheitsgefühl zu erklären wäre. Haben sie in einem früheren Leben hier gelebt, und was für ein Leben war das gewesen? Ein glückliches oder ein unglückliches? Waren sie reich oder arm gewesen? Hatten sie zu den «Stützen» oder zum «Abschaum» der Gesellschaft gezählt? So oder ähnlich sehen die Fragen aus, die sich häufig einstellen, sobald jenes Guckloch in die Vergangenheit überhaupt erst einmal entdeckt ist. Für viele Menschen ist ein Erlebnis dieser Art zum Auftakt einer intensiven geistigen und seelischen Suche geworden, die sie zuletzt zu einem neuen inneren Frieden und einem neuen, vertieften Verständnis ihrer selbst geführt hat.

Eine Odyssee für jedermann

Seit einigen Jahren ist – nicht zuletzt dank der Zunahme von einschlägigen Berichten in den Massenmedien – in der Öffentlichkeit ein vermehrtes Interesse am Phänomen der Inkarnationsregression festzustellen. Die Filmschauspielerin Shirley MacLaine schildert in ihren Büchern wiederholt sehr anschaulich Erfahrungen dieser Art.

Aus dem, was man bei Shirley MacLaine und anderen über diese Seelenreisen in ein früheres Leben nachlesen konnte, haben allerdings die meisten Interessenten den Schluß gezogen, daß es sich da um etwas handeln müsse, das ausschließlich der Kaste der *happy few* vorbehalten sei. Für Otto Normalverbraucher würden diese Pforten der Wahrnehmung auf ewig versperrt bleiben, war die weitverbreitete Meinung: Leuten wie du und ich blieb nur die Rolle des staunenden Zuhörers der Geschichten, die uns jene Auserwählten von ihren packenden Hypnosetrips mitbrachten.

Nicht anders dachte ich auch selber, bis ich vor viereinhalb Jahren meine erste eigene Reise in die atemberaubende pittoreske und aufregende Welt der Rückführungserlebnisse unternahm. Denn obwohl ein Großteil meiner Berufstätigkeit darin bestand, die ausgefallenen Erlebnisse anderer Menschen zu untersuchen, war mir selber etwas dermaßen Außergewöhnliches niemals zugestoßen.

Und obwohl ich mich als Hypnotiseur durchaus sehen lassen kann, hatte ich zum bewußten Zeitpunkt die Hypnose niemals zu anderen Zwecken eingesetzt als dazu, meinen Patienten beizubringen, wie man sich entspannt oder wie man mit Schmerzen fertig wird oder wie man das Rauchen aufgibt. Mir war auch noch nie der Gedanke gekommen, daß ich ein sonderlich gutes Hypnosemedium abgeben könnte. Für mich war die Hypnose ein bequemer Weg zur Tiefenentspannung und zum problemlosen Einschlafen – und das war's dann auch schon.

Aber im April 1986, während eines Besuchs bei John Audette und Diana Denholm in Florida, wurden die Pforten der Wahrnehmung auch für mich aufgestoßen. Diana führt eine psychologische Beratungspraxis und bedient sich in ihrem Beruf schon seit vielen Jahren der Hypnose als Hilfestellung für Klienten, die abnehmen, das Rauchen aufgeben, Phobien überwinden oder sich zu entspannen lernen wollen.

Dabei komme es immer wieder mal vor, erzählte sie mir, daß ein Klient in der Tiefenhypnose spontan in ein Bewußtseinsstadium zurückgeht, das sowohl seinem eigenen als auch ihrem Eindruck nach einem früheren Leben entspreche. Beim ersten derartigen Vorfall war sie einigermaßen verunsichert. Sie fürchtete, sie habe einen Fehler gemacht oder der Patient leide an Persönlichkeitsspaltung.

Nachdem sie das aber ein paarmal miterlebt hatte, verspürte Diana keinerlei Unbehagen mehr, wenn ihr jemand unversehens in eine ferne Vergangenheit abdriftete. Ganz im

Gegenteil begann das Phänomen sie jetzt zu faszinieren, und schließlich fand sie heraus, wie sie eine Inkarnationsregression gezielt herbeiführen konnte.

Heute, so Diana, wende sie Inkarnationsregressionen als therapeutisches Hilfsmittel in ihrer Praxis an. Dieser «Blick in die Vergangenheit» erleichtere es den Patienten zu begreifen, was es mit ihren Problemen im Hier und Heute auf sich habe.

Ich quittierte Dianas Erzählung mit dem Eingeständnis meiner Ungläubigkeit. Wie die meisten Angehörigen meines Berufsstands hielt ich damals alles, was man über die ernst zu nehmende Bedeutung von Zeitreisen mittels Hypnose zu hören bekam, für völlig aus der Luft gegriffen.

Meine Gastgeberin war klug genug, sich gar nicht erst auf eine lange Diskussion mit mir einzulassen, sondern bot mir einfach an, mich zu hypnotisieren. Ich stimmte zu, und noch selbigen Nachmittags schritt sie zur Tat. Unter ihrer geduldigen Anleitung sank ich in eine tiefe hypnotische Trance – in der ich schlechthin atemberaubende Dinge erlebte. Wenn man mich heute fragt, wie ich mein Erlebnis von damals möglichst knapp charakterisieren würde, fallen mir zwar auch Ausdrücke ein wie «aufwühlend», «mitreißend», «konsternierend»; noch wichtiger jedoch erscheint mir das Gefühl von Ruhe und Sicherheit, das ich letztlich aus dem Ganzen mitnahm.

Einem Rätsel auf der Spur

Was ich an jenem Tag erlebte, gab mir den Anstoß zu einem faszinierenden Forschungsprojekt, das mich zwei Jahre lang beschäftigte und in dessen Verlauf ich nicht allein mich selbst zahlreichen Rückführungen unterzog, sondern darüber hinaus auch Dutzenden von Menschen als Führer durch das Rückführungserlebnis zur Seite stand.

Meine Untersuchungen haben mich zu der Überzeugung geführt, daß diese – mit dramatischen Eindrücken verbundene – zeitweilige Rückkehr in ein früheres Leben praktisch jedermann offensteht. Nicht mehr ist dazu nötig als Geduld und die Bereitschaft zuzugeben, daß noch vieles an der menschlichen Psyche für uns in Dunkel gehüllt ist – so insbesondere die Mechanismen, mit deren Hilfe unsere Seele auf erstaunliche Art und Weise mit sich selbst zu kommunizieren scheint. Diese Dimension des menschlichen Seelenlebens ist in der psychologischen Forschung bislang noch nie so richtig beachtet worden. Aber nirgendwo sonst als in dieser Dimension ist der persönliche Mythos beheimatet, der jedem einzelnen von uns das Selbstbild, das er von sich hat, vermittelt und ihm sagt, wer er ist.

Lassen wir zu diesem Punkt den Mythenforscher Joseph Campbell zu Wort kommen: «[Der Reinkarnationsgedanke] will dir verdeutlichen, daß an dir mehr dran ist, als du selber glaubst. Du hast Existenzdimensionen, hast ein Selbstverwirklichungs- und Bewußtseinspotential, die dein Selbstkonzept weit übersteigen. Dein Leben reicht sehr viel weiter und tiefer, als du dir selber vorstellst. Was du für dein Leben hältst, ist nur ein winziger Bruchteil dessen, was tatsächlich in dir steckt und dich belebt und deinem Leben Weite und Tiefe gibt. Aber du kannst mit deiner Lebensweise in diese Dimensionen eintreten. Und wenn du es erst einmal selber spüren kannst, dann merkst du plötzlich, daß alle Religionen in einem fort von nichts anderem als davon reden.»

Antworten –
aber kein Ende der Fragen

Was ich im Zuge meiner Forschungen herausbekommen
habe, könnte bei dieser Suche nach dem eigenen wahren
Selbst eine große Hilfe sein. Eine solche Hilfe waren Inkarnationsregressionen jedenfalls für mich gewesen. Dank diesem
Hypnoseverfahren habe ich begriffen, warum ich auf bestimmte Vorkommnisse oder Orte, ja sogar auf Bilder stets so
und nicht anders reagiere. Rückführungen haben sich für
mich persönlich als ein unersetzliches Instrument der Selbst-
erkenntnis und Selbstfindung erwiesen.

Wer die Probe aufs Exempel machen möchte, sei jedoch
gewarnt: Es könnte ihm genauso ergehen wie mir, dem diese
Erfahrung eine ganze Reihe neuer Fragen beschert hat. Mir
macht das nichts aus. Jenen Fragen zum Trotz haben nämlich
die Rückführungen meine innere Wachheit gesteigert und
mein Bewußtsein geschärft für Dinge und Möglichkeiten, die
mir früher nicht im Traum in den Sinn gekommen wären.

Und noch ein weiteres Wort der Warnung: Es liegt nahe,
diese höchst plastischen Erlebnisse als Beweis für ein Leben
vor diesem Leben aufzufassen. Obschon ich meinerseits über
keinen absolut zwingenden Gegenbeweis verfüge, glaube ich,
daß dies ein Irrtum wäre. Wie wir später noch sehen werden,
habe ich eine einfachere Erklärung für das Ganze, die mich
für meinen Teil besser befriedigt. Und die Stichhaltigkeit dieser Erklärung kann jeder, der mag, selbst testen.

Einer der interessantesten Aspekte der Inkarnationsregression – wenn nicht sogar ihr interessantester überhaupt – besteht darin, daß es jedem freisteht, sich für die Erklärung des
Phänomens zu entscheiden, die seinem persönlichen Geschmack am meisten zusagt, und daß es jedem selbst überlassen bleibt, was er aus seinen Rückführungserlebnissen
machen will. Erwiesen ist jedenfalls, daß man sie als hoch

leistungsfähiges Instrument der Selbstfindung verwenden kann, um mit ihrer Hilfe am Ende doch noch eine Lösung für schier aussichtslos hartnäckige seelische Konflikte zu finden; andererseits wird niemandem verwehrt, sie als den Weg ins so zerbrechliche Paradies des inneren Friedens zu betrachten.

Wie hat doch ein kluger Arzt einmal gesagt? «Jeder von uns führt sein Leben als Selbstversuch. Es steht jedem frei, seine Einsichten nach eigenem Gutdünken zu verwenden.»

Zum Abschluß dieser einleitenden Bemerkungen noch ein kurzes Wort zur Form der in diesem Buch zitierten Fallberichte. Der Regressionshypnosevorgang ist in aller Regel ein langwieriges Geschäft und mit einer Menge inquisitorischer Fragen von seiten des Therapeuten verbunden. In gewisser Hinsicht kann man sich die Situation mit Hilfe des Bildes von zwei Ehegatten am Abendbrotstisch verdeutlichen, von denen der eine dem anderen berichtet, was alles an Aufregendem er heute bei der Arbeit erlebt hat. Der zuhörende Teil pflegt dabei immer wieder mit Zwischenfragen bezüglich der genauen Einzelheiten zu unterbrechen: «Und das hat der XYZ mit genau diesen Worten gesagt?» ... «Und dabei hat er wohl wieder sein falsches Lächeln aufgesetzt, denke ich mir?» ... «Ja, und die Kollegen – haben die das einfach geschluckt? Ohne was dazu zu sagen?» Und so weiter. Ganz ähnlich geht es bei der Regressionshypnose zu. Die Kommunikation zwischen dem Therapeuten und dem im hypnotischen Tiefschlaf befindlichen Medium besteht in einem direkten Hin und Her von Fragen und Antworten.

Zur Illustration hier ein Auszug aus dem Tonbandprotokoll einer Rückführung aus meiner eigenen Praxis:

Medium: Ich sehe an mir hinunter und sehe, daß ich ein weißes Gewand anhabe.
Therapeut: Sehen Sie irgendwo in der Nähe noch andere Menschen?
Medium: Ja.

Therapeut: Und wie sind die gekleidet?

Medium: Sie haben auch weiße Gewänder an.

Therapeut: Was tun sie?

Medium: Sie stehen auf dem Platz in der Stadtmitte um die Mauerbrüstung des Brunnens herum. Sie haben alle große Töpfe in den Händen, und ein Mann taucht eine Art Eimer in den Brunnen und schöpft Wasser heraus. Er füllt den anderen die Töpfe.

Therapeut: Wie verhalten sich die Leute, die um den Brunnen herumstehen?

Medium: Anscheinend sind sie alle sehr vergnügt. Irgend etwas steht bevor, und sie freuen sich schon alle darauf.

Therapeut: Können Sie etwas näher an die Leute herangehen, damit Sie hören können, was sie reden?

Medium: Kann ich. Ich bin jetzt bei ihnen und kann verstehen, worüber sie sich unterhalten. Sie freuen sich, weil heute der König zu Besuch in die Stadt kommt. Er muß jeden Augenblick eintreffen, denn jemand hat vorhin schon seine Karawane am Horizont gesehen.

Und so weiter...

Aus Platzgründen und der besseren Lesbarkeit zuliebe habe ich im folgenden darauf verzichtet, die Fallberichte anhand solcher Tonbandprotokolle der Hypnosesitzung zu zitieren. Vielmehr wurden meine Patienten jeweils unmittelbar nach dem Erwachen aus dem hypnotischen Tiefschlaf gebeten, ihre Erinnerungen an das eben Erlebte in einem fortlaufenden Bericht zusammenzufassen. Das hatte zum einen den Vorteil, daß dabei durch den Zwang zur Konzentration die wesentlichen Seiten des Erlebnisses sowohl für den Patienten als auch für mich deutlicher ins Blickfeld traten, was sich wiederum positiv auf den Fortgang der Therapie auswirkte. Darüber hinaus kamen auf diese Weise die präzisen, interessanten Erlebnisschilderungen zustande, die das Rückgrat dieses Buches bilden.

ERSTER TEIL
SONDIERUNG

I
Die neun anderen Leben
des Raymond Moody

Auf meinen zahlreichen Vortragsreisen in Sachen Nachtod-
beziehungsweise Todesnähe-Erlebnis sah ich mich immer
wieder auch mit Fragen konfrontiert, die ganz andere Berei-
che des Paranormalen betrafen. Am Ende solcher öffentlichen Vortragsabende erhalten ja die Zuhörer Gelegenheit,
Fragen an den Redner zu richten. In meinem Fall stellte sich
dabei mit schöner Regelmäßigkeit heraus, daß ein nicht ge-
ringer Prozentsatz meines Publikums zu mir auch in der
Erwartung gekommen war, ich könne seine Wißbegier in Sachen Unheimliche Begegnungen der dritten Art, Löffelverbie-
gen, Spuk und Inkarnationsregression stillen.

Vertrauen ehrt, sagt man, aber mich stürzte es, in dieser
Form zum Ausdruck gebracht, jedesmal in die größte Verle-
genheit. Denn all jene sicherlich sehr interessanten Dinge lagen weit außerhalb meines Gesichtskreises: Wie jeder mir
zugeben wird, hat nicht ein einziges von ihnen auch nur im
entferntesten mit Todesnähe-Erlebnissen zu tun. Todesnähe-
(oder Nachtod-)Erlebnisse sind – um nur das Wichtigste zu
erwähnen – tiefgreifende spirituelle Erfahrungen, die manchen Menschen im Augenblick ihres Todes zustoßen, und
zwar ohne das geringste Zutun der Betroffenen. Im allgemeinen treten sie mit folgenden Begleitsymptomen auf: Körper-
losigkeitserlebnis (Nichtkörper-Zustand, «Ausleibigkeit»);
dem Gefühl, durch einen engen Tunnel nach oben gerissen zu
werden, einem hellen Licht entgegen; dem Erblicken längst-
verstorbener Anverwandter am Ausgang dieses Tunnels;
einem Lebensrückblick unter der Regie eines Lichtwesens.

Todesnähe-Erlebnisse haben also wenig zu tun mit den paranormalen Phänomenen, zu denen ich auf meinen Vortragsreisen unzählige Male um eine Stellungnahme gebeten wurde. Phänomene dieser Art repräsentierten für mich Wissensgebiete, von denen ich mich seinerzeit nicht scheute zuzugeben, daß sie mich herzlich wenig interessierten.

Und zu den Dingen, die damals ganz entschieden außerhalb meines Interessenkreises lagen, gehörte auch die Inkarnationsregression. Ich war immer der Ansicht gewesen, daß diese Zeitreisen in die Vergangenheit nichts weiter als neurotische Phantasmagorien wären. Wenn man mich nach einer Erklärung gefragt hätte, hätte ich wahrscheinlich geantwortet, man habe es hier wohl mit einer außergewöhnlich lebhaften Form von Tagträumerei oder mit einer besonders verqueren Wunscherfüllungsstrategie zu tun. Ohne groß darüber nachzudenken, ging ich einfach davon aus, daß die Leute sich in der Inkarnationsregression zum weitaus überwiegenden Teil als «große Nummer» – als Pharao, König oder sonst dergleichen – erlebten. Wann immer mir damals jemand mit dem Thema «früheres Leben» zu Leibe rückte, konnte der Betreffende über meine grundsätzlich mißtrauische Einstellung zu der Sache kaum lange im Zweifel bleiben.

Von Inkarnationsregression hörte ich zum erstenmal in meinem Leben von einem Professor der Staatsuniversität von Virginia namens Ian Stevenson, einem Nervenarzt, der sich auf psychosomatische Medizin spezialisiert hat. Im Zusammenhang mit seinen Forschungen hatte er sich mit weltweit gesammelten Berichten über Reinkarnationserlebnisse beschäftigt. Im typischen Fall handelt es sich bei diesen Dingen um eine spontane «Erinnerung» an ein früheres Leben, wie sie von einem Kind zu Protokoll gegeben wurde.

Stevenson hatte auf einer bestimmten Etappe seiner Forschungen selber hypnotische Rückführungen vorgenommen, war dabei aber zu der Überzeugung gekommen, daß er es hier, was die Frage der Reinkarnation anging, mit einem höchst unzuverlässigen Analyseinstrument zu tun habe. Seiner Meinung nach lief das alles bloß darauf hinaus, daß die betreffende Person irgendwelche Dinge, die sie in jüngeren Jahren einmal gelernt oder aufgeschnappt hatte, aus dem Gedächtnis hervorkramte und sie jetzt unter der Einwirkung der Hypnose in die «Außenwelt» projizierte.

Diese Einstellung teilte ich bis zu meiner Begegnung mit Diana Denholm. Diana ist eine charmante, gewinnende Psychologin, die in ihrer Praxis mit Hypnose arbeitet. Anfangs verwendete sie dieses Mittel lediglich dazu, ihren Klienten bei der Entwöhnung vom Rauchen, beim Abnehmen oder bei so simplen Dingen wie dem Wiederfinden verlegter Gegenstände zu helfen. Allerdings, so erzählte sie mir, waren ihr da gelegentlich merkwürdige Sachen passiert. Immer wieder einmal kam es vor, daß ein Patient unvermittelt Szenen aus einem früheren Leben berichtete. Meistens ereigneten sich derlei unerwartete Zwischenspiele, während sie gerade dabei war, die betreffende Person zwecks eventueller Wiederbegegnung mit einem traumatischen Erlebnis immer tiefer in ihre persönliche Vergangenheit zurückzuführen – ein Verfahren, das unter dem Namen Altersregressionstherapie *(age regression therapy)* bekannt ist. In der Regel hilft diese Therapiemethode den Patienten, zum Ursprung der Phobien und Neurosen vorzudringen, die ihnen heute das Leben schwermachen. Ziel des Verfahrens ist es, die Lebensgeschichte des Hypnotisierten Schicht um Schicht abzutragen, um so womöglich ein verschüttetes psychisches Trauma zu exhumieren – ähnlich wie sich Archäologen an einer Ausgrabungsstätte auf der Suche nach den Überresten untergegangener Kulturen durch die unterschiedliche Geschichtsepochen repräsentierenden Erdschichten hindurchgraben.

Ziel der Altersregression war es jedoch *niemals* gewesen, die Ausgrabungsarbeit noch über das auf dem Geburtsschein des Patienten eingetragene Datum hinaus weiterzutreiben, sondern man wollte nur möglichst weit in die Vergangenheit des *derzeitigen* Lebens vordringen.

Doch dann und wann drifteten Patienten in der Zeitdimension noch weiter zurück, als man es hätte für möglich halten sollen. Unvermittelt begannen sie Szenen aus einem anderen Leben – einem Leben an einem anderen Ort und in einer anderen Zeit – zu schildern, und zwar so plastisch, wie wenn sich alles direkt vor ihren Augen abspielte.

Das typische Beispiel sieht etwa so aus: Eine verheiratete Frau, der es schwerfällt, sich auf die sexuellen Bedürfnisse ihres Mannes einzustellen, sucht einen Hypnotherapeuten wie Diana Denholm auf, und gemeinsam bemüht man sich herauszufinden, ob vielleicht ein vergessener sexueller Mißbrauch im Kindheitsalter für die derzeitige Befangenheit der Patientin verantwortlich ist. Im Verlauf einer Regressionshypnose schildert die Patientin dann auf einmal ein früheres Leben, in dem sie (beispielsweise) eine sexuell mißbrauchte Sklavin im sittenlosen Römischen Reich der Dekadenzphase war.

Mit Episoden dieser Art hatte Diana Denholm es bei ihrer Arbeit als Hypnotherapeutin immer wieder zu tun bekommen.

Anfangs jagten ihr solche Intermezzi einen gehörigen Schrecken ein, und sie fragte sich, ob sie vielleicht etwas falsch gemacht hatte. Oder hatte sie einen Fall von Persönlichkeitsspaltung vor sich? Aber je öfter sie den Vorgang miterlebte, desto nachhaltiger dämmerte ihr, daß ihr da möglicherweise ein therapeutisches Hilfsmittel ersten Ranges in die Hand gegeben war.

Durch Schulung und Übung erwarb sie sich ein enormes Geschick darin, aus ihren Patienten – vorausgesetzt natürlich, diese erklärten sich damit einverstanden – Erfahrungen aus früheren Leben hervorzuholen. Heute setzt sie die «Reinkarnations»-Therapie in ihrer Praxis als ganz alltägliche Behandlungsmethode ein, weil sie häufig auf kürzestem Weg zur Wurzel des Übels führt und damit Therapeut und Patient viele Stunden umständlicher Explorationsarbeit erspart.

Was Diana von ihren Erfahrungen mit Rückführungen berichtete, stimmte mich nachdenklich. Bis zum fraglichen Zeitpunkt hatte ich den einschlägigen Erfahrungssektor ernsthafter Beachtung nicht für wert befunden. Doch da stand ich nun einem Menschen gegenüber, den ich schätzte und auf dessen Meinung ich etwas gab, und ich ließ mir sagen, daß er diesen Phänomenen nicht hinterhergelaufen war und sich, wenn es nur auf seine persönlichen Neigungen angekommen wäre, wahrscheinlich niemals mit ihnen beschäftigt hätte: aber er war in seiner täglichen Arbeit förmlich mit der Nase auf sie gestoßen worden.

Getreu meiner Devise, daß jeder von uns sein Leben als Selbstversuch führt, sagte ich nicht nein, als Diana mir eine Rückführung in mein vorgeburtliches Dasein anbot. Noch am gleichen Nachmittag schritten wir zur Tat. Sie plazierte mich in einen üppig gepolsterten Lehnstuhl und versetzte mich langsam und gekonnt in hypnotischen Tiefschlaf. Hinterher erfuhr ich von ihr, daß ich alles in allem eine Stunde lang weg war. Die ganze Zeit über blieb mir bewußt, daß ich Raymond Moody bin und mich in den Händen einer Hypnotiseurin befand, die eine Meisterin ihres Faches ist. Gleichzeitig jedoch durchmaß ich weit zurück in der Vergangenheit neun Kulturzustände und sah mich und die Welt in den unterschiedlichsten Inkarnationen. Bis auf den heutigen Tag ist mir verborgen geblieben, was die einzelnen Szenen bedeuten – ja nicht einmal, ob sie überhaupt etwas zu bedeuten haben. Eines jedoch weiß ich ganz sicher, nämlich daß es sich um sehr intensive Erlebnisse handelte, die qualitativ dem Realitätserleben viel näher standen als dem Traumerleben. Die Farben waren «lebensechte» Farben, und das Geschehen

folgte seiner inhärenten Logik und nicht etwa «Wunschvor-
stellungen» meinerseits. Auf keinen Fall spielte sich das so ab,
daß ich mir sagte: «Was wünsche ich mir jetzt als nächstes?»
oder: «Wie müßte die Geschichte jetzt sinnvollerweise weitergehen?» Diese beeindruckend plastischen Lebensdramen
entrollten sich vor meiner Wahrnehmung von einer unabhängigen Regie gesteuert, wie ein Kinofilm auf der Leinwand.

Ehe ich zu den Einzelheiten komme, vorweg noch rasch
ein, zwei allgemeine Anmerkungen zu den Lebensgeschichten, in denen ich mich auf dieser faszinierenden Seelenreise
herumtrieb: nur zwei davon spielten in einer historischen
Epoche, die ich zu identifizieren vermochte, und beidemal war
dies das alte Rom. Die anderen boten keinerlei Anhaltspunkte
für eine präzise Datierung nach den Maßstäben heutiger Geschichtsschreibung. Sie spielten entweder in vorgeschicht-
licher Zeit, unter Primitiven, oder sie hatten überhaupt keinen
erkennbaren historischen Hintergrund.

Vom ersten Augenblick an muteten mich diese Episoden
jedesmal so vertraut an, als seien sie durch und durch vom
Äther der Nostalgie durchtränkt. Alles war haargenau so,
wie wenn ich mich an tatsächlich Erlebtes erinnerte. Zum Teil
waren die Geschichten bruchstückhaft, zum Teil waren sie so
abgerundet und wirkten so realistisch, daß es für mich zuweilen den Anschein hatte, als säße ich vor der Leinwand des
Heimkinos und rekapitulierte meine Biographie mit Hilfe
von alten Filmen aus dem Familienarchiv.

Hier nun in der ursprünglichen Reihenfolge die komplette
Serie der Lebensgeschichten, die ich unter Diana Denholms
kundiger Führung absolvierte:

Erstes Leben:
Im Dschungel

In meiner ersten Inkarnation war ich ein Prähominine – Angehöriger irgendeiner prähistorischen Vorform des Menschen. Als Baumbewohner tummelte ich mich im Schutz von Astwerk und Blättern hoch oben in den Wipfeln. Ich war schon ziemlich weit in Richtung Euhominine fortgeschritten – auf jeden Fall kein Affe mehr.

Ich lebte nicht einsam, sondern in Gemeinschaft mit meinesgleichen in einer Art Baumdorf aus nestähnlichen Bauten. Wir halfen einander beim Bauen dieser Unterkünfte, wobei wir darauf achteten, daß jeder für jeden immer erreichbar war. Ganz klar: die Gruppe bedeutete für uns nicht bloß mehr Sicherheit, sondern auch mehr «vormenschliche Wärme». In puncto Gehirnevolution mußten wir schon recht weit fortgeschritten sein. Obzwar im großen und ganzen noch «äffisch», hatte ich unzweifelhaft bereits so etwas wie Schönheitssinn. Das geht für mich aus dem Umstand hervor, daß wir uns vor einer ausnehmend reizvollen Naturkulisse angesiedelt hatten – so, als ob uns «Wohnqualität» alles andere als gleichgültig sei. Unser «Dorf» war ringsum von einer Mauer aus Blüten in allen Rot- und Rosaschattierungen umschlossen: unser Alltagsleben spielte sich in einem wahren Farbenmeer ab.

Anders als die heutigen Menschen, bei denen der Schwerpunkt im Unterbauch liegt, hatte ich während dieses Erlebnisses meinen Schwerpunkt zwischen den Schultern. Auf dem Boden bewegte ich mich vornübergebeugt fort, mit irgendwo in Fußnähe baumelnden Händen. Mit einiger Mühe konnte ich auf zwei Beinen stehen, aber gewöhnlich gebrauchte ich für die Fortbewegung alle viere, wenn es auf Geschwindigkeit und Wendigkeit ankam.

Ich erinnere mich, daß ich mich unten auf dem Boden von

gewaltiger Neugier, zugleich aber auch von Todesangst gepackt fühlte. Einmal rannte mit viel Getöse ein Tier, das mir wie ein mächtiger Keiler vorkam, unten an unserem Baum vorbei, und ich entsinne mich noch gut, daß ich und meine «prähomininen» Genossen darüber völlig aus dem Häuschen gerieten. Bei dieser Gelegenheit lernte ich erstmals eine höchst eigenartige Empfindung kennen: Einerseits war die Angst, die wir verspürten, so schwindelerregend und verstörend, daß wir uns am liebsten wie Rasende gebärdet hätten und nur noch sinnlos auf und ab und hin und her gehüpft wären. Doch andererseits war in diesem Hexenkessel der Empfindungen eine unwahrscheinlich starke Neugier eingemischt. Der Drang, mir das Tier aus der Nähe anzusehen, war so gewaltig, daß er beinahe die Oberhand über meinen «gesunden Prähomininenverstand» gewonnen hätte.

Während ich mit meiner lebensgefährlichen Neugier kämpfte, fiel mir auf, daß ich nicht in der Lage war, mich sprachlich zu artikulieren. Unsere einzige Verständigungsmethode bestand darin, unseren Affektäußerungen freien Lauf zu lassen. Statt mit Worten konnten wir unsere Bedürfnisse und Empfindungen nur mit den beschränkten Mitteln der Pantomime zum Ausdruck bringen.

Ich weiß auch noch, daß wir uns von Früchten ernährten. In einer meiner plastischsten Erinnerungen esse ich eine Frucht, die mir zuvor unbekannt gewesen war. Sie war saftig und voll roter Kerne. Ich erlebte das in der Hypnose so realistisch, daß es genauso war, als ob ich im fraglichen Augenblick tatsächlich in die Frucht hineingebissen hätte. Ich spürte sogar, wie mir beim Kauen dieses Leckerbissens der Saft über das Kinn rann.

Während der Rückführung hatte mein Ich keine Kontrolle darüber, an welcher Stelle der einzelnen Lebensläufe die Erinnerung daran jeweils aufhörte. Anscheinend hatte mein Unbewußtes in meinem «Heimkino» die Rolle des Vorführers übernommen, suchte die Bildsequenzen heraus, die mein Ich zu sehen bekommen sollte, und wechselte bei Bedarf die Filmrollen. Von meinem Leben als Baumbewohner hatte ich gerade erst ein paar Eindrücke in mich aufgenommen, da ging es auch schon weiter mit einer neuen Inkarnation.

Zweites Leben:
Im unerforschten Afrika

In diesem Dasein war ich ungefähr zwölf Jahre alt und Mitglied einer menschlichen Gemeinschaft, die im tropischen Urwald eines Landes von atemberaubender Schönheit lebte. Aus dem Umstand, daß wir alle schwarzer Hautfarbe waren, folgere ich, daß wir uns in Afrika befanden.

In der Anfangsszene der zweiten Episode meines Hypnose-Abenteuers befand ich mich an einer Stelle im Wald, von der ich über einen sanft geneigten Hang bis hinunter zu einem blendendweißen Sandstreifen am Ufer eines Sees mit kaum bewegter Wasserfläche sehen konnte. Unsere Ansiedlung lag inmitten lichter Ausläufer des tropischen Urwalds, der sich, mit zunehmendem Abstand vom Dorf dichter und dichter werdend, über die Gebirgshänge ringsum bis in die Kammregion hinaufzog.

Unsere Behausungen ruhten einen knappen Dreiviertelmeter über dem Boden auf kräftigen Pfählen. Die Wände waren aus Strohgeflecht, im Inneren gab es nur einen einzigen großen quadratischen Raum. Wesentlich mehr, als daß wir uns in ihnen sehr behaglich fühlten, ist mir von den Wohnungen nicht im Gedächtnis geblieben. Das Klima war paradiesisch mild, und dank der leichten Brise vom See her war die Luft in den Hütten immer frisch.

Dann sah ich mich in unsystematischer Folge auf verschiedenen Etappen dieses Lebens.

Einmal stand ich als kleiner Junge fischend am Seeufer. Die Männer waren mit den Booten zum Fischen hinausgefahren, aber ich war noch zu klein, um mitzudürfen. Nichtsdestoweniger war ich mächtig stolz auf meinen Beitrag zur Nahrungsversorgung der Dorfgemeinschaft – ein fein säuberlich aufgefädeltes Quantum Fische, das ich ganz allein gefangen hatte. Ich nahm mir vor, bis zum Sonnenuntergang hier im Flachwasser mein Netz auszuwerfen.

Zwar bekam ich im Lauf dieser Episode niemals meine Eltern zu Gesicht, doch hatte ich immer das deutlich ausgeprägte Gefühl, daß sie sich in meiner Nähe befanden. So wußte ich beispielsweise, daß mein Vater mit anderen männlichen Dorfbewohnern auf einem der Boote da draußen bei der Arbeit war. Und ich wußte auch, daß meine Mutter sich bei den anderen Frauen aufhielt. Aber gesehen habe ich keinen von den beiden jemals. Ich hatte nur die beruhigende Gewißheit ihrer Nähe.

In einer anderen Szene – ich war jetzt bedeutend älter – erlebte ich mich in einer Gruppe beim Aufstieg auf einen schroffen blauschwarzen Berg. Wir kraxelten barfuß einen Saumpfad hinauf; in den Händen trugen wir lange Speere und in grellen Farben mit Tierbildern bemalte Holzschilde.

Wir waren allesamt über und über mit schreiender Kriegsbemalung verziert. Obwohl das Klettern auf dem unbequemen, steilen Pfad mächtig anstrengte, gaben wir uns große Mühe, so langsam und ruhig wie nur möglich zu atmen, um kein überflüssiges Geräusch zu machen.

Der gewaltigen Angst, die ich in mir spürte, entnahm ich, daß wir in eine Schlacht zogen. Ich erinnere mich noch, daß ich mich schlaff und beklommen fühlte. Mir schien, daß mich das Ganze überhaupt nichts anging und ich bei dieser Expedition nicht das geringste zu suchen hatte: am liebsten hätte ich auf dem Absatz kehrtgemacht und wäre nach Hause an das Seeufer zurückgerannt.

Dann verschwammen diese Bilder, und neue begannen sich zu formen.

Drittes Leben:
Der Fehltritt des Bootsbauers

In der dritten Episode sah ich mich zunächst in der Außenperspektive. Ich war ein sehniger Greis mit blauen Augen und schlohweißem langem Haar, der sich trotz seines hohen Alters noch in seinem Gewerbe als Bootsbauer plagen mußte.

Ich arbeitete in einer langgestreckten, an der einen – zu einem breiten Fluß hin gelegenen – Schmalseite offenen Halle. Langholz und mächtige Holzklötze in vielerlei Formen lagerten hier. An den Wänden und über den Boden verstreut waren die einfachen Gerätschaften und Werkzeuge des Bootsbauerhandwerks zu sehen.

Zum fraglichen Zeitpunkt hatte ich nur noch wenige Stunden zu leben. Meine Enkelin, ein ungewöhnlich ängstliches Kind von etwa drei Jahren, leistete mir an jenem Tag Gesellschaft. Ich unterhielt sie, indem ich ihr an einem kürzlich fertiggestellten Boot, während sie von draußen zaghaft über den Bootsrand zu mir hereinlugte, die Verwendungsweise meiner verschiedenen Werkzeuge demonstrierte.

Noch am selben Tag ließ ich das Boot zu Wasser und nahm meine Enkeltochter mit auf eine Spritztour. Wir hatten eine Menge Spaß, und ich war mir auf dem gemächlich dahinziehenden Fluß keiner Gefahr bewußt; doch ohne jede Vorankündigung brandete plötzlich eine Flutwelle über uns hinweg und drückte das Boot unter Wasser. Während ich, vom Druck der Welle mit fortgerissen, über Bord ging, sah ich, wie meine Enkeltochter weit von mir weggeschleudert wurde. Ich drosch wie rasend mit Armen und Beinen um mich, um zu ihr hinzugelangen, aber die Naturgewalten waren schneller als ich. Mit unbeschreiblichem Kummer im Herzen sah ich das Kind versinken.

Das war zuviel für mich. Irgend etwas in mir gab auf. Ich weiß noch, daß ich von einem entsetzlichen Schuldgefühl übermannt wurde, weil ich den Einfall zu dieser Bootsfahrt gehabt hatte, bei der meine über alles geliebte Enkeltochter zu Tode gekommen war. Dann ging ich unter – und blieb unten.

In der Hypnose verspürte ich die Beklemmung so intensiv, als sei ich tatsächlich am Ertrinken. Mein Herz pochte vernehmlich, und das Blut rauschte in meinen Ohren, als das Wasser mir auf die Trommelfelle zu drücken begann und ich verzweifelt versuchte, mich an das Boot anzuklammern. Doch meine Hände fanden an der Bootswand keinen Halt, und während ich hilflos unterging, drang das Wasser in meinen aufgerissenen Mund und verschloß mir die Kehle. Und noch im Ertrinken fühlte ich die entsetzlich große Schuld eines Großvaters, der für den Tod seiner Enkeltochter verantwortlich ist. Aber im Augenblick des Todes verwandelte sich dieses Schuldgefühl in Glückseligkeit. Ein strahlendhelles Licht umhüllte mich, und ich wurde von eitel Wonne, von einer unbeschreiblichen, namenlosen Seligkeit durchdrungen. Und im selben Moment wußte ich, daß alles gut war für meine Enkeltochter und für mich. In meinem ganzen vorangegangenen Leben war ich niemals so erleichtert gewesen.

Viertes Leben:
Der furchtsame Mammutjäger

Im darauffolgenden Dasein war ich Mitglied einer Horde Menschen, die mit dem Mut der Verzweiflung einem Wollhaar-Mammut nach dem Leben trachteten.

Es entspricht normalerweise nicht meinem Stil, mich ins Handgemenge mit derart übermächtigen Gegnern – und schon gar nicht mit Wollhaar-Mammuts – einzulassen. Aber in der Hypnose begriff ich auf den ersten Blick, daß unsere Gruppe sich nicht gerade aus den bestgenährten Exemplaren der menschlichen Spezies rekrutierte, ja daß wir allesamt nichts dringender gebrauchen konnten als etwas Eßbares zwischen den Zähnen.

Unsere Kleidung bestand aus Tierfellen, die uns kaum die zum Überleben erforderliche Wärme zu spenden vermochten. Sie bedeckten Schultern und Oberkörper, boten jedoch wenig Schutz gegen die Kälte und ließen die Geschlechtsteile völlig frei. Allerdings spielte zum gegebenen Zeitpunkt weder das eine noch das andere eine sonderlich große Rolle, denn während wir unseren Strauß mit dem Mammut ausfochten, blieb uns nicht viel Zeit zu überlegen, ob uns warm genug sei, oder uns um Schicklichkeit im äußeren Erscheinungsbild zu bemühen. Sechs von uns waren in eine kleine Schlucht hinuntergeklettert und gingen mit Steinen und Prügeln auf das mächtige Tier los.

Das Mammut griff sich einen von uns mit dem Rüssel und zerschmetterte ihm mit einer einzigen sauber gezielten Bewegung den Kopf. Das Ganze war ein eiszeitliches Horrorspektakel.

Ich weiß noch, daß mir mitten in dem Gruselstück der Gedanke durch den Kopf ging, es müsse doch, verflucht noch mal, ein bequemeres Verfahren der Nahrungsmittelbeschaffung geben. Behaupten zu wollen, daß dieser Graus ein nervenaufreibendes und unbeschreiblich niederdrückendes Erlebnis war, wäre eine glatte Untertreibung.

Nichtsdestoweniger hat mir dieses Intermezzo nutzbare Perspektiven vermittelt. Die ganze Zeit über konnte ich das Geschehen nicht nur aus der Innensicht des Teilnehmers, sondern zugleich auch aus der Außensicht des Beobachters – etwa wie wenn ich im Kino säße – verfolgen. Diese Überlagerung der Perspektiven hatte anfangs etwas Verwirrendes. Es war, als ob ich aus plötzlichem Nichtkörper-Zustand (Körperlosigkeit) heraus mir selber bei einem Anfall von hektischer Betriebsamkeit hätte zusehen können.

Fünftes Leben:
Als Bauarbeiter im öffentlichen Dienst
der Frühzeit

Glücklicherweise rückte das «Vorführprogramm» an dieser Stelle einen Punkt weiter. Mit einemmal fand ich mich in irgendeinem Zeitraum kurz nach der Entstehung einer Hochkultur wieder, eingespannt in ein gigantisches öffentliches Bauprojekt. In dieser Traumvision war ich kein König, ja noch nicht einmal ein Vorarbeiter, sondern bloß eine kleine Ameise in einem Heer von Arbeitsameisen. Es könnte sein, daß wir an einem Aquädukt oder einem Straßennetz arbeiteten, aber genau weiß ich das nicht, denn von meinem Platz aus hatte ich keinen Überblick über das Ganze.

Wir Arbeiter lebten in Reihenhaussiedlungen aus weißen Steinen mit kleinen Grünflächen zwischen den einzelnen Gebäuden. Die Wohnung, die ich mir mit meiner Frau teilte, lag in einem der obersten Stockwerke eines solchen Hauses. Mir schien es, als lebten wir schon seit Jahren hier, denn von jedem Quadratzentimeter der Wohnung ging eine Aura intimer Vertrautheit aus.

In dem einzigen Zimmer, das meine Frau und ich bewohnten, gab es einen erhöhten Schlafplatz, und dort sah ich uns beide liegen. Mir selbst wühlte der Hunger in den Eingeweiden, meine Frau jedoch war in des Wortes wahrster Bedeutung am Verhungern. Ihr ausgemergelter Körper lag völlig apathisch auf der Bettstatt, und der Augenblick schien nicht mehr fern, wo auch der letzte Funke Leben in ihr erlöschen würde. Wir lagen still, absichtlich jede Bewegung vermeidend, um durch die Kraftersparnis unsere Lebensfrist womöglich um einen weiteren Tag zu verlängern. In der Hypnose hatte ich das Bild meiner Frau unmittelbar vor Augen: sie bestand buchstäblich nur noch aus Haut und Knochen und war schon zu sehr entkräftet, um auch nur den Ansatz eines Lächelns auf ihr Gesicht bringen zu können. Verfallen wie sie war wirkte sie greisenhaft, aber wahrscheinlich war sie nicht älter als um die Vierzig; das Haar neben dem Gesicht mit den schrägen, hohen Backenknochen war noch immer pechschwarz.

Mir war so, als hätten wir eine gute Ehe miteinander geführt, aber die Unterernährung hatte mein Gedächtnis für Einzelheiten getrübt.

Wir waren nicht die einzigen, die nichts zu essen hatten. Im ganzen Land mußte katastrophale Hungersnot herrschen, denn man traf nur Darbende. Die anderen in meinem Arbeitstrupp erschienen wie ich jeden Morgen schon entkräftet und hungrig auf der Baustelle. Ich weiß noch, daß ich morgens auf dem Weg zur Arbeit Mühe hatte, die kleine Anhöhe unweit von meiner Wohnung hinaufzukommen. Wenn Arbeitskollegen auf dem Weg zur Baustelle einander begegneten, wurde nicht geredet: keiner von uns hatte die Kraft dazu. Wir schleppten uns nur stumm im gleichen Trott nebeneinander weiter.

Ich wurde von einem entsetzlichen Schuldgefühl gequält, weil meine Frau im Sterben lag und ich ihr auf keine Weise helfen konnte.

Ich erinnere mich noch, wie ich in trüben Gedanken jene Anhöhe erklomm und von schierer Verzweiflung übermannt wurde, als ich mich oben noch einmal umdrehte und zu unserer Wohnung hinüberschaute. Dann lösten sich die Bilder aus diesem Leben auf.

Sechstes Leben:
Raymond in der Löwengrube

Im darauffolgenden Leben fand ich mich endlich einmal in einem Kulturkreis wieder, den ich zu identifizieren vermochte, nämlich im alten Rom – aber leider weder als Kaiser noch als Aristokrat: Ich steckte in einer Löwengrube, woselbst ich im Rahmen einer öffentlichen Unterhaltungsveranstaltung demnächst meinen Beitrag zur Erheiterung der Zuschauer leisten würde, und zwar dergestalt, daß ich aufgefressen wurde.

Für einen kurzen Moment sah ich mich selbst aus der Außenperspektive. Ich trug mein rötlichbraunes Haar lang und einen Schnauzbart unter der Nase. Von Statur war ich ziemlich hager, und alles, was ich anhatte, war eine kurze Hose aus Leder. Von meiner Lebensgeschichte war mir gerade das Gröbste bekannt. Ich wußte, daß ich aus dem Gebiet stammte, das heute Deutschland heißt, und daß ich in meiner Heimat im Zuge eines Eroberungsfeldzugs der römischen Streitmacht gefangengenommen worden war. Die Römer hatten mich als Lastträger benutzt, der helfen mußte, die Kriegsbeute heim in die Hauptstadt zu befördern, und damit ich auch danach noch zu etwas nütze wäre, sollte ich jetzt im Zirkus zum allgemeinen Gaudium auf ausgefallene Weise mein Leben lassen. Ich konnte sehen, wie ich den Kopf hob, um zu der Menschenmenge am Rand der Grube emporzublicken. Es war wohl ein Versuch, die Zuschauer mit flehentlichen Blicken zur Barmherzigkeit zu bewegen, denn direkt neben mir mündete, vorläufig noch durch ein Gitter verschlossen, ein unterirdischer Laufgang in die Grube, und hinter dem Gitter rumorte, mit allen Zeichen der Ungeduld, ein total ausgehungerter Löwe. Die Bestie machte einen Höllenlärm in ihrer Gier. Ich konnte die Energiewellen, die von ihr ausgingen, körperlich spüren.

38

Mir war klar, daß es kein Entrinnen gab, aber trotzdem regte sich jetzt, als das Trenngitter hochgezogen wurde, unwiderstehlich mein Überlebenstrieb, und ich fing an, mich gehetzt nach einer Fluchtmöglichkeit umzusehen. Mein Gesichtsfeld hatte jäh gewechselt, ich war unversehens in meinen Körper gerutscht und schaute jetzt aus der Innenperspektive nach draußen. Mit raschen Blicken nach rechts und links peilte ich die Lage droben am Grubenrand. Linker Hand kreuzte sich mein Blick mit dem eines Zuschauers. Der kam mir vor, als sei er das Boshafteste, was ich von der Gattung Mensch jemals zu sehen bekommen hatte – eine Kreatur, bar jeglichen Gefühls und jedweder humanen Regung. Er hatte langes braunes Haar, das auf dem Scheitel seines kugelrunden Kopfes zur Bürste gestutzt war. Sein linkes Auge war von einer Entzündung gerötet, was den Gesichtsausdruck noch gefühlskälter machte.

Neben ihm saß ein Fettwanst in einer speckigen Toga, der meiner Person über das gelangweilte Interesse des abgestumpften Zirkusbesuchers hinaus keine große Aufmerksamkeit zuwandte. Der Typ mit dem geröteten Auge dagegen fixierte mich scharf, während er sich irgendeine Erfrischung in den Mund schob. Als unsere Blicke sich trafen, lachte er mitten im Kauen glucksend in sich hinein: zu einer differenzierteren Form der Gemütsäußerung schien er nicht in der Lage. Sein Innenleben war offenbar so unentwickelt, daß er es noch nicht einmal zum Sadisten gebracht hatte. Meinen Tod mitanzusehen, war für ihn einfach nur ein lustiger Zeitvertreib.

Was dann kam, war eine hektische Folge verwackelter Bilder. Ich hörte das Trenngitter nach oben rasseln und sah die Bestie springen. Automatisch riß ich die Arme hoch – was für den Löwen nicht den geringsten Unterschied machte: Unter dem tosenden Jauchzen der Zuschauer traf er mich wie ein Geschoß und riß mich in den Staub.

Das letzte, woran ich mich zu erinnern vermag, ist, daß ich, festgekeilt von zwei mächtigen Tatzen, auf dem Boden lag. Ich nehme an, als nächstes hätte ich meinen Schädel zwischen den Zähnen des Löwen zersplittern gehört. Die Regie ersparte mir das barmherzigerweise, indem sie die Vorführung dieses Lebens vorher abbrach.

Siebentes Leben:
Aristokrat mit schlechtem Abgang

In meiner nächsten Inkarnation war ich aber nun allen Ernstes ein Aristokrat, und wieder war der Schauplatz das alte Rom.

Ich befand mich in einem prachtvollen Wohnraum, wo sich die letzten Strahlen der Abendsonne mit dem Licht der Öllampen vereinigten, um den Marmorwänden einen goldenen Widerschein zu entlocken.

Ich ruhte, in eine weiße Toga gehüllt, auf einem Liegebett, das ziemlich viel Ähnlichkeit mit einer Chaiselongue moderner Machart aufwies. Mein Alter dürfte etwa Anfang Vierzig gewesen sein, und ich hatte den Schmerbauch und die weiche Haut des Beamten, der nur vom Hörensagen weiß, was harte Arbeit ist. Ich entsinne mich noch des Gefühls vollkommener Zufriedenheit mit mir selbst und meinem Schicksal, das mich erfüllte, während ich da lag und meinen fünfzehnjährigen Sohn beobachtete, dessen kurzgeschnittenes schwarzlockiges Haar im Augenblick ein höchst entsetztes Gesicht umrahmte.

«Vater, warum wollen diese Leute bloß alle zu uns ins Haus herein?» hatte er mir gerade zugerufen.

Obwohl ihm das nackte Entsetzen im Gesicht geschrieben stand, blieb ich vollkommen ungerührt. Zufrieden mit mir selbst und meinem Schicksal, lag ich, die Arme hinter dem Kopf verschränkt, auf meinem Liegebett. Und um meinen verschreckten Sohn noch besser im Blick zu haben, stellte ich das Rückenteil hoch. «Was für eine komische Frage, mein Söhnchen», sagte ich. «Solche Fragen zu beantworten – genau dazu sind doch unsere Soldaten da.»

«Ja, schon, Vater. Aber die da draußen sind so furchtbar viele.» In seinem Gesicht malte sich solches Entsetzen, daß mich schließlich die pure Neugier doch noch bewog, mich von meinem Lager zu erheben, um mich mit eigenen Augen davon zu überzeugen, was hinter diesem albernen Gerede stecken mochte. Ich ging zur Terrassentür hinüber und sah, wie draußen eine Handvoll Soldaten unter Aufbietung ihrer letzten Kräfte sich abmühte, einem tobenden Mob den Weg ins Haus zu verlegen.

Mit einemmal war mir klar, daß ich allen Anlaß hatte, genauso entsetzt zu sein wie mein Sohn. Ich sah zu ihm hinüber und erkannte an seiner Reaktion, daß mir die Angst, die mir wie ein Blitzschlag in die Knochen gefahren war, im Gesicht geschrieben stehen mußte.

Damit war diese Inkarnation zu Ende. Aus den Empfindungen, die mich beim Anblick der aufgebrachten Menschenmenge durchfahren hatten, schloß ich, daß mein damaliges Leben sowieso keinen Pfifferling mehr wert war.

Achtes Leben:
Ein Massaker im Mittleren Osten

Die nächste Inkarnation versetzte mich in einen Gebirgsstrich irgendwo in den Wüsteneien des Mittleren Ostens. Ich war jetzt ein Händler – Besitzer eines Ladens sowie eines oberhalb davon in den Bergen gelegenen Wohnhauses.

Mein Geschäft war der An- und Verkauf von wertvollem Geschmeide, betrieben in einer winzigen Straßenbude. Hier saß ich den ganzen Tag und taxierte Gold, Silber und Edelsteine. Wann immer es sich ergab, führte ich Kommissionsaufträge für die regionalen Goldschmiede aus. Einen beträchtlichen Teil meiner Geschäfte machte ich mit den Karawanen, die auf der alten Handelsstraße vor meinem Laden vorbeikamen. Mein bescheidenes Bretterbüdchen machte zwar nach außen hin nicht viel von sich her, aber es war kein Geheimnis, daß ich mir hier drinnen eine goldene Nase verdiente.

Mein Privathaus war mein ganzer Stolz. Es war ein prachtvoller roter Ziegelbau mit einer Veranda, auf der sich die Abendkühle sammelte, so daß es nichts Schöneres gab, als sich hier nach des Tages Last dem *dolce far niente* zu ergeben. Das Gebäude war förmlich angeklebt an einen abschüssigen Berghang, so daß ringsum kein Platz für Hof und Garten war, aber für diesen Mangel entschädigte reichlich die großartige Aussicht auf die fernen Bergzüge und die Flußtäler, die den pittoresken Charakter dieses Landstrichs prägten. Den meisten Platz im Hausinneren beanspruchte ein großes Wohnzimmer mit Steinfußboden und Arkadenwänden, die nicht nur freie Aussicht nach draußen gewährten, sondern, wenn ein Wind ging, auch für ein kühlendes Lüftchen drinnen sorgten.

Ich entsinne mich, daß ich abends oft gemeinsam mit meiner Frau lange, erholsame Spaziergänge über die umliegenden Anhöhen machte, auf denen wir die Sonnenuntergänge und das Abendrot genossen.

Eines Tages beschlich mich bei der Heimkehr aus meinem Laden ein ungutes Gefühl, als mir im Näherkommen auffiel, daß, anders als gewöhnlich, von drinnen im Haus kein Laut zu hören war. Ich trat ein, rief und ging suchend von Zimmer zu Zimmer. Alles totenstill. Meine Beklemmung wuchs. Im Eheschlafzimmer fand ich meine Frau und unsere drei kleinen Kinder in ihrem Blut schwimmend – auf bestialische Weise ermordet. Hundertprozentig hätte ich nicht sagen können, wie sie umgekommen waren, aber aus dem Zustand der Leichen schien mir hervorzugehen, daß sie mit Messern zerfleischt worden waren.

Mein Gefühl in der Hypnose sagte mir, daß ich mich von dieser Tragödie nie wieder erholen würde. Wann mein Leben in dieser Inkarnation faktisch zu Ende ging, weiß ich nicht, aber mir war klar, daß es ein Leben, das diesen Namen verdient hätte, nach diesem grauenerregenden Ereignis für mich nicht mehr geben konnte.

Neuntes Leben:
Leiden einer Chinesin in China

Auf der letzten Etappe meiner Reinkarnationshypnose erlebte ich mich als chinesische Malerin. Ganz recht: Maler*in*.

In der ersten Szene, deren ich mich entsinne, war ich ungefähr sechs Jahre alt und hielt meinen kleinen Bruder am Arm fest. Unsere Eltern hatten uns auf einen Ausflug zu einer landschaftlichen Sehenswürdigkeit mitgenommen, majestätischen Wasserfällen. Auf schmalen Fußsteigen gelangte man vor grandiose Felswände, aus deren Spalten in mächtigem Schwall das Wasser hervorgeschossen kam. Die Stelle, wo wir uns postiert hatten, lag auf halber Höhe genau gegenüber einem stäubenden, tosenden Wasserfall, der von hoch oben an uns vorbei in eine tiefe Schlucht stürzte. Wir hatten zwar ein Sicherheitsgeländer vor uns, aber dennoch befürchtete ich, mein Bruder könnte in den Abgrund fallen. Ich war in äußerster Sorge um ihn und hielt krampfhaft seinen Arm umklammert. Meine Eltern fanden mich in meiner kindlichen Besorgtheit ungemein komisch und konnten ihr Lachen kaum verbergen, wenn sie zu mir hinuntersahen.

Dann rückte ich weiter in spätere Lebensstadien und sah, daß ich mein Leben der Kunst gewidmet hatte. In mehreren Szenen konnte ich mir beim Malen zusehen. Ein paarmal erlebte ich den Vorgang, als ob ich mich in der Dimension der Leinwand befände. Ich nahm die Aufeinanderfolge meiner

Pinselstriche wahr und merkte, wie jeder von ihnen den Sinn des entstehenden Bildes miterzeugte.

Ich arbeitete in einem weiträumigen Atelier, das sein Licht durch ein großflächiges Fenster erhielt. In der fraglichen Lebensphase war ich etwa dreißig Jahre alt, und meine Körperhaltung verriet deutlich, daß ich – Geburtsfehler oder Folge von Mangelernährung? – an einer Rückgratverkrümmung litt.

Diese Lebensgeschichte umfaßte eine Anzahl bruchstückhafter Episoden.

So kam mir beispielsweise einmal die Erinnerung an einen Vorfall, der sich in der Kleinstadt, in der ich wohnte, zugetragen hatte, als ich mit einer alten Bekannten, die ich zufällig getroffen hatte, plaudernd am Rand der Hauptstraße stand. Nicht weit von uns zuckte auf einmal in der Straßenmitte ein gleißender Lichtblitz auf. Keine von uns beiden konnte sich die Erscheinung erklären. Das Licht war so hell wie ein Magnesiumblitz gewesen.

Wir waren perplex. Um eine Erklärung für das Geschehene zu erhalten, suchten wir einen stadtbekannten alten Philosophen auf, der im Ruf eines erfahrenen Weisen stand. Aber auch der konnte uns nicht mehr über die Sache verraten, als daß sich vor einer Reihe von Jahren in einer anderen Stadt etwas Ähnliches ereignet habe.

An einem anderen Punkt in dieser Lebensgeschichte sah ich mich vor dem großen gemauerten Haus einer Tante von mir, die ich eben besuchen wollte. Die alte Dame – sie dürfte zwischen sechzig und siebzig gewesen sein – strahlte vor Freude über das Wiedersehen mit ihrer Lieblingsnichte. Ihr glatt zurückgekämmtes ergrautes Haar war hinten zum Zopf geflochten. Ich sah sie plastisch vor mir, wie sie da in Baumwollhosen und Hemdbluse auf der Veranda stand und auf mich einredete, während ich die Vordertreppe heraufkam.

Das alles erlebte ich in Momentaufnahmen. Dann rückte

die Uhr für mich weiter zur Todesstunde. Ich war völlig verarmt und bewohnte ein winzig kleines Häuschen in einer Gasse, die entlang der Rückfront einiger hochherrschaftlicher Anwesen verlief. Ich fühlte mich wohl in meiner Behausung. Ich hatte ein Bett zum Schlafen, einen Ofen, der genügend Wärme, und ein Fenster, das genügend Licht zum Malen gab. Aber trotz meiner reichen Nachbarschaft war die Gegend, in der ich lebte, höchst unsicher. Ich schlief bereits an diesem meinem letzten Lebenstag, als ein junger Mann in meine Wohnung eindrang und mich erwürgte. Einfach so. Er interessierte sich nicht die Bohne für meine paar Habseligkeiten. Das einzige, was er von mir haben wollte, war etwas, das nicht den geringsten Wert für ihn hatte – mein Leben.

Sterbend erhob ich mich über meinen Körper und bekümmerte mich nicht weiter um mich selber, das Opfer. Meine ganze Sorge galt dem jungen Mörder, der sich, ersichtlich stolz auf seine Leistung, in einer Art Siegerpose neben meiner Leiche in die Brust geworfen hatte. Ich wollte ihn fragen, warum er mir das getan hatte. Ich hätte gern erfahren, was ihn so tief ins Unglück getrieben hatte, daß er meinte, sich mit dem Mord an einer alten Frau Erleichterung schaffen zu müssen.

Ich winkte ihm zu, schrie ihm zu, so laut ich konnte, aber er bemerkte mich nicht. Es gab keine Möglichkeit, Verbindung mit ihm aufzunehmen. Zuletzt war mir, als ob ich mich einfach auflöste, hinausdriftete aus diesem Leben. Hinaus in – ich weiß nicht wohin...

Das war's dann fürs erste. Eine Stunde später und neun Daseinsspannen weiter sah ich «diese Sache», Inkarnationsregression geheißen, mit ganz anderen Augen an. Diana Denholm holte mich langsam aus der Trance zurück. Offenbar amüsierte sie sich über mein verdattertes Gesicht, denn als ich die Augen aufschlug, begrüßte mich ein breites Grinsen.

«Da staunst du, was?» meinte sie.

Ich staunte in der Tat. Mir war klargeworden, daß alles, was ich mir an scheinbar so selbstverständlichen Ansichten über Rückführung in ein früheres Leben zurechtgelegt hatte, auf falschen Voraussetzungen beruhte. Meine Erlebnisse in der Hypnose hatten mit Wunscherfüllung absolut nichts zu tun. Ich kann mich jedenfalls nicht erinnern, wann ich mir gewünscht hätte, in Kampfhandlungen mit einem Wollhaar-Mammut einzutreten oder in einem römischen Zirkus zur allgemeinen Gaudi von einem Löwen gefressen zu werden. Zweifellos war an der Sache etwas dran, was ich bisher nicht in Rechnung gestellt hatte. Eröffnen diese Inkarnationsregressionen wirklich den Zugang zu früheren Existenzen, oder ist es vielleicht doch nur die Phantasiewelt unseres Unbewußten, in die der Aspirant da «rückgeführt» wird? «Das ist eine Frage des Standpunkts», meinte Diana Denholm. Meine Ratlosigkeit kam ihr offenbar ziemlich komisch vor. Mir selber übrigens auch. Darüber hinaus fand ich meine Situation allerdings auch ein wenig beschämend. Jahrelang hatte ich das Konzept der Rückführung in ein früheres Leben samt allem praktischen Drum und Dran für Mumpitz erklärt und mich infolgedessen von einer ernsthaften Beschäftigung mit dem Ganzen dispensiert gefühlt. Jetzt, wo ich in eigener Person eine Rückführung erlebt hatte, war dieser Standpunkt gewissermaßen von selbst hinfällig geworden. Wo aber sollte ich in Zukunft Position beziehen? Im Geist begann ich, die Bilanzposten zu ordnen.

Auf den ersten Blick stellte sich die Sache so dar, wie wenn sich die Inkarnationsregression in einer Bewußtseinsdimension eigener Art abspiele. Diese Erlebnisse glichen weder Träumen noch Tagträumen. Sie vermittelten den Eindruck von Altbekanntem. Im Verlauf der Sache selbst erlebte ich das Geschehen nicht als etwas Erdichtetes, sondern als Gegenstand meiner Erinnerung.

Daneben zeigten sich da aber auch Erlebnischaraktere, die der Realitätserfahrung fehlen. Im regredierten Zustand konnte ich mich simultan in und aus mehreren Perspektiven sehen und erleben. So zum Beispiel lag mein Gesichtspunkt in der grausigen Episode mit dem Löwen zeitweilig hoch über meinem leibhaften Ich, so daß ich mich da unten in der Löwengrube beobachten konnte, als sei ich selbst einer von den Zuschauern. Gleichzeitig befand ich mich aber auch unten in der Grube. Und genauso verhielt sich die Sache während meiner Stippvisite in meiner Bootsbauerexistenz. Eine Zeitlang sah ich mir aus der Außenperspektive bei der Arbeit zu. Dann auf einmal – ohne daß für mich irgendein Grund zu erkennen gewesen wäre oder ich auch nur den mindesten Einfluß auf die Situation gehabt hätte – steckte ich in meinem Leib drin und betrachtete die Welt durch die Augen des alten Bootsbauers.

Dieser Perspektivenwechsel war für mich genauso ein Rätsel wie eine Reihe weiterer Einzelheiten. Wie kam es zu dieser «Fülle der Gesichte»? Zum fraglichen Zeitpunkt interessierte ich mich nicht im geringsten für Geschichte und Geschichtsschreibung. Und dennoch stromerte ich da durch die unterschiedlichsten Geschichtsepochen, bekannte und – jedenfalls mir – total unbekannte. Waren das Realitäten, oder waren es nur Gaukelspiele?

Aus meiner Erfahrung als Arzt und Psychotherapeut wußte ich, daß die Intensität dieser Erlebnisse mich nicht zu irgendwelchen voreiligen Schlußfolgerungen berechtigte. Oberflächlich gesehen schienen sie den Wahrheitsbeweis für die Idee der Reinkarnation zu erbringen. Als Psychotherapeut hatte ich jedoch erfahren, daß der menschliche Geist ein sonderbar Ding ist, ein labyrinthisches Bauwerk mit vielen unterirdischen Etagen, wo überall rege Betriebsamkeit herrscht, auch wenn man oben in der Tageslichtzone kaum etwas davon merkt. In vielen der verborgensten Winkel des Geistes

liegen als Ergebnis dieser untergründigen Aktivitäten scheinbar wahllos zusammengehäufte Berge von Bildern und Informationen herum.

Und auf der Stelle fiel mir in Dianas Wohnzimmer in Florida ein passendes Beispiel dafür ein. Ein befreundeter
Psychotherapeut hatte mir einmal von seiner Erfahrung mit
dem «früheren Leben» berichtet. Er hatte sich hypnotisieren
lassen und dabei den Auftrag erhalten, in ein vergangenes Leben zurückzukehren. Zu seiner eigenen Überraschung kam
ihm eines zu Bewußtsein. In einer Landschaft, die wie eines
der Wüstengebiete im Südwesten der USA aussah, fand er
sich als «Cliffdweller» wieder. Auf seinen Streifzügen durch
die Felsenwohnungen bemerkte er in höchster Plastizität
noch kleinste Details im Inneren der Behausungen wie auch
der vertieft angelegten kreisförmigen Sakralräume. Er konnte
sogar die Kleidertracht und zum Teil auch das Ackergerät
seines Stammes beschreiben.

Erst als er sich mehrere Monate später auf Besuch bei seinen Eltern ein paar uralte, verkratzte Schmalfilme von Ferienreisen der Familie anschaute und dabei haargenau die
gleichen Bilder, die durch die Hypnose heraufbeschworen
worden waren, auf der Leinwand wiedersah, merkte er, daß
ihm die Inkarnationsregression lediglich die Tür zu einer vergessenen Kindheitserinnerung aufgestoßen hatte.

Trotzdem vermochte ich die Möglichkeit der Reinkarnation
nicht von der Hand zu weisen. Ganz abgesehen davon, daß es
einem um Höflichkeit bemühten Menschen wie mir nicht gerade leichtgefallen wäre, Millionen Hindus des Irrtums zu be-
zichtigen, hatte ich auch Kenntnis von vielen Rückführungserlebnissen, die nicht auf so einfache Weise wegzuerklären
waren.

So zum Beispiel wurde ich im Anschluß an einen meiner
Vorträge einmal von jemandem angesprochen, der in einem

der südwestlichen Bundesstaaten Zeuge einer hypnotischen Rückführung geworden war. Bei der hypnotisierten Person handelte es sich um einen in den USA allgemein bekannten Künstler indianischer Herkunft – der gleichwohl unter Hypnose fließend deutsch zu sprechen begann. Das schuf für den an sich nicht ganz unerfahrenen Hypnotiseur gewisse Probleme, denn er selbst war nur des Englischen mächtig. Zum Glück gelang es ihm, den Patienten zur Verwendung des heimatlichen Idioms zurückzulotsen, ohne ihn aus der Trance zurückholen zu müssen.

Der Hypnotisierte führte sich dann als erfolgloser Komponist ein, der vor reichlich mehr als hundert Jahren gelebt hatte. Die Nächte schlug er sich in den Wirtshäusern und Schenken einer bayerischen Großstadt um die Ohren, tagsüber schrieb er Sinfonien, von denen er fürchtete, daß sie niemals aufgeführt werden würden. Nach dem Zeugnis meines Gewährsmanns handelte es sich hier um ein Rückführungserlebnis, das sowohl mit seiner Dauer als auch mit seiner Fülle von Details aus dem deutschen Alltag der fraglichen Zeit den Rahmen des Gewohnten sprengte. Das Ganze war auf Tonband mitgeschnitten worden, und in der Folge bestätigte sich, daß es ein völlig korrektes Deutsch war, das in dieser Aufzeichnung gesprochen wurde.

Nachdem ich nun selbst eine Rückführung erlebt hatte, fühlte ich mich durch das Erlebnis des indianischen Künstlers in meiner Wißbegier ganz neu herausgefordert. Gab es vielleicht noch viel mehr Erlebnisse dieser Art zu registrieren? Und hatte man sie womöglich als Beweise für die Wahrheit der Reinkarnationsidee zu interpretieren?

Aus meiner eigenen Inkarnationsregression war ich einigermaßen verunsichert hervorgegangen. Ich hatte nie im Ernst damit gerechnet, mich unter Hypnose in einem vergangenen Leben wiederzufinden. Und wenn, dann allenfalls als Jesse James oder Julius Caesar oder sonstwer, über den ich kürzlich ein Buch gelesen oder einen Film gesehen hatte. Aber die neun Leben, die ich in der Hypnose kennengelernt hatte, hatten mich, offen gestanden, vom Sockel meiner Selbstsicherheit gehauen. Die meisten hatten vor einem historischen Hintergrund gespielt, über den ich niemals etwas gelesen, geschweige denn einen Film gesehen hatte. Und in den meisten dieser Episoden war ich im wesentlichen eine Durchschnittsfigur gewesen – was in meinen Augen die Theorie über den Haufen warf, daß jeder, der sich in ein früheres Leben begibt, sich dort als Caesar oder Kleopatra oder eine vergleichbare geschichtliche Größe erlebt.

Ein paar Tage nach meinem Rückführungserlebnis gestand ich mir ein, daß mir diese Erfahrung, je länger ich darüber nachdachte, desto rätselhafter wurde. Die einzige Möglichkeit, einer Lösung des Rätsels näherzukommen, erblickte ich darin, das Phänomen Inkarnationsregression im Zuge eines wissenschaftlichen Forschungsprogramms in seine Bestandteile zu zerlegen, um alsdann diese Elemente Stück für Stück einer genaueren Betrachtung zu unterziehen. Mit einem Wort: Für die Inkarnationsregression begann mir jetzt das gleiche vorzuschweben, was ich schon im Fall der Todesnähe-Erlebnisse praktiziert hatte, nämlich das Herauspräparieren der gemeinsamen Elemente, die es erlauben würden, konkrete Einzelfälle von Rückführungserlebnissen miteinander zu vergleichen.

Als erstes notierte ich mir in Stichworten und so unsystematisch, wie sie mir durch den Kopf gingen, ein paar von den vielen Fragen, deren Beantwortung ich mir von meiner Forschungsexpedition in die Welt der Reinkarnationen versprach:

■ Vermag der therapeutische Einsatz von Inkarnationsregressionen eine tatsächliche Besserung des – sei's psychischen, sei's physischen – Gesundheitszustands zu bewirken? Zwar steht die Leib-Seele-Ganzheit heute im Brennpunkt vielfältiger Interessen und weitreichender Überlegungen, aber trotzdem sind die Auswirkungen von Rückführungen auf Gesundheitsprobleme noch wenig erforscht.

Mich interessierte besonders der mögliche Einsatz einer solchen Behandlungsmethode zur effektiven Therapie von Phobien – jenen unerklärlichen Zwangsbefürchtungen, mit denen sich viele Menschen plagen müssen. Dem Vernehmen nach war es häufig vorgekommen, daß in der Rückführungshypnose der Ursprung dieser Befürchtungen aufgedeckt wurde und der Patient daraufhin in der Lage war, sein Leiden zu überwinden. Nun würde ich selbst überprüfen, was an der Sache Wahres dran war.

■ Wie hat man sich diese seltsamen Seelenreisen zu erklären? Als Beweis für die Stichhaltigkeit der Reinkarnationslehre, sagen manche. Aber wer sich dem nicht anzuschließen vermag – wie hätte dessen Erklärung auszusehen?

Darauf hätte ich zum fraglichen Zeitpunkt keine definitive Antwort geben können. Immerhin notierte ich mir schon einmal ein paar Hypothesen. Eine davon beruhte in der Annahme, daß die Seele sich ihre eigenen Dramen schreibt und inszeniert – etwa so, wie man sich mit der Videoausrüstung seine eigenen Fernsehspiele herstellen kann. Die Bühne, auf der diese Dramen gespielt werden, liegt in unbewußten Seelendimensionen, wo laut C. G. Jung in jedem von uns beständig immenser einschlägiger Betrieb herrscht. Die «früheren Leben» ähneln nach meinem Dafürhalten fast zum Verwechseln dem persönlichen Mythos, den jeder von uns in sich herumträgt.

Und sofort begann ich mich in der wissenschaftlichen Literatur nach Belegen für diese Theorie umzusehen.

■ Wie allerdings erklärte man sich die wirklich mysteriösen Fälle? Ich für meinen Teil betrachtete sie zwar nicht unbedingt als die zwingenden Beweise für die Reinkarnation, für die sie von so vielen Leuten gehalten werden, mußte jedoch andererseits zugeben, daß man die geheimnisvollen Vorkommnisse, von denen ich glaubwürdig gehört hatte, nicht mit irgendwelchen konfektionierten Erklärungen kurzerhand vom Tisch wischen konnte.

■ Kann man auf eigene Faust, ohne Mitwirkung eines Hypnotiseurs, in die Sphäre der früheren Existenzen vorstoßen? Anders gesagt: Ich wollte herausbekommen, ob Selbsthypnose als Instrument der Inkarnationsregression genauso wirksam sein kann wie die psychotherapeutische Fremdhypnose.

Auf dem Rückflug von Florida machte ich mir klar, daß mit ein Grund, warum ich mich von Diana Denholm hatte hypnotisieren lassen, die Erwartung gewesen war, ich würde nach diesem Erlebnis die Antwort wenigstens auf einen Teil der Fragen wissen, die wir gesprächsweise angeschnitten hatten. Indes das Gegenteil war eingetreten. Jetzt steckte ich erst recht und gleichsam bis zum Hals in offenen Fragen. Meine Neugier war angestachelt. Ich war jetzt in der richtigen Verfassung, mich an die wissenschaftliche Sondierung des Reinkarnationserlebnisses zu machen.

2
Aspekte der
Inkarnationsregression

Mit meinen Tiefbohrungen begann ich im eigenen Vorgärtchen.

Ich war damals Psychologiedozent am Western Georgia State College in Carrollton. Obwohl in diesem typischen Südstaatenstädtchen alter Tradition ein streng konservativer Wind weht (eine gewaltige Marmorstatue des Unbekannten Soldaten der Konföderation beherrscht einen belebten Platz im Zentrum), wird im psychologischen Fachbereich der ortsansässigen staatlichen Hochschule speziell das Studium paranormaler Phänomene gepflegt. Derlei trifft man selten an Hochschulen und Universitäten heutiger Zeit. Die meisten Hochschulfachbereiche für Psychologie in den USA bleiben ganz in den Geleisen der konventionellen Psychologie, die auf dem therapeutischen Sektor die kognitiven Methoden bevorzugt. In erster Linie dem behavioristischen Ansatz verpflichtet, beschränken sich die kognitiven Therapiemethoden auf Behandlungsformen und Erlebnistypen, die den wissenschaftslogischen Maßstäben der empirischen Naturwissenschaften genügen.

Kognitive Therapie ist am Western Georgia College durchaus kein Fremdwort: in jedem Semester können Studenten aller Jahrgänge hier unter einer ganzen Reihe von Vorlesungen und Seminaren auswählen, die mustergültige Kenntnisse der konventionellen Psychologie vermitteln. Doch als William Roll in den sechziger Jahren am Western Georgia den psychologischen Fachbereich ins Leben rief, legte er vor allen Dingen Wert darauf, daß die breite Vielfalt der paranormalen

Erscheinungen in all ihren faszinierenden Tiefendimensionen gegenüber der konventionellen psychologischen Forschung nicht zu kurz käme. Auch der Umstand, daß diese Phänomene meistenteils zustandsabhängig und daher unter Laboratoriumsbedingungen nicht beliebig reproduzierbar und manipulierbar sind, vermochte die Gründerväter des psychologischen Fachbereichs am Western Georgia nicht von dem Ziel abzubringen, ihren Studenten über das Geheimnisvolle und Rätselhafte nicht weniger solide Kenntnisse mit auf den Weg zu geben als über das Verfügbare und Machbare.

Deswegen findet man im Vorlesungsverzeichnis von Western Georgia Lehrveranstaltungen über Geistererscheinungen, Todesnähe-Erlebnisse und Astrologie zusammen mit praktischen Kursen über Hypnose und Selbsthypnose sowie über moderne Praktiken schamanistischer Seelenheilkunde angeboten.

Aspekte der Rückführungserlebnisse

Als ersten Schritt in Sachen Reinkarnationsforschung hatte ich vorgesehen, eine große Zahl von Menschen zu hypnotisieren und in der Trance nach Möglichkeit ein Rückführungserlebnis in eine frühere Inkarnation zu induzieren, um auf diesem Wege Aufschlüsse über die Natur dieses Erlebnisses zu erhalten. Meine Versuchspersonen wollte ich aus dem studentischen Publikum meiner Lehrveranstaltungen rekrutieren. Mein Ziel auf dieser Untersuchungsetappe war es, charakteristische Merkmale der Inkarnationsregression zu isolieren, um dergestalt sowohl die Einsicht in das Phänomen als auch seine therapeutische Handhabung zu fördern.

Anfang der siebziger Jahre hatte ich das gleiche für das Todesnähe-Erlebnis unternommen. Indem ich die Todesnähe-Erlebnisse von rund zweihundert Menschen analysierte, konnte ich eine Anzahl elementarer Komponenten isolieren, aus denen diese spirituelle Erfahrung gemeinhin aufgebaut ist. Die Kenntnis dieser elf Elemente verhalf wiederum Psychotherapeuten, Ärzten und Patienten zu vertiefter Einsicht in die Natur jener rätselhaften Vorgänge.

Für meine Reinkarnationsforschung benötigte ich rund fünfzig freiwillige Versuchspersonen, die viel Bereitschaft zum Mitmachen und ebensoviel Aufgeschlossenheit für neue Erfahrungen mitbringen mußten. Als weitere Voraussetzung wurde verlangt, daß sie in der Gestaltung ihres Tageslaufs nicht an einen starren Stundenplan gebunden und somit im Bedarfsfall – wenn eine Rückführung sich länger als erwartet hinziehen sollte – jederzeit in der Lage wären, unvorhergesehene «Überstunden» an das Projekt zu wenden. Diese Anforderungen machten die Studentenschaft für mich zu einem Reservoir idealer Mitarbeiter. Ich ließ mein Projekt im psychologischen Fachbereich durch Mundpropaganda publik machen und hatte binnen kurzem die Namen von über fünfzig begeisterten und tauglichen Freiwilligen auf meiner Rekrutierungsliste stehen.

Ich hatte vor, mehrere Rückführungstechniken an ihnen auszuprobieren. Das Hauptgewicht sollte dabei auf den individuellen Rückführungen liegen: den Hypnosesitzungen, zu denen ich die Versuchspersonen einzeln nacheinander in meinem Sprechzimmer empfing.

Da ich mich allerdings, um der Gefahr einseitig vorbelasteter Befunde zu entgehen, nicht mit einer rein studentischen Population von Versuchspersonen begnügen wollte, führte ich auch zahlreiche individuelle Rückführungshypnosen mit Personen aus der breiten Bevölkerung durch.

Von den individuellen Rückführungen versprach ich mir die zuverlässigsten Ergebnisse. Die Hypnosewirkung ist in aller Regel in Einzelsitzungen am intensivsten. Gleichwohl wollte ich – aus schlichter Neugier – unbedingt auch ein paar

Gruppensitzungen veranstalten. Es stellte sich heraus, daß die dabei «erinnerten» Lebensgeschichten im ganzen nicht so abgerundet und im einzelnen nicht so bunt waren wie bei individuellen Rückführungen; allerdings konnte ich im selben Zug ein ausgesprochen interessantes außersinnliches Phänomen verbuchen: Mehrmals kam es vor, daß eine Versuchsperson auf der einen Seite des Raums praktisch das gleiche Rückführungserlebnis zu Protokoll gab wie diejenige in der achsensymmetrisch gegenüberliegenden Position auf der anderen Seite. So erlebte ich beispielsweise den Fall, daß eine Studentin sich als Ballettänzerin im hautengen blauen Kostüm schilderte, die auf hellerleuchteter Bühne einen Auftritt vor großem Publikum absolvierte – und daß kurz darauf eine andere Studentin, die auf der gegenüberliegenden Seite des Raums plaziert gewesen war, fast haargenau die gleiche Szene beschrieb.

Eine dritte Rückführungstechnik, die ich im Zusammenhang mit meinen Experimenten anzuwenden gedachte, war die fast vergessene Kunst des Kristallsehens.

Der «Kristallomantie», die sich bei spirituell erleuchteten Menschen in aller Welt und zumal bei tibetischen Wahrsagern großer Beliebtheit erfreut, bediente sich schon «die jungfräuliche Königin» Elisabeth I. von England (1558–1603) als Orientierungshilfe, um sich im Dschungel der Staatsgeschäfte zurechtzufinden. Bei diesem Verfahren starrt das Medium in der Einschläferungsphase unverwandt in eine Kristallkugel (oder eine andere spiegelnde Tiefe).

Ich wandte die Kristallkugeltechnik sowohl bei der Einzelhypnose als auch in Gruppenhypnosesitzungen an. Aufs Ganze gesehen erbrachte dieses Verfahren die besten Resultate, was möglicherweise daran liegt, daß die Kristallkugel dem Medium das Gefühl vermittelt, nicht dem Willen eines Hypnotiseurs unterworfen, sondern stets selber Herr der Lage zu sein.

Regressions-/Reinkarnationstherapeuten

Aber mit meinen hausgemachten Rückführungen allein wollte ich mich nicht zufriedengeben. Als Vergleichsmaßstäbe benötigte ich Befunde aus unabhängigen Quellen.

Fallberichte, wie ich sie brauchte, lieferten mir die Krankenblattarchive einer Reihe von Psychotherapeuten, die sich auf die immer populärer werdende Regressions- beziehungsweise Reinkarnationstherapie spezialisiert hatten.

Diese – zunächst informelle – «New Age»-typische Therapiebewegung wird seit Frühjahr 1980 offiziell vertreten durch die «Association for Past-Life Research and Therapy», abgekürzt APRT. Nach Auskunft von Gründungsmitglied Hazel Denning trafen damals 52 Reinkarnationstherapeuten auf privater Ebene in Irvine/Kalifornien zusammen, um ihrer Bewegung eine verbandsmäßige Organisationsform zu geben. Als Sinn des Zusammenschlusses betrachtete man es, den Verbandsmitgliedern ein zentrales Forum für den Informationsaustausch und zugleich ein zentrales Schulungsorgan zur Verfügung zu stellen.

Heute hat die APRT weltweit Hunderte von Mitgliedern, wickelt Jahr für Jahr ein dichtgedrängtes Programm von Tagungen und Arbeitsseminaren ab und publiziert nicht nur eine vierteljährliche Mitgliederinformation, sondern darüber hinaus ein halbjährliches Referateorgan, das *Journal of Regression Therapy*.

Kein Reinkarnationstherapeut würde bestreiten wollen, daß er sich außerhalb der Grenzen der Psychologie nach landläufigem Verständnis bewegt. Ganz im Gegenteil: Sie alle sind stolz auf ihre wagemutigen Erkundungszüge in die neuen Weiten jenseits des Sicherheitszauns um die engbegrenzte Gemarkung der empirischen Wissenschaft.

In der ersten Nummer des *Journal of Regression Therapy* gab Herausgeberin Irene Hickman folgende Erklärung ab:

Die Mitglieder der APRT [verwenden] spezielle Methoden zur Aufdeckung und Enthüllung vergangener – mitunter schon sehr, sehr lange vergangener – Geschehnisse, die sich in der Gegenwart als Ursachen von Krankheiten, Unangepaßtheiten oder funktionalen Störungen auswirken. Im Rahmen unserer speziellen Erfahrungen haben wir festgestellt, daß es zu den Problemen, mit denen unsere Patienten oder Klienten zu uns kommen, jeweils eine Ursache gibt, daß diese Ursache mit Hilfe von Rückführungstechniken zum Vorschein gebracht werden kann und alsdann einer Behandlung zugänglich ist, die ihre Auswirkung abstellt, so daß einer Rückkehr in den gesunden Zustand nichts mehr im Wege steht.

Wir geben gerne zu, daß wir uns sowohl mit unseren Forschungen als auch mit unserer Therapiemethode nicht unbedingt immer im höchsten vorstellbaren Grade wissenschaftskonform verhalten. Das dürfte wohl nicht zuletzt in der strengen Beschränkung des Begriffs der Wissenschaftlichkeit seinen Grund haben – einer in der Tat so strengen Beschränkung, daß die experimentelle Beobachtung am Menschen von vornherein aus dem naturwissenschaftlichen Paradigma herausfällt, insofern dieses die Wiederholbarkeit jedes Experiments in identischer Form zur grundsätzlichen Bedingung macht.

Da eine Versuchsanordnung, die menschliches Individualverhalten einschließt, prinzipiell nicht identisch reproduzierbar ist, wäre zu überlegen, ob die Wissenschaft nicht vielleicht gut daran täte, sich nach einem neuen Paradigma umzusehen. Solange sie weiter bei der freiwilligen Beschränkung ihres Gesichtskreises verharrt, muß die Wissenschaft *ex professo* Forschungen ignorieren, die sowohl Aufschluß über die wahre Natur der menschlichen Seele des Bewußtseins geben als auch die Frage des Weiterlebens nach dem physischen Tod beantworten könnten.

Wir sind überzeugt, daß wir Problemlösungen gefunden haben und in Zukunft noch finden werden, die für die gesamte Menschheitsfamilie von großer Wichtigkeit sind. Wir werden den Menschen zu einem besseren Verständnis ihrer selbst verhelfen und sie dazu befähigen, mehr Gesundheit, Harmonie, inneren Frieden und Kreativität zu entwickeln. Mit den Verfahren, die wir anwenden, setzen wir unseren Patienten bzw. Klienten in die Lage, das Höchstmaß ihrer Kreativität zu entfalten.

Manchen mag es verwundern – aber Reinkarnationstherapeuten glauben nicht unbedingt alle an das *Faktum*, sondern häufig nur an das *Erlebnis* der Wiedergeburt. Wer öfter mit ihnen zu tun hat, erlebt es durchaus nicht selten, daß sie Rückführungserlebnisse als «Phantasien» bezeichnen oder eine Unterscheidung treffen zwischen «authentischer Regression» und «übertragenem Traumzustand».

In einem Beitrag zum *Journal of Regression Therapy* schildert der Therapeut Garrett Oppenheim den Fall einer Frau, die im siebzehnten Jahrhundert als Bauernmagd Opfer einer Vergewaltigung wurde. Sie fütterte gerade die Schweine, als sie von vier Unbekannten gepackt und in den Schweinekoben gezerrt wurde, wo die vier sie mit Schlägen gefügig machten und sie dann wiederholt vergewaltigten. Als die Vergewaltiger des Spaßes überdrüssig geworden waren, drückten sie ihr Opfer mit dem Gesicht in den Dreck, bis es erstickt war.

Als der Therapeut seine Klientin nach dem Aufwachen fragte, wie sie selber meine, daß dieses Erlebnis zu deuten sei, schluchzte sie auf: «Ich will vor meinem Mann im Bett keine Angst mehr haben.» In Oppenheims Artikel heißt es dann weiter:

Ihr Mann sage, er steige durch diesen ganzen Reinkarnationsquatsch nicht durch, berichtete sie in der darauffolgenden Woche vor der Gruppe. Ich gab mir daraufhin alle Mühe, ihr – und den anderen Teilnehmern – klarzumachen, daß es überhaupt keine Rolle spiele, ob ein Reinkarnationserlebnis im buchstäblichen Sinn Realität sei oder nicht. Was wirklich zähle, sei einzig und allein, was an Heilerfolg dabei herauskomme. In der Woche darauf dann verkündete Doris, daß beide – ihr Mann und sie selber – mir «voll und ganz» recht geben müßten.

Die Therapeuten, mit denen ich persönlichen Kontakt aufnahm, glaubten allerdings sämtlich an die Realität früherer Leben. Ihre eigenen Erlebnisse wie auch diejenigen ihrer Patienten hatten sie zu der Überzeugung geführt, daß unser Ge-

dächtnis den Tod überdauert und, in die tiefsten Seelen-
gründe des einzelnen versenkt, weiterbesteht. «Wenn Sie mir
ausreichend Gelegenheit dazu geben», sagte mir einmal eine
Therapeutin, «dann verschaffe ich Ihnen – und sei es da und
dort auch nur fragmentarisch – Einblick in *jede einzelne* Ihrer
früheren Existenzen.»

Und den Unterlagen, die sie und andere Therapeuten mir
zur Einsicht überließen, war zu entnehmen, daß genau das
mit vielen Menschen bereits praktiziert worden war.

In den Händen dieser versierten Hypnotiseure hatten bereits zahllose Klienten frühere Existenzen durchlebt. Vielfach
handelte es sich dabei, ähnlich wie in meinem eigenen Fall,
um einerseits zwar höchst plastische, andererseits jedoch
grobschlächtige Geschehensfolgen ohne sonderlich konkreten Gegenwartsbezug. In anderen Fällen dagegen war die
Handlung differenzierter aufgebaut und wies vielfältige Sinn-
bezüge zur derzeitigen Lebenssituation des Patienten auf.

Doch gleichgültig, ob die Inkarnationserlebnisse nun fein
ziselierte, abgerundete Geschichten oder eher von der gro-
ben, schlichten Machart waren: allesamt wiesen sie bestimmte charakteristische Aspekte auf. Bei der Auswertung
sowohl meiner eigenen Befunde als auch der mir überlassenen Unterlagen konnte ich zwölf elementare Merkmale der
Inkarnationsregression isolieren, von denen ich im folgenden
eine knappe Beschreibung gebe. Es handelt sich da freilich
nicht jedesmal um eine *conditio sine qua non*, und demnach
ist es keineswegs so, daß man sagen könnte, wer an seinem
Erlebnis nicht das volle Dutzend der beschriebenen Merkmale feststellen konnte, der hat keine echte Inkarnationsregression erlebt. Man kann jedoch davon ausgehen, daß ein
Rückführungserlebnis sich zumindest unter einer Reihe von
diesen Aspekten präsentieren wird (daß sie vollzählig auftreten, ist natürlich nicht ausgeschlossen).

Erstes Merkmal:
Rückführungserlebnisse sind gewöhnlich visueller Art

In der überwiegenden Mehrzahl geben meine Versuchspersonen an, daß ihre Rückführungserlebnisse größtenteils aus Sinneseindrücken bestehen. Gewöhnlich handelt es sich bei diesen Eindrücken um solche visueller Art, in einigen Fällen werden jedoch auch Gerüche und Töne beschrieben. Den Angaben der Versuchspersonen zufolge sind die Eindrücke plastischer oder «realer» als gewöhnliche Tagtraumbilder. Und in der Regel sind sie auch nicht so grotesk verzerrt, wie wir das vom normalen Traumerleben her gewohnt sind. Ebenso ist es die Regel, daß die Bilder des früheren Lebens als farbig geschildert werden.

Zur Illustration sei hier der Fall einer Frau zitiert, die sich in der Rückführung als Bauernjungen im ausgehenden neunzehnten Jahrhundert erlebte.

Ich war ein achtzehnjähriger Junge und saß mit baumelnden Beinen hinten auf dem Pferdewagen. Mit jeder Faser meines Seins war ich da, auf diesem Platz. Ich sah meine Beine über die Wagenkante hinabhängen und nahm sie so deutlich wahr, wie wenn ich das selber alles erst vor fünf Minuten gemacht hätte.

Zu einem späteren Zeitpunkt in diesem Leben war ich draußen im Gelände und reparierte einen Zaun. Auf einmal bemerkte ich zu meinen Füßen eine Schlange – ich sah sie genauso scharf, wie wenn sie jetzt da vor uns auf dem Boden rumkriechen würde. Ich wollte wegrennen und fiel dabei längelang hin und knallte mit der Stirn auf einen Stein. Der Schmerz war so stark, daß mir der Kopf noch weh tat, als ich aus der Trance erwachte. Ja, ich hatte sogar nach dem Aufwachen aus der Hypnose noch ein Gefühl, als ob mir das Blut übers Gesicht rinne, so deutlich hatte ich in der Trance gespürt, wie ich nach dem Aufprall zu bluten begann.

Dies ist nur eines von vielen Beispielen, die zeigen, wie nachhaltig in der Inkarnationsregression die Sinneswahrnehmung gereizt wird.

In selteneren Fällen kommt es auch zu Rückführungserlebnissen rein gedanklicher Natur. Es dürfte kaum überraschen, daß dieses Phänomen gemeinhin bei Menschen auftritt, die von sich angeben, daß sich auch in ihrem «derzeitigen» Seelenalltag in puncto inneres Bilderleben nicht viel tut. Das Fehlen von Bildeindrücken bedeutet jedoch nicht, daß die betreffenden Rückführungserlebnisse auch nur im geringsten Grad weniger überwältigend wären. Rückführungserlebnisse rein gedanklicher Natur können genauso packende und mitreißende Erfahrungen sein wie diejenigen, die sich ganz aus plastischen, lebensprühenden Bildern zusammensetzen.

Zweites Merkmal:
Rückführungserlebnisse führen ein Eigenleben

Abfolge und Zielrichtung der Situationen und Ereignisse, die im Verlauf einer Inkarnationsregression vor dem inneren Auge auftauchen, scheinen einer bewußten Kontrolle seitens des Mediums nicht zugänglich, sondern vielmehr eigener Gesetzlichkeit zu unterliegen. Das hat zur Folge, daß die Regressanden gewöhnlich das Empfinden haben, Zeugen objektiver Vorgänge zu sein und nicht etwa, wie im Tagtraum, sich etwas zusammenzuphantasieren. Häufig charakterisieren die Regressanden ihren Eindruck in der Weise, daß sie sagen, es sei, wie wenn man im Kino einen Film sieht, der einem aus unerfindlichen Gründen bekannt vorkommt.

Ein ausgezeichnetes Beispiel dafür ist mein eigenes Rückführungserlebnis. Während ich mich als chinesische Malerin erlebte, war ich nicht damit beschäftigt, mir zu überlegen: «Was passiert jetzt als nächstes? Und was jetzt?», sondern ich schaute nur zu, wie der Film ablief. Das Geschehen entrollte sich Szene für Szene ganz von selbst vor meinen Augen. Für mich war alles genau wie im Kino: selbstbewegte Bilder in leuchtenden Farben und gestochen scharf. Ich brauchte bloß dazusitzen und zu verfolgen, was sich auf der Leinwand von alleine tat.

Drittes Merkmal:
Die Bilderwelt strömt eine unheimliche Aura von Bekanntheit aus

Der Eintritt in die vorgeburtliche Existenz führt häufig in eine Welt, die von einer Atmosphäre der Bekanntheit, ja Vertrautheit – und zuweilen sogar sehr weitgehender, intimer, nostalgieerweckender Vertrautheit – durchwaltet ist. Das Empfinden der Medien in der Rückführungshypnose ähnelt in diesem Punkt sehr stark dem allgemein bekannten Déjà-vu-Erlebnis, bei dem einen unversehens das Gefühl überfällt, man habe das, was man gerade sieht oder tut, irgendwann früher schon einmal ganz genauso erlebt.

Der Intensitätsgrad solcher Bekanntheitsgefühle reicht von der vagen Reminiszenz bis zum Eindruck von jähem prägnantem Sicherinnern an Vorgänge, die man scheinbar längst vergessen hatte, jetzt aber in ungebrochener Lebendigkeit neu erlebt.

Auf eindrucksvolle Weise illustriert diesen Aspekt der Inkarnationsregression das Beispiel eines Patienten, den ich hier Neal nennen will. Neal, der in Georgia geboren und aufgewachsen ist und im religiösen Geist des Südstaatenbaptismus erzogen wurde, erlebte den für seine Verhältnisse einigermaßen sonderbaren Fall, daß er sich in der Rückführung als Mönch im mittelalterlichen Irland wiederfand. Diese Inkarnation umfaßte viele Szenen, die ihm alle mehr oder weniger bekannt vorkamen, mit am intensivsten jedoch war dieses Gefühl, als er gemeinsam mit einem anderen Mönch von einer Anhöhe aus mitansehen mußte, wie eine Räuberbande in der Ferne ein älteres Bauernehepaar umbrachte.

Es war grauenhaft, aber alles in allem genauso, wie ich es schon einmal gesehen hatte. Wir waren gerade auf der Bergkuppe angekommen und blickten jetzt vor uns in das Tal hinunter, wo unten dieser Bauernhof lag, da erschien auf einmal ein Schwarm von Berittenen auf der Bildfläche und sprengte auf den Hof zu. Der alte Bauer und seine Frau traten vor die Tür, um nachzusehen, wer da kam, und die Reiter ritten direkt auf sie zu und schlugen sie mit Schwertern und Keulen nieder. Dann saßen sie ab und begannen das Haus zu plündern.

Während ich das in der Trance beobachtete, war ich nicht im geringsten überrascht. Ich dachte immer nur: «Ja, ja – ich erinnere mich... Genauso war's.» Es war grauenhaft. Aber ich war da schon mal mit dabeigewesen.

Mitunter ruft das Erlebnis eine Art Heimweh nach dem scheinbar abgelebten anderen Dasein des eigenen Selbst hervor. Es kann passieren, daß ein Seelenreisender ganz erfüllt von der Sehnsucht nach jener untergegangenen Welt in die «Gegenwart» zurückkehrt.

Einer meiner Patienten erlebte sich in der Rückführung im alten China an der Seite seines Meisters, eines greisen Philosophen, der ihm für die ganze Dauer seines früheren Lebens ein bewunderter Weisheitslehrer war. Seither sucht mich dieser Patient regelmäßig in der Praxis auf – einzig zu dem Zweck, sich von mir per Rückführung wieder auf Besuch zu seinem alten Lehrer schicken zu lassen.

Viertes Merkmal:
Der Regressand identifiziert sich mit
einer einzelnen Person

Zu den Eigenheiten der Inkarnationsregression gehört auch, daß die hypnotisierte Person sich in einer der Personen des Dramas, das sie erlebt, wiedererkennt. Dieses unheimliche Gefühl der Identität mit jener Person bleibt unberührt von eventuellen krassen Unterschieden im körperlichen Erscheinungsbild, in Lebensumständen, Beruf, Geschlecht und sonstigen Faktoren.

So zum Beispiel gab ein Student aus meinem Collegekurs mit allen Anzeichen der Aufrichtigkeit und ehrlichen subjektiven Überzeugung zu Protokoll, er sei ein Türke und lebe als Kaufmann im Osmanischen Reich.

In einem anderen Fall berichtete eine junge Südstaatlerin, Hausfrau von Beruf, doch tatsächlich, sie sei in einem früheren Dasein in grauer Vorzeit (man stelle sich vor!) ein afrikanischer Krieger gewesen.

Auf einmal war ich ein schwarzer Krieger mit nichts auf dem Leib als so einer Art Grasröckchen, das meine Blöße bedeckte. Auf meiner lackschwarzen Haut war eine kunstvolle Kriegsbemalung angebracht, die meinen ganzen Körper mit Zickzackmustern bedeckte und mir ein furchteinflößendes Aussehen verlieh.

Jetzt weiß ich auch, wozu die Kriegsbemalung da war. Heute kommt uns so etwas vielleicht albern vor, aber in meinem Rückführungserlebnis fand ich mich plötzlich Auge in Auge mit einem angreifenden feindlichen Krieger. Er trug eine Kriegsbemalung, und sie verstärkte das Erschrecken in meinem Herzen. Die Kriegsbemalung hatte den Zweck, den Gegner gleich im ersten Handgemenge noch mehr einzuschüchtern.

Das Identitätsgefühl bleibt unter Umständen bis in die posthypnotische Phase erhalten. Der Regressand behält dann in seinem «derzeitigen» Leben die Überzeugung, in einem früheren Dasein tatsächlich diese bestimmte Person gewesen zu sein.

Fünftes Merkmal:
Die affektive Komponente des Vorlebens wird in der Rückführung miterlebt (nachempfunden)

Regressanden berichten gewöhnlich, daß sie während der Rückführung die Gefühle in sich spüren, die zur Rolle ihres Alter ego gehören. Um mit meiner eigenen Erfahrung anzufangen: In der Episode im römischen Zirkus zum Beispiel empfand ich tatsächlich bis zu einem gewissen Grad (Gott sei Dank nicht im vollen Ausmaß) das Entsetzen, das einen Menschen im Angesicht eines hungrig auf ihn losspringenden Löwen überkommen muß.

Dieses «Nachempfinden» bleibt noch während der Rückführung auch dem Hypnotiseur nicht verborgen. Der Regressand schneidet unter Umständen fürchterliche Grimassen beim «Wiedererleben» einer Szene, in der sein «früheres» Alter ego in helle Wut gerät. Wahre Tränenbäche können zu fließen beginnen, wenn für den «Zeitreisenden» eine besonders rührende oder traurige Episode auf dem Programm steht. Das gesamte Register menschlichen Affektausdrucks – von zärtlicher Liebe bis zu schäumender Wut und giftigem Haß – kann im Verlauf eines tiefgreifenden Rückführungserlebnisses zu eindrucksvoller Entfaltung gebracht werden.

Der Affektausdruck kann sich zu solcher Heftigkeit steigern, daß es für den Hypnotiseur mitunter angezeigt erscheinen mag, dem Regressanden zur Beruhigung zu versichern, daß die fragliche «Lebensgeschichte» längst der Vergangenheit angehört und deshalb keinen Grund zur Angst oder Sorge mehr darstellt.

Sechstes Merkmal:
Inkarnationen können aus doppelter Perspektive –
Außen- und Innensicht – erlebt werden

Wer sich einer Inkarnationsregression unterzieht, erlebt unter Umständen eine Aufspaltung seiner Perspektive, durch die er in die Lage versetzt wird, am Geschehen entweder aus der Innensicht (unserer Alltagsperspektive) zu partizipieren oder es aus der Außensicht zu betrachten, welch letztere den Regressanden zum «körperlosen» Beobachter macht, der das Handeln der Akteure (einschließlich seines Alter ego) von einem Gesichtspunkt, der außerhalb des Körpers dieses Alter ego liegt, verfolgt.

So zum Beispiel beschreibt eine meiner Studentinnen, die sich in der Rückführung als Kutscher im Europa des beginnenden neunzehnten Jahrhunderts wiederfand, das Erlebnis folgendermaßen: In einem bestimmten Handlungsabschnitt nahm sie alles mit den Augen des Kutschers selber wahr. Es war, als stecke sie in seinem Körper drin und blicke vom Kutschbock herunter nach vorn auf die Straße. Sie sah die galoppierenden Pferde vor sich und konnte sogar den Fahrtwind spüren. Dann passierte ein Unfall, bei dem die Kutsche sich überschlug. Und mit einemmal nahm sie die ganze Szene von oben wahr und sah dabei auch den Kutscher mit verrenkten Gliedmaßen unten zwischen den Trümmern liegen.

Ein weiteres Beispiel dieser Art bietet ein Ausschnitt aus dem Rückführungsprotokoll eines Patienten.

Ich sah einen Mann auf der Straße gehen, in so einer Art Blouson und Kniebundhose, wie das in der Renaissance Mode war. Ich stellte fest, daß ich alles, was vorging, einmal von oben und dann wieder aus der Perspektive dieses Mannes beobachten konnte. Ich konnte ganz nach Belieben die Perspektive wechseln, beinahe so, wie die im Fernsehen zwischen den Kameras hin und her schalten, um den Bildwinkel zu verändern.

Siebentes Merkmal:
Das Erlebnis spiegelt häufig die aktuelle
Problemsituation des Regressanden wider

Bei den meisten Inkarnationsregressionen, die ich durchgeführt habe, stellte sich heraus, daß die «frühere» Lebensgeschichte die Spannungen und Konflikte widerspiegelt, mit denen der Regressand sich in seiner derzeitigen Lebenslage herumzuschlagen hat. In der Regel springt dieser Zusammenhang förmlich in die Augen.

So zum Beispiel fühlte sich einer meiner Patienten nervlich arg strapaziert durch seine Beziehung zu einer Frau, die ein wenig älter als er war und ihn zu bevormunden versuchte. Er selbst wußte in der Affäre nicht mehr ein noch aus.

Unter Hypnose durchlebte er eine Reinkarnation als Sklavin in irgendeiner antiken Stadt des Mittleren Ostens.

Ich entsinne mich, daß ich mich in einem sehr schönen Palast befand, und zwar in einem Flügel, wo auf den Gängen mit den scheinbar endlosen Zimmerfluchten unentwegt Sklavinnen hin und her eilten, um all die schönen jungen Mädchen, die da wohnten, zu bedienen. Ich war eines von diesen Mädchen, diesen wohlbehüteten Schäfchen. Wir wurden da für irgend jemanden – einen Sultan oder Pascha oder so, nehme ich an – als Kebsen gehalten.

Einerseits lebten wir da wie im Paradies, hatten keine Sorgen und bekamen jeden kleinsten Wunsch von den Augen abgelesen. Andererseits war es die reine Hölle, denn innerlich waren wir vollkommen unfrei.

Dieses Rückführungserlebnis gab mir zunächst ein Rätsel auf, weil der Patient sich als unterjochte Frau erlebt hatte. Ich fragte mich, wieso. Einige weitere Therapiesitzungen brachten mich darauf, daß in seinen Augen alle Frauen in der einen oder anderen Form unterjocht waren. Und da seine derzeitige Freundin ihn unterjochte, fühlte er sich eben als Frau.

Damit war der Zusammenhang zwischen seinem Rückführungserlebnis und seinen derzeitigen Lebensumständen mit einem Schlag sonnenklar.

Damit jedoch, daß die Übereinstimmung einem außenstehenden Beobachter in die Augen springt, ist sie nicht unbedingt auch schon für den Regrassenden evident – was mich persönlich überhaupt nicht überrascht: Wir alle verheimlichen gewohnheitsmäßig unsere Dauerprobleme – selbst solche, über die wir auf Schritt und Tritt stolpern –, indem wir sie in die unbewußten Seelenregionen abschieben – sie «verdrängen», wie die Psychoanalytiker sagen.

Allerdings gibt es auch Regressanden, die man nicht erst mit der Nase auf die Übereinstimmungen zwischen ihrem «früheren» und ihrem derzeitigen Leben stoßen muß. Nicht wenige erwachen aus der hypnotischen Trance mit dem klaren Bewußtsein, daß sie da gerade etwas erlebt haben, das ihren derzeitigen Lebensproblemen in mancher Hinsicht auffallend ähnelt.

Die häufig festzustellende Parallelität zwischen Rückführungserlebnissen und aktuellen Gegebenheiten bringt immer wieder Menschen auf den Gedanken, ihre derzeitigen Schwierigkeiten könnten vielleicht aus einem Problem herrühren, das sie in einem früheren Leben hatten und damals nicht zu lösen vermochten.

Daß die Rückführungserlebnisse eine so frappierende Ähnlichkeit mit dem aufweisen, was die Regressanden aktuell in Atem hält, ist mit eine *raison d'être* der sogenannten Reinkarnationstherapie. Ich werde auf dieses Thema in der Folge noch ausführlicher eingehen; für den Augenblick kann ich mich mit dem Hinweis begnügen, daß dem Hypnotiseur in den Rückführungserlebnissen eine Art psychologisches Röntgengerät zur Verfügung steht, das einen direkten Einblick in die akuten Seelenprobleme des Patienten zu gewähren vermag.

69

Achtes Merkmal:
Inkarnationsregressionen können zu einer realen
Besserung des seelischen Befindens führen

Die «Katharsis» ist ein psychischer Vorgang, bei dem lange
Zeit gewaltsam zurückgedrängte Affekte endlich einmal ungehindert zum Ausdruck kommen dürfen – woraufhin sich
ein Gefühl schier grenzenloser Befreiung und Erleichterung
einstellt. Die weiteren Folgen des Vorgangs bestehen nicht
selten darin, daß sich dem Betroffenen jäh ein gangbarer Ausweg aus einer zählebigen Konfliktsituation zeigt oder daß er
sich plötzlich in der Lage sieht, die notwendigen Schritte zur
Änderung einer strapaziösen oder gar ruinösen Partnerbeziehung zu tun.

Eine solche Katharsis ereignet sich oftmals im Verlauf einer
Rückführung in ein früheres Leben: Als Beispiel dafür sei hier
der Fall eines jungen Mannes genannt, der sich in eine erbit-
terte Feindschaft gegen seinen jüngeren Bruder verrannt
hatte, weil der ihm seiner Ansicht nach alles, was die Eltern
der beiden an materieller und immaterieller Zuwendung zu
geben hatten, vor der Nase wegschnappte. Im Verlauf einer
Rückführung fand dieser junge Mann sich als Protagonist
einer Lebensgeschichte wieder, die vor langer Zeit in einem –
offenbar in Südamerika gelegenen – Dschungel spielte und in
der er ein hochbetagtes Mitglied eines Eingeborenenstammes
verkörperte.

Eine weitere Rolle in diesem Drama spielte eine ältere Frau,
die der Regressand als dieselbe Person identifizierte, die im
jetzigen Leben sein Bruder war. Die Frau wies äußerlich nicht
die geringste Ähnlichkeit mit dem Bruder auf. Der Regressand hatte sie rein intuitiv – durch bloßes «Gespür» – wieder-
erkannt.

Die Geschichte des alten Mannes (des Patienten) endete damit, daß der Protagonist zum Invaliden wurde, so daß er für

den Rest seines Lebens ganz auf die – freigebig gewährte, ja bis zur Selbstaufopferung gehende – Fürsorge und Pflege der alten Frau (seines Bruders im gegenwärtigen Leben) angewiesen blieb.

Aus dieser Inkarnationsregression ging der Regressand als ein anderer Mensch hervor, nämlich erfüllt von einer nie gekannten Liebe zu seinem Bruder. Er glaubte zu begreifen, daß die Bilanz zwischen ihnen ausgeglichen werden mußte, und daß dies im jetzigen Leben geschah. In einem früheren Dasein hatte sein Bruder in samaritanischem Geist seine, des Regressanden, Last mitgetragen. Nun war die Reihe an ihm, dem Bruder an Liebe und Selbstlosigkeit zurückzuzahlen, was er ihm seit damals schuldig war.

Als Konsequenz aus diesem Rückführungserlebnis entdeckte der Regressand seinem Bruder sein Inneres, mit dem Ergebnis, daß eine für beide Teile so ungeahnte wie ersprießliche Harmonie in ihre Beziehung einkehrte.

Unter meinen Patienten hat es bisher noch keinen gegeben, in dessen Rückführungserlebnis sich nicht an irgendeiner Stelle ein vergleichbarer Sinnzusammenhang mit einem seiner akutesten Lebensprobleme gezeigt hätte. Nicht in jedem Fall zieht die Entdeckung der Parallele eine sonderlich spektakuläre Lebenswende nach sich, aber noch jeder dieser Patienten hat mir etwas Ähnliches gesagt wie: «Seit der Rückführung ist mir (dies oder das) viel klarer geworden.»

Als weiteres Beispiel für die kathartische Wirkung der Inkarnationsregression sei hier der Fall einer jungen weiblichen Patientin geschildert, die ich Vicky nennen möchte. Sie war gerade erst zwei Jahre alt, als ihre Eltern sich scheiden ließen, und hat ihren leiblichen Vater nie mit Bewußtsein gesehen. Ihr Stiefvater war zwar nicht gerade das, was im Jargon ihrer Altersklasse als «autoritärer Typ» geführt wurde, aber trotzdem konnte Vicky sich mit seinem Führungsanspruch in der Familie nicht abfinden. Da er nicht ihr leiblicher Vater war, stand ihm nach Vickys Meinung auch kein Mitspracherecht in Fragen der Erziehung zu.

Vickys Einstellung zu ihrem Stiefvater erfuhr im Anschluß an ihre Rückführung einen tiefgreifenden Wandel. Das Erlebnis bestand in ihrem Fall im wesentlichen in einer Art Rollentausch mit dem Gegenstand ihrer Abneigung. Nach einer einzigen Hypnosesitzung war sie in der Lage, mehr Verständnis für den Standpunkt ihres Stiefvaters aufzubringen.

Ich fand mich als Mann in irgendeinem Territorium an der Küste Nordafrikas wieder. Man hatte mir die Pflicht aufgehalst, die Kinder meines Bruders aufzuziehen, denn mein Bruder war gestorben, und es gab sonst niemanden, der sich um die Kinder hätte kümmern können. Das Leben, das ich in dieser Inkarnation führte, war ein Leben in großer Armut, und deshalb war es für mich eine unvorstellbare Mühsal, halbwegs anständig für all diese Kinder zu sorgen. [...]

Gegen Ende dieser Inkarnation war ich ein Greis und lag, von den Kindern umstanden, sterbend in einer Lehmhütte. Und dabei ging mir immer nur das eine durch den Kopf, nämlich daß ich, weil ich mich innerlich gegen das alles so gesperrt hatte, die Erziehung der Kinder mit so krampfhaftem Pflichtbewußtsein betrieben hatte, daß sie mir menschlich fremd geblieben waren. Ich war entsetzlich traurig darüber, daß ich sie bis jetzt, wo es für alles zu spät war, von meiner persönlichen Anteilnahme ausgeschlossen hatte.

Im Behandlungstermin der darauffolgenden Woche begann Vicky, kaum daß sie Platz genommen hatte, in denkbar liebevoller Weise von ihrem Stiefvater zu reden: «Also wissen Sie, ich sehe ihn jetzt wirklich ganz anders, seit ich das neulich erlebt habe.»

Dank der Rückführung war ihr klargeworden, daß sie die ganze Zeit nichts anderes getan hatte, als die Wut, die sie, ohne es zu wissen, für ihren leiblichen Vater empfand, ungerechterweise gegen ihren Stiefvater zu richten. Im nachhinein hatte sie begriffen, daß ihr Stiefvater auf all ihre Gehässigkeiten stets nur «die andere Backe dargeboten» hatte. Auch wenn sie sich noch so schlecht gegen ihn betrug, war er immer freundlich und rücksichtsvoll gegen sie geblieben.

Aus Vickys Rückführungserlebnis ergaben sich aufschlußreiche Einblicke in ihre familiäre Situation. Ein Ergebnis, das sich bei Anwendung herkömmlicher Therapiemethoden, wenn überhaupt, nur am Ende einer längeren Folge von Explorationssitzungen eingestellt hätte, markierte bereits den Anfang der Reinkarnationstherapie: Die Patientin hatte ein für sie weitaus annehmbareres Verhältnis zu ihrem Stiefvater gewonnen.

Neuntes Merkmal:
Inkarnationsregressionen können sich auf den körperlichen Gesundheitszustand auswirken

In einigen seltenen Fällen berichten Regressanden im Anschluß an eine Rückführung auch von einer dramatischen Besserung ihres angeschlagenen Gesundheitszustands, ja mitunter sogar von einer Spontanheilung aller körperlichen Leidenssymptome. Diesem Phänomen ist das ganze folgende Kapitel gewidmet. Doch möchte ich zur Illustration bereits an dieser Stelle den Fallbericht einer Patientin zitieren, die ich Anne nennen will. Sie kam zu mir in die Sprechstunde, weil sie an heftigen chronischen Kopfschmerzen litt. Eine organische Ursache dafür, wie etwa ein Tumor, konnte nicht festgestellt werden, und schon seit einer kleinen Ewigkeit verzichtete Anne auf koffeinhaltige Getränke jedweder Art, aber trotzdem konnte sie ihres hartnäckigen Leidens nur durch die tägliche Einnahme hoher Dosen von Analgetika Herr werden.

«Einfach nur, um mal ein bißchen in der Vergangenheit zu spionieren», bat sie mich um eine Rückführung. Ich schlä-

ferte sie ein und wurde Zeuge, wie sie im alten Ägypten eine
ziemlich böse Geschichte durchlebte. Hier die Zusammenfassung in ihren eigenen Worten:

Ich lebte in einer Stadt in Ägypten, die von fremdländischen Eroberern überrannt wurde. In der Hypnose sah ich sie in hellen Scharen
zum Schänden und Brandschatzen in die Stadt hineinfluten.

Wir Einheimischen waren vor Schrecken völlig aufgelöst. Rings
um mich herum sah ich die Menschen kopflos hin und her stürzen,
um sich vor der im Herandrängen mit ihren Waffen blindlings um
sich hauenden und stechenden Soldateska in Sicherheit zu bringen.

Mich selbst sah ich als weißgekleidete junge Frau, die ihrerseits
verzweifelt zu entkommen suchte. Aber alle Versuche dieser Art waren sinnlos, denn wohin man sich auch wandte, überall stieß man
auf die Eroberer.

Plötzlich sah ich mich von einer Schar Soldaten umstellt. Während mir einer von ihnen die Arme auf den Rücken riß, hieb mir ein
anderer seine Keule auf den Kopf. Der Schmerz war unbeschreiblich. Ich bekam dann noch von mehreren Seiten Keulenhiebe ab,
bevor ich zu Boden geworfen wurde. Während ich langsam in den
Tod hinüberglitt, war mir, als ob mein Gehirn zerbersten wolle.

Der Schmerz, den sie schilderte, muß in der Tat überwältigend gewesen sein. Wie sie so mit geschlossenen Augen auf
der Couch vor mir lag, spiegelten ihr Gesicht und ihre Stimme
eine namenlose Qual.

Unser anschließendes Gespräch über diesen schrecklichen
Tod gestaltete sich für Anne zu einer karthatischen Erfahrung. Die Erörterung der affektiven Komponenten ihres Inkarnationserlebnisses brachte ihr eine emotionale Lockerung
bislang ungekannten Ausmaßes. Im Lauf unserer Unterhaltung kam zutage, daß es in Annes Leben viele Anlässe für
Angst und Streß gegeben hatte. Auf dem Umweg über die
Analyse dieses eindrucksvollen Rückführungserlebnisses
fanden wir Zugang zu vielen Gefühlen, die sie lange Zeit abgekapselt hatte.

Seit jenem ersten Mal haben wir gemeinsam noch mehrere

Rückführungen unternommen, und in der Folge haben Annes Kopfschmerzen deutlich nachgelassen, so daß sie heute mit sehr viel weniger Schmerztabletten auskommt als früher.

Die gelegentlich auftretenden Fälle dieser Art liefern anschauliche Beweise für jenen machtvollen Zusammenhalt zwischen seelischem und körperlichem Befinden, den die psychosomatische Medizin zu erhellen bemüht ist.

Zehntes Merkmal:
Für die Reihenfolge von Rückführungserlebnissen
ist nicht die Chronologie, sondern die Logik das
maßgebliche Prinzip

Nehmen wir an, jemand sah sich im Rahmen einer Behandlung von ungefähr einjähriger Dauer in ein rundes Dutzend klar unterschiedener «früherer Leben» zurückversetzt. Die Reihenfolge dieser Inkarnationen wird dann aller Erfahrung nach wohl kaum so aussehen, daß als erste die aus historischer Sicht älteste und als letzte die aus historischer Sicht jüngste Inkarnation auftrat und im übrigen auch die dazwischenliegenden in der objektiv richtigen chronologischen Ordnung aufeinander folgten. Vielmehr dürfte man es mit einer Serie von «Biographien» zu tun haben, für deren Zusammengruppierung in der Serie nicht so sehr die historische Chronologie als vielmehr thematische oder motivische Gemeinsamkeiten maßgeblich waren.

Zum Beispiel mag es so sein, daß ein Regressand zunächst zwei Inkarnationen erlebt, in denen sein Verhältnis zum anderen Geschlecht das thematische Zentrum bildet, im Anschluß daran zwei, drei Inkarnationen, in denen seine Art, mit aggressiven Triebregungen umzugehen, eine leitmotivische Rolle spielt, und am Ende dann ein ganzes Bündel von Lebensgeschichten, in denen das problematische Abhängigkeitsverhältnis des Protagonisten von anderen Menschen im Vordergrund steht.

Was in den «früheren Leben» der Regressanden in erster Linie zum Vorschein kommt, ist nicht so sehr die äußere Rolle oder gar Glanzrolle, die der Betreffende irgendwann einmal im Lauf der «objektiven» Menschheitsgeschichte gespielt hat, sondern vielmehr sein innerer – sein psychologischer und spiritueller – Enwicklungsgang und -grad. Und dieses Detail zählt wiederum mit zu den *raisons d'être* der sogenannten Reinkarnationstherapie oder – um es mit einem Ausdruck des deutschen Philosophen Kant zu sagen – zu ihren «Ermöglichungsgründen.».

Elftes Merkmal: Inkarnationsregressionen sind auch Übungssache

Im allgemeinen kann man davon ausgehen, daß ein Rückführungserlebnis sich um so eher einstellt, je öfter man sich darum bemüht.

Hier wie überall ist «Können» offenbar vornehmlich Übungssache. Für den Regressanden wird der Regressionszustand von Mal zu Mal problemloser, «natürlicher».

Freilich kommt es auch zu Rückschlägen, doch nur vereinzelt und vorübergehend: Vermehrter Streß in der aktuellen Lebenssituation des Regressanden ist nur einer von mehreren möglichen Störfaktoren, die unter Umständen zusätzlichen inneren Widerstand gegen den Regressionszustand mobilisieren; aufs Ganze gesehen jedoch findet der Regressand je öfter, desto leichter in diesen Zustand hinein.

Zwölftes Merkmal:
Inkarnationen spielen größtenteils auf Profanniveau

Einer weitverbreiteten Meinung zufolge berichtet jeder/jede, der/die sich einer Inkarnationsregression unterzieht, hinterher, er/sie sei Caesar oder Napoleon oder Kleopatra oder Kaiserin Josephine gewesen. Aber nach meiner Erfahrung trifft viel eher das Gegenteil zu. Mir sind bis dato nur ganz wenige Regressanden untergekommen, die sich mit einer historischen Größe identifizierten. Vielmehr ist das «frühere Leben», das in der Rückführung erfahren wird, in den allermeisten Fällen irgendeine Dutzendexistenz der fraglichen Epoche.

Freilich hat man es als Hypnotiseur nicht selten mit Klienten zu tun, die damit rechnen, sich im früheren Dasein als die Jungfrau von Orléans oder den Kaiser von China wiederzufinden. Meist sind diese Leute – jedenfalls für den Anfang – einigermaßen enttäuscht, wenn sie es dann effektiv nicht weiterbringen als zum gewöhnlichen Bauernmädchen oder zum einfachen Maurer in dem Arbeiterheer, das die Chinesische Mauer baute.

Die allzeit zur Gefälligkeit bereite Psyche

Die aufgezählten Merkmale lassen sich in gewisser Hinsicht mit Radspuren in aufgeweichtem Boden vergleichen: die verraten zwar, daß hier irgendein Fahrzeug längsgefahren ist, aber nicht unbedingt auch, was für eines.

Zwar hatten meine Untersuchungen zu dem Ergebnis geführt, daß es für mich keinen Anlaß zur Skepsis mehr gab, doch stand längst nicht mit gleicher Sicherheit auch fest, was es eigentlich war, dessentwegen ich nicht mehr skeptisch zu sein brauchte. Daß ich eine Reihe von charakteristischen

Merkmalen oder «Symptomen» des Phänomens Inkarnationsregression hatte isolieren können, bedeutete zunächst einmal nichts weiter, als daß ich wußte, worauf ich mich von seiten hypnotisch in vorgeburtliche Zeit zurückgeführte Patienten gefaßt machen mußte. Es bedeutete jedoch nicht, daß die Dinge, die sie aus der Hypnose berichteten, in der Vergangenheit tatsächlich einmal so passiert waren.

Die Psyche ist sozusagen eine außerordentlich höfliche Instanz: wo immer es sich machen läßt, erweist sie sich gern gefällig, und aus diesem Grund ist sie hochgradig suggestibel. Im Wahrnehmungs- und Erlebnisbereich auftretende Lücken und Löcher stopft sie gegebenenfalls in Windeseile zu. Und wenn der gegebene Fall in jener Art von konzentriertem Nichtstun besteht, wie die Hypnose sie verkörpert, antwortet die Psyche darauf mit Vorliebe dergestalt, daß sie sich dann – *faute de mieux* – halt mit selbstgeschaffenen Phantasmagorien zu tun macht.

Gewisse Forschungsexperimente, wie sie in den Gründerjahren der bemannten Raumfahrt durchgeführt wurden, liefern eine anschauliche Illustration dieses Zusammenhangs. Zur Simulation der Bedingungen von Schwerelosigkeit und sensorischer Deprivation, die draußen im All auf sie warteten, wurden die zukünftigen Astronauten mit verbundenen Augen und dick in Isolierstoffe eingemummt auf Gummihäuten über einem dampfenden Wasserbecken in Schwebelage gebracht. In fast allen Fällen führte die so gut wie hundertprozentige sensorische Deprivation bei den Probanden zu Bewußtseinstrübung und Desorientiertheit. Und häufig setzte in diesem Zustand ein wirres «Träumen» ein, dessen treibendes Moment einzig und allein das Bedürfnis des Gehirns nach Selbststimulation zu sein schien. Vergleichbare Experimente unter «irdischeren» Bedingungen führten zu ähnlichen Befunden.

Unbeschadet der in diesem Zusammenhang noch offenen

Fragen bleibt die Einsicht unabweislich, daß sich aus der Analyse von Rückführungserlebnissen für die psychotherapeutische Praxis wichtige neue Perspektiven und Möglichkeiten ergeben. Nachdem ich im Rahmen meiner Untersuchung in eigener Person rund hundert hypnotische Rückführungen veranstaltet hatte, lag für mich klar auf der Hand, daß diese Prozedur ein ausgesprochen originelles Verfahren darstellt, in der ätiologischen Phase der therapeutischen Arbeit, also bei der Ursachenforschung, schnell zum Erfolg – oder doch jedenfalls zu einem Teilerfolg – zu kommen.

Bei so gut wie jeder hypnotischen Rückführung, die ich bisher vornahm, zeigte sich, daß die «frühere Existenz» ein Spiegelbild der aktuellen Problemsituation des Regressanden war. Ich halte das für einen verallgemeinerungsfähigen Befund. Mit der hypnotischen Rückführung habe ich also ein Mittel in der Hand, diese Problemsituation in denkbar kurzer Zeit auszuloten, auszuleuchten. Statt Sitzungsstunde um Sitzungsstunde zu explorativen Zwecken «auf der Couch zu liegen», sieht sich der Patient durch die Reinkarnationstherapie in die Lage versetzt, gleich vom Anfang der Behandlung an seinen Problemen voll ins Auge zu sehen: Die Zeit, die er sonst damit verbracht hätte, seine Probleme überhaupt erst einmal zu ergründen, gewinnt er nun für Lernschritte auf dem Weg hinzu, der ihn zu dem Ziel führen soll, mit ihnen umgehen und fertig werden zu können.

Die Anhänger der Reinkarnationslehre behaupten nun, jenes Spiegelbildverhältnis ergebe sich zwangsläufig aus der Tatsache, daß ein unerledigter Lebenskonflikt sich von Inkarnation zu Inkarnation immer wieder neu reproduziert, bis er irgendwann einmal eine Lösung findet. Mag sein, daß es sich in der Tat so verhält. Wer könnte sich für die Wahrheit des Gegenteils verbürgen? Verbürgen würde ich mich für meinen Teil dafür, daß Inkarnationsregressionen eine so einzigartig originelle wie einzigartig wirkungsvolle Behandlungsmethode seelischer Konflikte sind – eine Methode, deren Wert im Grunde auch demjenigen nicht verborgen bleiben kann, dem alle Theorien über vorgeburtliche Existenz und Wiedergeburt, um es milde zu sagen, böhmische Dörfer sind.

Und nachdem ich zu dieser Überzeugung gekommen war, entschloß ich mich, meine Forschungen in Sachen Inkarnationsregression fortzusetzen.

ZWEITER TEIL
ANWENDUNG

3
Die Heilkraft der Rückführung

Zu der Zeit, als ich Medizin studierte, wäre jeder als Ketzer verschrien worden, der auch nur die Vermutung zu äußern gewagt hätte, Krankheiten des Leibes könnten seelisch bedingt sein und infolgedessen auch mit psychotherapeutischen Mitteln geheilt werden. Nach dem Dogma des medizinischen Establishments war die Kluft zwischen Leib und Seele genauso unüberbrückbar wie in der politischen Theorie des bürgerlichen Liberalismus der Gegensatz zwischen Kirche und Staat.

Heutzutage wäre umgekehrt derjenige der Häretiker, der bestreiten wollte, daß in körperlichen Krankheiten, sofern sie nicht gänzlich seelischen Ursprungs sind, zumindest eine psychische Komponente mit am Werk ist. So wurde zum Beispiel an der Harvard Medical School der Nachweis erbracht, daß die Immunabwehr eines Menschen um so besser funktioniert, je glücklicher und vergnügter der Betreffende sich fühlt. Nachgewiesen ist ferner ein Zusammenhang zwischen emotionaler Grundhaltung (Temperament, Nerventyp) einerseits und der Anfälligkeit für Herzerkrankungen andererseits; mit krasser Deutlichkeit zeigt sich vor allem die Anfälligkeit des Cholerikers für Gefäßkrankheiten und schlechten Blutzustand. Und für Atmungsbeschwerden sollen von Fall zu Fall «affektive Trigger (Auslöser)» verantwortlich sein, mit anderen Worten: Asthmatische Atemnot ist eine Reaktion auf Vorkommnisse im Gefühlsleben.

Derzeit ist die medizinische Forschung sogar auf der Suche nach möglichen psychischen Bedingungen für den Ausbruch von Krebserkrankungen.

Wen nimmt es da noch wunder, daß auch Reinkarnationstherapeuten sich Mühe geben, die Auswirkungen von Inkarnationsregressionen auf eine Vielzahl von Krankheiten empirisch zu erhärten? Was diese «Seelenklempner» mit ihrem Talent und erlernten Können eigentlich anfangen und erreichen, ist eine Frage, für die sich die verstorbene Psychotherapeutin Helen Wambach so sehr interessierte, daß sie zu ihrer Beantwortung eine Umfrage unter 26 Reinkarnationstherapeuten mit einer Klientel von insgesamt 18463 Patienten durchführte. Dabei brachte sie heraus, daß 24 von diesen 26 Therapeuten körperliche Symptome in ihre Behandlung einbezogen. 18 von diesen 24 gaben an, daß 63 Prozent ihrer Patienten nach einer spezifischen Behandlung eine Linderung von mindestens einem ihrer körperlichen Leidenssymptome zu verzeichnen gehabt hatten. Von diesen 63 Prozent Fällen mit Heilerfolg wiederum hatten drei Fünftel die Besserung verspürt, nachdem sie in der Rückführung die Erfahrung des eigenen Sterbens gemacht hatten, und die restlichen zwei Fünftel nach anderweitigen traumatischen Rückführungserlebnissen, die nicht im Tod endeten.

Daß die Reinkarnationstherapie zu Heilerfolgen führt – und zwar sowohl bei physischen als auch bei psychischen Leiden –, habe ich häufig genug mit eigenen Augen gesehen. Bei der Mehrzahl der Krankheiten, die sich als der reinkarnationstherapeutischen Behandlung zugänglich erwiesen, handelt es sich um solche mit «affektiven Triggern», mit anderen Worten, um Beschwerden, die auf die eine oder andere Weise von der Gefühlslage abhängen. Beispiele sind das Asthma sowie einige weitere Krankheiten der Atemwege, ein Großteil der Hauterkrankungen (so etwa Dermatitis und Warzenbildung), Geschwüre, Bluthochdruck, Kopfschmerzen sowie zum Teil auch Beschwerden im Magen-Darm-Trakt.

Auf welchem Wirkungsmechanismus die Behandlungserfolge der Reinkarnationstherapie letztlich beruhen, davon habe ich, offen gestanden, keine allzugroße Ahnung. Beim Nachdenken über diese Frage fällt mir jedesmal wieder ein Zitat von Albert Einstein ein, das ich vor Jahren einmal irgendwo gelesen habe: «Möglicherweise gibt es Kräfte, von denen wir noch gar nichts ahnen. Erinnern Sie sich, wie man anfangs über die Vorstellungen vom elektrischen Strom und von den ‹unsichtbaren Wellen› gelacht hat? Unser Wissen vom Menschen steckt noch in den Kinderschuhen.»

Gar keine Frage: Einstein hat recht. Ein beträchtlicher Anteil der menschlichen Hirnmasse erweckt den Anschein, als sei er völlig ungenutzt. Nach zuverlässigen Schätzungen nutzt jeder von uns nur etwa 40 Prozent seines Hirnpotentials. Wozu die übrigen 60 Prozent da sind, ist vorläufig noch ein ungelöstes Rätsel. Genauso ein ungelöstes Rätsel wie die Tatsache, daß in jeder unserer Körperzellen rund gerechnet 30 000 Gene enthalten sind – denn das genaue «Wozu» können wir nur für einen kleinen Bruchteil dieser formschaffenden Urelemente aller menschlichen Phänomenalität angeben.

Seelenkräfte

Die psychiatrische Literatur liefert eine Vielzahl von Beispielen, aus denen die Macht der Seele über den Körper erhellt. Ich persönlich habe ein ausgesprochenes Faible für die christlichen «Stigmatisierten»: jene frommen Christen, an deren Körper in übernatürlicher Form die Wundmale Christi hervorgetreten sind. Von der «übernatürlichen Form» dieser Wundmale zu sprechen, ist durchaus angebracht, denn, so schreibt sogar ein konfessionell unvorbelastetes Nachschlagewerk, sie «schmerzen, ähneln den Wunden der Geißelung, Dornenkrönung und Annagelung, bluten besonders an Freitagen und in der Passionszeit, eitern aber nicht und lassen sich durch Wundversorgung nicht heilen». In manchen Fällen öffnet sich an der Seite des Stigmatisierten auch die Wunde, die «der Kriegsknechte einer» (Joh. 19,34) Jesus mit seinem Speer beigebracht hatte.

Einer der interessantesten Fälle von Stigmatisierung ist fraglos die Geschichte des Kapuzinerpaters Pius, deren Schauplatz die apulische Stadt Foggia war.

Im Jahr 1918 brach Pater Pius in der Kirche, wo er gerade das Meßopfer zelebrierte, ohnmächtig vor dem Altar zusammen. Die hinzugeeilten Ärzte konstatierten, daß er an Händen und Füßen sowie seitlich am Körper aus offenen Wunden blutete.

Anfangs begegnete man Pater Pius' Erklärung, seine Stigmata seien «ein Werk Gottes», sogar im Vatikan mit unverhohlener Skepsis. Allein die Wunden heilten nicht, und auch der Blutfluß kam nicht zum Stillstand – an manchen Tagen durchtränkte er mehrmals die Gazeauflagen und Mullbinden.

Nach langen Jahren fortwährenden Blutflusses (und ständiger Beobachtung, die sicherstellen sollte, daß die Wunden nicht von Selbstverstümmelung herrührten) erkannte der Vatikan schließlich Pater Pius' Stigmata als von Gott gewirkt an. Der Kommentar der medizinischen Forschung dazu lautet, das Ganze sei nichts sonderlich Aufregendes, sondern bloß ein Fall von selbsthypnotischer Wunscherfüllung.

Zwar konnten in einigen bekanntgewordenen Fällen von Stigmatisierung die vorgeblich Stigmatisierten als Hochstapler entlarvt werden, doch steht diesen Fällen eine Vielzahl von Beispielen gegenüber, die sich nur als Ausfluß exzessiver religiöser Inbrunst – eines Musterfalls von «Wunschdenken» – erklären lassen.

Das Phänomen der Stigmatisierung erwähne ich hier einzig deshalb, weil es auf anschauliche Weise verdeutlicht, mit welch ungeheurer Kraft die Psyche in die normalen Körperfunktionen einzugreifen vermag.

Es gibt aber noch weitere bemerkenswerte Beispiele für den

tiefgreifenden Einfluß der hypnotischen Suggestion auf Körperreaktionen.

So etwa ist es eine bekannte Tatsache, daß man bei bestimmten Personen in der Tiefenhypnose Brandblasen auf der Haut hervorrufen kann, indem man ihnen erzählt, man sei dabei, ein heißes Eisen gegen die betreffende Stelle zu drükken.

Ein in der medizinischen Literatur vieldiskutierter Fall ist der des Kindes, das unter Hypnose von der Ichthyose (Fischschuppenkrankheit) geheilt wurde, einem angeborenen Hautleiden, das mit Trockenhaut und Schuppung einhergeht. Ein Arzt versetzte das Kind in hypnotischen Tiefschlaf und suggerierte ihm, daß die häßlichen Hautdefekte bald verschwinden würden – was sie dann binnen Tagen auch taten.

Die Liste solcher Beispiele für rein affektiv bedingte staunenswerte Wendungen auf dem körperlichen Sektor ließe sich beliebig verlängern.

Die Brücke zwischen Psyche und Physis wird auch in den Augen des medizinischen Establishments von Tag zu Tag immer tragfähiger. Aber heißt das, daß die Reinkarnationstherapeuten ihren Zeitgenossen gegenüber die Vorreiterrolle gespielt haben und spielen? Oder ist es vielleicht doch eher so, daß sie in übergroßem Eifer der Entwicklung vorausgaloppiert sind bis an einen Punkt, wohin ihnen kein vernünftiger Mensch je wird folgen können – daß sie sich schlicht ins Abwegige vergaloppiert haben?

Ich bin der festen Überzeugung, daß die Regressions-/ Reinkarnationstherapie sich bei gewissen Krankheiten als der am wenigsten «abwegige» Behandlungsansatz erweisen dürfte – ganz bestimmt weniger abwegig, als es heute noch für manchen den Anschein haben mag.

Krankheit als Metapher:
Ein Fall von Arthritis

Im *Journal of Regression Therapy* berichtete eine Familien-
therapeutin namens Dree Miller Dunlap aus Camarillo/Kali-
fornien vor einiger Zeit, wie ihr die Reinkarnationstherapie
zur Linderung arthritisch bedingter Schmerzen in Schultern,
Ellbogen, Handgelenken und Fingern verhalf.

Als sie den Reinkarnationstherapeuten aufsuchte, hatte
Miß Dunlap ein ganz konkretes Ziel im Auge, nämlich die
Ätiologie ihrer Arthritis aufzudecken: Was war der Grund
dafür, daß sie an dieser Krankheit litt? Herausbekommen hat
sie dabei nach eigenem Bekunden das folgende:

Als die Rückführung ihre Wirkung zu zeigen begann, fand ich mich
als Arzt – männlicher Arzt, wohlgemerkt – im Italien des sechzehn-
ten Jahrhunderts wieder. Ich war gerade dabei, ein kleines Mädchen
(ungefähr acht Jahre alt) wegen eines gebrochenen Arms zu behandeln. Der Bruch saß dicht beim Ellbogen. Um die Knochen in die
anatomisch korrekte Stellung zu bringen, war eine Reposition erfor-
derlich. Ich ertappte mich dabei, wie ich der Kleinen mit blinder,
roher Gewalt den Arm verdrehte. Die Bruchstellen knirschten aufeinander. Das Mädchen schrie zum Gotterbarmen, und mir wurde
klar, daß ich ihm mit voller Absicht weh getan hatte.

Ich fühlte mich verwirrt und bloßgestellt. Mir die eigene Grausamkeit eingestehen zu müssen, war peinlich. Verwirrt war ich, weil
ich nicht leugnen konnte, daß ich – ein anerkannt tüchtiger und
kinderliebender Arzt – mich wie ein Heimtücker benommen hatte.
Warum ich das getan hatte, war mir ein Rätsel. Im weiteren Verlauf
der Rückführung ging mir auf, daß ich in unglücklicher Ehe mit
einer Frau zusammenlebte, die keine Kinder haben wollte und der
an einem regulären Familienleben nie auch nur das geringste gelegen
war. Unsere Ehe war beherrscht von Groll und Verbitterung, und ich
wälzte diese Empfindungen auf meine Patienten über. Auf einer der
nachfolgenden Stationen meiner Seelenreise durch die Zeit starb
meine Frau, und mir war, als wäre mir ein Mühlstein vom Hals genommen worden. Jetzt endlich konnte ich mein Leben leben, so wie

es mir gefiel. Indes machte sich bei mir zu diesem Zeitpunkt eine schwere Arthritis bemerkbar. Meine von der Entzündung deformierten Gelenke machten es mir unmöglich, den Arztberuf länger auszuüben. Ich zog mich auf ein kleines Anwesen auf dem Land zurück, wo ich ein geruhsames Dasein führte und das meiste, was mir an Lebenszeit und -kraft noch verblieben war, in meinen Garten steckte.

Als alter Mann hatte ich mich mit einem blonden kleinen Mädchen aus der Nachbarschaft angefreundet. Es kam mich oft besuchen und half mir bei der Gartenarbeit. Ich hatte die Kleine über alle Maßen gern. Zum Zeitpunkt meines Todes war sie vielleicht fünf, sechs Jahre alt. Als ich im Sterben lag, stellte sie mir einen Blumenstrauß ans Lager und küßte mich auf die Wange. Sie schien zu wissen, daß es mit mir zu Ende ging, und schien den Tod als etwas Natürliches zu akzeptieren. Während mein Geist sich über meinen Körper erhob, sah ich sie zur Tür hinauslaufen, um jemanden herbeizuholen. Bei der kritischen Rückschau auf dieses Leben kam ich um die Einsicht nicht herum, daß ich als Heilkünstler versagt hatte. Ich hatte zugelassen, daß Groll und Verbitterung eine viel zu große, ja alles in allem die beherrschende Rolle in meinem Leben spielten. Demgegenüber fiel es kaum ins Gewicht, daß es mir in späteren Jahren gelungen war, mich von meinem Groll weitgehend zu befreien: Ich hatte meiner Frau nicht verziehen – ich war bloß erleichtert gewesen, als sie starb.

Es folgte eine zweite Lebensgeschichte, in der Miß Dunlap ein Klosterbruder war.

Noch im Rahmen derselben Rückführung wurde ich in ein anderes Leben mit Querverbindungen zu meiner Arthritis geführt. Jetzt war ich ein Klosterbruder, der sich freiwillig einer überaus strengen Disziplin unterwarf. Auch diesmal arbeitete ich viel im Garten. Ich entrüstete mich unentwegt über die mangelnde innere Hingabe, die die anderen Mönche in meinen Augen erkennen ließen. Und ich machte aus meinem Herzen keine Mördergrube: mit scharfen Worten hielt ich meinen Mitbrüdern immer wieder vor, sie hätten zuwenig Gottesfurcht. Meine Krittelsucht schien sich als Leitmotiv durch diese ganze Lebensgeschichte zu ziehen. Im Alter war ich verbittert und von allen gemieden. Die jüngeren Mitbrüder lachten mich hinter meinem Rücken aus. Je mehr ich lamentierte, desto weniger Mühe gaben sie sich, ihre spöttische Haltung mir gegenüber zu verbergen. Mein Groll wuchs noch mehr, und ich begann, mich in meinen Gebeten vor Gott über die sündigen Schwächen meiner Mitbrüder zu beklagen. Die letzten Jahre meines Lebens verbrachte ich in vollständiger Einsamkeit ausschließich in meiner Zelle. Dabei war mein Leib beständig von Folterqualen gepeinigt. Die feuchtkalte Luft in der Zelle machte mein Elend noch schlimmer. Ich starb einsam, unter Schmerzen und von niemandem betrauert.

Wo liegt nun der Zusammenhang zwischen Dree Dunlaps Rückführungserlebnissen und der Besserung ihrer Arthritis? Die Inkarnationen brachten ihr zu Bewußtsein, daß Groll, Verbitterung, Intoleranz, Unversöhnlichkeit und eine falsche Berufsmoral allesamt Faktoren sind, die ihre gegenwärtige Lebenslage bestimmen. Desgleichen konnte sie etwa die Ehefrau aus ihrer ersten Inkarnation als ihren geschiedenen Mann identifizieren. Und dieser Ex-Ehemann im aktuellen Dasein war es auch, der seinerzeit durchgesetzt hatte, daß ihrer beider Ehe kinderlos blieb.

«Schön wäre es, wenn ich jetzt sagen könnte, daß ich wie durch ein Wunder verwandelt wurde, auf der Stelle geheilt und fortan glücklich und zufrieden war», schrieb Dree Dunlap resümierend.

Das hieße jedoch mißverstehen, worum es bei derartigen Erlebnissen hauptsächlich geht und worauf es ankommt. Meine Arthritis hat sich nicht etwa auf Nimmerwiedersehen verabschiedet. Es scheint die Regel, daß sie immer dann mit frischen Kräften wiederkehrt, wenn ich mich neuerlich von Groll oder Intoleranz oder Verbitterung oder Unversöhnlichkeit übermannen lasse. Aber sobald ich die ersten Anzeichen von Schmerzen spüre, schrillt bei mir die Alarmglocke. Und wenn ich dann konsequent bin, d. h., wenn ich das alte Programmschema auf der Stelle unterbreche und mich zurücknehme, um ruhig auf die Botschaft zu hören, die mir die Schmerzen bringen wollen – dann sind sie binnen kurzem wie weggeblasen.

Habe ich wirklich in einem früheren Dasein als Wundarzt im italienischen Cinquecento gelebt? Bin ich wirklich einmal ein innerlich von Verbitterung und körperlich von Schmerzen zerfressener Klosterbruder gewesen? Ich weiß es nicht. Alles, was ich weiß – und allerdings auch ganz bestimmt weiß –, ist, daß diese Geschichten meine Lebensauffassung und Lebensführung, mein Verhältnis zu mir selbst und zu anderen Menschen in ganz entscheidendem Maße geprägt haben. [...] Ich bemühe mich, als friedfertiger, liebevoller, toleranter, mitfühlender und demütiger Mensch durch dieses Leben zu gehen [...] und zu lernen, mir die Fälle zu verzeihen, in denen ich es nicht schaffe.

Spätestens hier dürfte mit Händen zu greifen sein, welch ein massiver Zusammenhang zwischen Dree Dunlaps emotionalem Befinden und den Rezidiven ihrer Arthritis besteht.

Ein Fall von Asthma

In meiner eigenen Praxis hatte ich zwei Fälle, in denen körperliche Beschwerden durch Rückführung in ein früheres Leben abgestellt werden konnten.

Einer ist der einer Frau zwischen dreißig und vierzig – nennen wir sie Mary –, die von Kindesbeinen an mit·Asthma geschlagen war. Die Beschwerden hatten inzwischen solche Formen angenommen, daß die Patientin sich bereits in ihrer generellen Lebenstauglichkeit angeschlagen sah. Sie unterzog sich der medizinischen Routinebehandlung, aber die Inhalationen, die sie verschrieben bekam, schufen jeweils nur eine vorübergehende Erleichterung, keine dauernde Besserung.

Aus reiner Neugier – wie sie sagte, hauptsächlich jedoch, weil es ihre letzte Hoffnung war, würde ich meinen – entschied sie sich dann für eine reinkarnationstherapeutische Behandlung.

Zu Beginn unterhielten wir uns über ihren biographischen

Hintergrund. Sie führte eine glückliche Ehe mit einem Professor der Anglistik und sah sich nach eigener Einschätzung durch ihre Lebensweise kaum irgendwelchem nennenswerten Streß ausgesetzt. Sie war der Typ Heimchen am Herd: glücklich und zufrieden in der Rolle der Hausfrau und Mutter (einer vierjährigen Tochter).

Die Asthmaanfälle setzten schon bei ganz geringfügiger Streßbelastung ein. So zum Beispiel war Mary am Tag vor unserer ersten Sitzung bei der Zubereitung des Abendessens von einem Anfall überrascht worden: Der bloße Umstand, etwas unter sei's auch noch so mildem Zeitdruck bewältigen zu müssen, hatte ausgereicht, um die Attacke auszulösen!

Ich ließ sie es sich auf der Couch bequem machen und versetzte sie in hypnotischen Tiefschlaf. Sie fand sich im London der zweiten Hälfte des neunzehnten Jahrhunderts wieder, und zwar in einem Hausfrauendasein, das vorwiegend in einem der für das Erscheinungsbild dieser Stadt so charakteristischen anonymen Reihenhäuser spielte. Vergnügt berichtete sie, womit ihre Tage ausgefüllt waren – vom Einkaufen und Kochen, von der Hausarbeit und den Näharbeiten, die sie machte.

Offenbar eine Dutzendexistenz.

Wir rückten dann weiter zu ihrer letzten Stunde. Sie sah sich in dichtem Nebel durch London gehen, auf dem Heimweg von einem Kleiderkauf. Es war kalt – schneidend kalt. Mit Hilfe von Mantelkragen, Schal und Hut hatte sie ihr Gesicht so stark vermummt, daß nur noch ein kleiner Sehschlitz vor ihren Augen offengeblieben war.

Mag sein, daß sie etwas unvorsichtig war, meinte sie. Vor ihrer Haustür angekommen, fummelte sie in ihrer Handtasche nach den Hausschlüsseln, ohne groß darauf zu achten, was um sie herum vorging. So konnte der Mann, der sie die ganze Zeit über vom Bürgersteig aus beobachtet hatte, während sie aufschloß, unbemerkt herankommen und sie durch die offene Tür ins Hausinnere drängen. Bevor sie die Situation richtig begriffen hatte, war hinter ihr bereits krachend die Tür ins Schloß gefallen.

Mary kämpfte um ihr Leben: Noch das Nacherleben des Vorgangs auf meiner Couch war von heftigem Armrucken und jähen Atemstößen begleitet. Doch alle Gegenwehr war zwecklos. Der Angreifer hatte sie in Null Komma nichts überwältigt und drückte ihr jetzt ein Sofakissen aufs Gesicht – bis sie erstickt war.

In der Rückführung erhob sie sich im Tod über ihren Körper und konnte nun die Szene aus der Vogelperspektive beobachten. Als ihr Mörder sicher war, daß sie keinen Mucks mehr tun würde, begann er, die Wohnung auf den Kopf zu stellen, indem er Schränke und Schubladen aufriß und sie nach Bargeld durchwühlte. Als er nach vergeblicher berserkerhafter Suche schließlich die Hoffnung aufgab, noch etwas zu finden, versetzte er Marys Leichnam einen Tritt und raste zur Tür hinaus.

Aus dem Zustand der Körperlosigkeit heraus beschrieb sie dann Verlustgefühle. Sie beklagte, daß sie ihr Leben in so jungen Jahren und noch dazu auf so tragische Weise hatte hingeben müssen. Am vehementesten äußerte sich ihre Trauer angesichts des Umstands, daß ihre junge Ehe schon zu Ende war, bevor das Zusammenleben zwischen ihr und ihrem Mann überhaupt seine «vorbestimmte» – von ihnen beiden ersehnte – Form hatte annehmen können.

Soweit das Ergebnis der ersten Therapiesitzung – die genügte, um der Patientin eine merkliche Erleichterung von ihren asthmatischen Beschwerden zu verschaffen. Mary selbst ist fest davon überzeugt, daß sie in der Hypnose eine echte frühere Existenz wiedererlebt hat. «Ja, was denn sonst?» sagte sie nach der Sitzung zu mir. «Wo soll denn das sonst alles herkommen?» Und weil das Ganze einer abgeschlossenen Vergangenheit angehört, meint sie, dürfe es eigentlich keinen bestimmenden Einfluß auf ihr jetziges Leben mehr haben.

Wenn sie heute einen Asthmaanfall kommen spürt, erinnert sie sich an die Herkunft ihres Leidens. «Dann sage ich mir, daß dieser Mann mich in einem früheren Leben umgebracht hat, daß er aber eigentlich keine Macht über mein jetziges Leben hat.»

Fazit für Mary: sehr viel weniger Asthmaanfälle als zuvor und ein gegenüber früher stark verminderter Arzneimittelverbrauch.

Ein Fall von Bluthochdruck

Eine andere von meinen Patientinnen – nennen wir sie Anne – litt seit Jahren an Hypertonie (die sich in grauenhaften chronischen Kopfschmerzen äußerte). Sie hatte immer brav blutdrucksenkende Mittel geschluckt und strenge Diät gehalten, aber das Ergebnis war *per saldo* gleich Null. Sie mochte so diszipliniert leben, wie sie wollte, nach eventuellen Anfangserfolgen kletterte ihr Blutdruck immer wieder hinauf. Sie hatte mir oft ihr Leid geklagt, doch keiner von uns beiden war auf die Idee gekommen, daß ein Vorleben dahinterstecken könnte.

Dann eines Tages bat sie mich – «einfach nur, um mich mal ein bißchen in der Vergangenheit umzuschauen» – um eine Rückführung. An ihre Hypertonie dachten wir beide nicht dabei. Aus der Erinnerung würde ich sagen, daß ich in ihrem Fall die Regression als eine Art psychologische Aufbauspritze verstand.

Anne fand sich in einer kleinen Stadt im alten Ägypten wieder. Der Eintritt in diese Inkarnation erfolgte am letzten Lebenstag, wie sich zeigte. Der Ort war von den Truppen eines unbekannten fremdländischen Angreifers eingekreist. Die einheimischen Streitkräfte waren fast vollständig aufgerieben, und in der Stadt breitete sich Panikstimmung aus, als die Eroberer jetzt in die Stadt einzudringen und die Bevölkerung niederzumetzeln begannen. Nach dem Erwachen aus der Hypnose gab Anne das folgende zu Protokoll:

Das Ende war grauenhaft. Wir rannten in hellen Scharen kopflos durch die Straßen, hinter uns die berserkerhaft wütenden fremden Soldaten.

Die Eindringlinge verfuhren bei ihrem Tötungswerk ganz planmäßig. Frauen räumten sie mit Faustschlägen aus dem Weg, ließen sie aber am Leben. Zunächst brachten sie mit ihren Schwertern systematisch nur Männer um. Sie hieben so lange zu, bis die Opfer in ihrem Blut schwammen. Dann stürzten sie über die am Boden Liegenden hinweg gierig hinter neuen Opfern her. Bald war klar, daß am Ende nur die Frauen übrigbleiben würden.

Ich steckte, von nichts als Fluchtdrang beherrscht, als junge Frau mitten in dem Menschengewühl. Aber es gab kein Entkommen. Wohin man sich wandte, überall fremde Soldaten. Ich rannte inmitten einer Gruppe Frauen hierhin und dorthin – nirgends ein Ausweg.

Dann kam der Moment, wo sich die Fremden die Frauen vorzunehmen begannen. In der Gruppe klammerten wir uns ängstlich aneinander, aber eine nach der anderen wurde losgerissen und verschwand in der Masse der Soldaten. Ich kam als eine der ersten an die Reihe. Ein grobschlächtiger Wüstling riß mich an sich. Als ich mich sträubte, drehte er mir die Arme auf den Rücken, und von seinen umstehenden Genossen erhielt ich einige Keulenhiebe auf den Kopf, ehe ich wie ein Stück Abfall zu Boden geworfen wurde.

Da endet meine Erinnerung.

In Haltung, Miene und Stimme der schlafenden Patientin spiegelten sich Schmerz, Angst und Verzweiflung von überwältigenden Ausmaßen. Nach ihrer Rückkehr ins Wachleben charakterisierte Anne ihr Erlebnis als «sehr realistisch». Es sei «mehr als ein Traum» gewesen, dem Gefühl nach eher wie eine Erinnerung an etwas nur wenige Tage zuvor tatsächlich Vorgefallenes.

Im Gespräch über ihre Panikstimmung von «damals» bekundete sie große Erleichterung. Es war unverkennbar, daß die Freisetzung aufgestauter Affekte, mit der das «Wieder-Erleben» verbunden war, eine Last von ihr genommen hatte.

In späteren Sitzungen wandten wir uns der Frage nach angstauslösenden Faktoren in Annes «derzeitigem» Leben zu, die möglicherweise einen Dauerstreß darstellten. Unter dem Einfluß der kathartischen Wirkung der Regression vermochte Anne nunmehr offen über ihr problematisches Verhältnis zu ihrem Chef zu sprechen, der sie ängstlich und unsicher machte, weil er mit ihrer Arbeit nie zufrieden war. Außerdem lebte sie – ohne konkreten Anlaß, wie sie selbst einräumte – in der beständigen Furcht, ihre Ehe könnte zerbrechen.

Ich habe mit Anne in der Folge noch mehrere Regressionen durchgeführt. Ihr Blutdruck hat sich stabilisiert, und sie kommt heute mit sehr viel geringeren Dosen von Arzneimitteln aus als früher.

Im allgemeinen kann man davon ausgehen: Regressionen bringen Besserung oder Heilung zumeist in Fällen psychosomatischer Erkrankung. Könnte es nun sein, daß Annes Vorleben nur eine unbewußte Metapher für ihre Neigung ist, noch auf den geringfügigsten Streß mit Panik und der physiologischen Alarmreaktion zu antworten? Oder handelt es sich bei diesem anscheinend dem Nichts entsprungenen Erlebnis um eine vergangene Wirklichkeit, aus der Annes Psyche übersensibilisiert für Streß von jedweder Art und Ausmaß hervorging? Ich weiß es nicht.

Ich weiß jedoch, daß Anne, wenn ihr heute die Herrschaft über ihre Lebenssituation zu entgleiten droht, in der Lage ist, ihr Regressionserlebnis als Symbol für ihren steigenden Blutdruck zu behandeln und zu nutzen. Sie faßt es gewissermaßen als ein Transkript ihrer Krankheit in einem anderen Notationssystem auf. Sie vermag jetzt eine fruchtbare Beziehung zwischen ihren Insuffizienzgefühlen und ihrem Vorleben herzustellen, indem sie sich klarmacht, was es bedeutet, von einer entfesselten Soldateska wie ein Stück Vieh gehetzt und umgebracht zu werden. «Vor der Angst, die ich damals erlebt habe, verblaßt alles andere.» Die Regression hat sie im Ergebnis sicherer gemacht, indem sie ihr die Höchstmarke auf ihrer Gefühlsskala zeigte. Anne weiß jetzt: Was auch immer passiert, schlimmer als damals kann es nicht werden.

Ein chronischer Schnupfen

Im *Journal of Regression Therapy* war über eine hochinteressante neue Lösung eines medizinischen Routineproblems zu lesen. George Schwimmer, ein Hypnotherapeut, der auch ausbildet, wurde von einem seiner Schüler darauf aufmerksam gemacht, daß die Ursache seines chronischen Schnupfens in einem früheren Leben liegen könnte: vielleicht stecke so etwas wie ein «innerliches Weinen» über einen nie verschmerzten großen Verlust dahinter.

Schwimmer fand die Theorie der Nachprüfung wert und ließ sich von seinem Berufsgenossen Bill Clema hypnotisieren. Über den Verlauf des Experiments schreibt er:

Bill führte mich über eine Serie von Bildvorstellungen in ein Vorleben zurück. Als ich am Ziel angelangt war, fragte er, auf welcher Art Untergrund ich jetzt stünde.

Daraufhin war ich zunächst einmal ratlos. Ich konnte noch nichts sehen, spürte aber, daß ich auf einem recht sonderbaren Untergrund stand – nachgiebig, dabei aber kein Schlamm oder so etwas. Irgendwie bildete sich bei mir der Eindruck von einem großen Holzbottich, aber darüber ging ich schnell hinweg. Blödsinn, dachte ich. Bill sagte: «Na gut, aber wenn du mich fragst, stehst du in einem Traubenbottich mitten in den Trauben.» Genau das hatte ich auch gesehen, aber mich geniert auszusprechen.

Ich war ein dreiundzwanzigjähriger Rebenarbeiter im Spanien des siebzehnten Jahrhunderts, der – nur mit einer Hose bekleidet, die Hosenbeine bis zu den Knien aufgerollt – mit seinen Genossen unter Scherzen und Lachen die Kelter trat. Bill fragte mich nach allen möglichen Einzelheiten meines Lebens, unter anderem auch danach, ob ich eine Freundin hätte. «O ja», sagte ich leise, «eine sehr schöne sogar.» Ich liebte sie unsäglich und fühlte mich auf ruhige, unerschütterliche Weise wiedergeliebt. Mit einemmal breitete sich Dunkel über meinen inneren Bildschirm aus, und mich befiel, während ich in die Schwärze starrte, nacktes Entsetzen. Die Zeit stand still – um mich herum plötzlich endlose Leere.

«Was ist?» fragte Bill. Ich brachte keine Antwort heraus – was mir da gerade wie ein Blitz durchs Bewußtsein gezuckt war, wollte ich nicht wahrhaben, noch es aussprechen und es mir damit verdeutlichen. Bill fragte von neuem, aber mein Kehlkopf und meine Zunge versagten den Dienst. Schließlich rang ich mir mit Gewalt eine Antwort ab, obwohl in meinem Inneren immer noch Nacht war.

«Sie stirbt», flüsterte ich, innerlich bereits selbst dem Gefühlstod nahe.

«Was ist passiert?»

Es war ein Unfall, erklärte ich ihm. Ein Karrengaul war durchgegangen und hatte sie umgerissen. Pferd und Wagen, beide über sie hinweg... Sie erlag ihren inneren Verletzungen... In diesem Augenblick kehrte mein Wahrnehmungsvermögen zurück, und ich sah mich völlig zerstört vor ihrem Bett knien, ihren Kopf zu meiner Linken, die Wand hinter ihrem ärmlichen Lager direkt vor meinen Augen und in der Wand eine Fensteröffnung mit einem Stück blauer Himmel darin. Ich fühlte eine große Leere in mir, während ich ihr mühsames Atmen beobachtete und dabei das Leben aus ihrem Körper entweichen sah.

«Weinst du?» fragte Bill.

«Nein.»

«Warum nicht?»

«Ein Mann weint nicht.»

Namenloser Kummer überwältigte mich, und als Bill sagte, es sei völlig in Ordnung, wenn ich weine, schluchzte ich los. Der Schmerz wuchs sich zur körperlichen Qual aus, in meinem tiefsten Inneren löste sich der Kummer, durchschoß in Form von Energiewellen meinen Körper, von unten nach oben, durch den Rumpf in den Hals und zur Kehle hinaus. Minutenlang wurde ich am ganzen Leib von konvulsivischem Schluchzen geschüttelt. Endlich durfte der Geist «Kummer» aus der Flasche «Selbstbeherrschung» entweichen, in die ich ihn vor Jahrhunderten eingesperrt hatte.

Ob er tatsächlich eine frühere Existenz wiedererlebt hat, vermag George Schwimmer nicht zu sagen, er schwört jedoch, daß der Kummer echt und die Gefühlsentladung heilsam war. Chronischer Schnupfen – das ist für ihn beinahe schon ein Stück vergangenes Dasein.

Es ist der Geist, der sich den Körper baut

Die Vorstellung von der Seele als Krankheitserregerin ist vergleichsweise neu, fast so neu wie im Vokabular der deutschen Sprache das Wort «Psychosomatik», im *DUDEN-Wörterbuch* so definiert: «Wissenschaft von der Bedeutung seelischer Vorgänge für Entstehung u. Verlauf [körperlicher] Krankheiten». Noch vor nicht allzulanger Zeit hätte das medizinische Establishment die Zumutung, derartiges als «Wissenschaft» akzeptieren zu sollen, entrüstet von sich gewiesen. Der allgemeine Erkenntnisfortschritt hat zum Umdenken, Umschwenken in diesem Punkt geführt. Heute ist die *Opinio communis* unter Medizinern, daß in der Leib-Seele-Beziehung doch weit mehr drinsteckt, als unsre Schulweisheit sich bisher hat träumen lassen. Man hat jetzt eine stattliche Reihe von Phänomenen in den Horizont des wissenschaftlichen Forschungsinteresses einbezogen, die man bislang nur zu gern ignorierte, obschon sie teilweise zum Interessantesten und Rätselhaftesten zählen, womit wir Ärzte es zu tun bekommen können.

Ein solches Phänomen ist auch die bereits erwähnte Stigmatisierung, bei der am Körper einer Person die Wundmale

Christi auftreten. Noch weiß man nicht genau, wie das vor sich geht, aber das Faktum als solches ist unbestritten und überdies in der medizinischen Literatur reich dokumentiert. Einer der jüngsten Fälle dieser Art ereignete sich 1974 in Kalifornien. Bei einem schwarzen Mädchen – nicht katholischer Konfession, nebenbei bemerkt – bildeten sich nach der Lektüre eines bewegend geschriebenen Texts über die Kreuzigung Christi an Händen und Füßen spontan blutende Wundmale: ein neuerliches Indiz dafür, daß die Kommunikation zwischen Leib und Seele auf direkteren und zugleich verschlungeneren Bahnen verläuft, als heute noch mancher anzunehmen bereit ist.

Ein nicht minder rätselhaftes Phänomen ist der sogenannte «Zaubertod», bei dem ein Mensch stirbt, weil ein anderer ihm den Tod an den Hals wünscht. Es widerspricht ganz offenbar allem gesunden Menschenverstand, daß die Menschen in der Lage sein sollen, einander durch die bloße Kraft des Wünschens umzubringen. Doch wiederum fehlt es in der medizinischen Literatur nicht an den einschlägigen Belegen.

Erst wenige Jahre zurück liegt eine wissenschaftliche Veröffentlichung, die den Fall eines Mannes im mittleren Lebensalter betraf, der zeitlebens unter der Fuchtel seiner Mutter gestanden hatte. Sie hatte ihm schon zwei Ehen zerstört, indem sie fort und fort lautstark ihr Mißfallen an der jeweiligen Schwiegertochter ventilierte. Erst als der Mann in dritter Ehe eine Frau heiratete, mit der seine Mutter einverstanden war, kam eine dauerhafte Verbindung zustande. Neue Schwierigkeiten setzten allerdings ein, als der Mann sich entschloß, seine Anteile an der gemeinsam mit der Mutter betriebenen Firma zu verkaufen und sich mit seiner Frau ins Privatleben zurückzuziehen. Der Plan schmeckte der Mutter überhaupt nicht. Für den Fall, daß er seine Verkaufsabsicht wahr mache, prophezeite sie ihrem Sohn «böse Folgen». Bald danach erkrankte er schwer.

Im nächsten halben Jahr war der Mann immer wieder im Krankenhaus, zwar jedesmal mit handfesten Beschwerden, jedoch ohne daß die Ärzte jemals eine organische Ursache festzustellen vermochten. Als auffällig wurde indes vermerkt, daß der Patient regelmäßig gesund und gutgelaunt entlassen wurde, aber kaum daß er ein paarmal mit seiner Mutter zu tun gehabt hatte, schon wieder mit dem nächsten Rückfall in der Aufnahme erschien. An seinem letzten Lebenstag hatte der Mann einen Untersuchungstermin beim behandelnden Arzt, der konstatierte, daß der Patient in bester physischer und psychischer Verfassung war. Etwa um sechs Uhr abends telefonierte er, noch vom Krankenhaus aus, mit seiner Mutter. Um sechs Uhr dreißig war er tot.

Der Arzt rekonstruierte später das Telefongespräch und erfuhr dabei, daß die Mutter gesagt hatte: «Die Ärzte mögen dir erzählen, was sie wollen – ich sage dir, wenn du deine Anteile verkaufst, wird das böse Folgen für deine Gesundheit haben.» Die bösen Folgen waren in diesem Fall der Tod.

Auf welchen psychologischen Gesetzmäßigkeiten die Wirkung solcher Suggestionen beruht, ist noch ungeklärt. Aber *daß* es den «Zaubertod» gibt, ist glaubhaft belegt.

Zu den psychosomatischen Regularitäten, die der wissenschaftlichen Forderung nach beliebiger Reproduzierbarkeit besser genügen als die zuvor genannten Beispiele, zählt der Funktionszusammenhang zwischen seelischem Befinden und physiologischem Chemismus. Erst vor kurzem wurde in einer Untersuchung von Lee Berk an der Loma Linda University nachgewiesen, daß herzliches, fröhliches Lachen die Immunreaktion des Körpers deutlich verbessert.

Nach alldem dürfte es wohl kaum noch einem Zweifel unterliegen, daß unser körperliches Wohlbefinden nicht weniger von unserer Gefühlsdynamik abhängt als unser seelisches. Und nach meiner Erfahrung gelangt man in vielen Fällen mit Hilfe von Rückführungen auf dem schnellsten Wege zum affektiven Kern bestimmter Leiden.

Krankheit aus der Sicht der Reinkarnationstheorie

Regressionstherapeuten, die an echte Wiedergeburt glauben – und deswegen auch mit Vorliebe von «Reinkarnationstherapie» sprechen und sich selbst wie *alle* ihre Kollegen unterschiedslos als «Reinkarnationstherapeuten» bezeichnen, so daß die beiden Ausdrücke heute praktisch gleichbedeutend sind –, Reinkarnationstherapeuten also betrachten das Phänomen Krankheit unter metaphysischem Aspekt. Ihrer Ansicht nach könnte es sein, daß wir uns unsere Leiden selber aussuchen, um aus ihnen zu lernen, etwa so, wie wir uns ja auch in diesem Leben im Interesse der Gesundheit oder um anderer Vorteile willen freiwillig mancher Unannehmlichkeit aussetzen. Für Reinkarnationsgläubige sieht die Sache so aus: Wir gelangen in dieses Leben von einer anderen Realitätsebene aus. Von daher wissen wir möglicherweise, daß unser Sein den körperlichen Tod überdauert, und in diesem Wissen legen wir uns zu Selbsterfahrungszwecken eine Krankheit zu.

Die innere Plausibilität dieser Annahme wird mit Analoga aus dem Alltag dieses Lebens illustriert: Römisch-katholische Christen, die zur Beichte gehen, unterziehen sich der Peinlichkeit des Sündenbekenntnisses, um sich hinterher am Gefühl der Gewissensreinheit zu erfreuen. Oder: Man unterzieht sich ja auch einem chirurgischen Eingriff nicht etwa darum, weil der mit Lustgefühlen verbunden wäre, sondern weil man sich hinterher (hoffentlich!) besserer Gesundheit erfreuen wird.

Krankheit bedeutet nicht zuletzt eine Veränderung des Bewußtseinszustands. Und was das betrifft, schreibt jede Krankheit ihre eigene Handschrift. Ich weiß das aus eigener Erfahrung, denn ich war (ohne es zu wissen) jahrelang mit einer Schilddrüsenunterfunktion behaftet. Die Welt erschien mir währenddessen als kalter, dumpfer Ort voll lastender, unbeweglicher Dinge. Der Sachverhalt ging mir allerdings erst richtig auf, nachdem ich eine Zeitlang Schilddrüsenmedikamente genommen hatte: Da wurde es um mich herum auf einmal hell und warm.

Erst nachdem mein Zustand sich gebessert hatte, bemerkte ich rückblickend, daß die Krankheit mein Wirklichkeitsbild verzerrt hatte. Jede Krankheit kann das bei jedem. Selbst eine so leichte Unpäßlichkeit wie ein Rachenkatarrh verändert unsere Weltsicht. Achten Sie mal darauf, wenn Sie wieder einen «rauhen Hals» haben, wie um sie herum jäh die Dinge sich multipliziert haben, die Ihr Mißbehagen nähren.

Ein veränderter Bewußtseinszustand ist unser aller Ziel auch und bereits in «diesem» Leben. Nehmen wir die Religion als Beispiel: Was nehmen Menschen nicht alles auf sich, um der religiösen Verzückung teilhaftig zu werden. Und die Raucher und die Trinker und erst recht die Konsumenten von «harten» Drogen: zuerst und zuletzt lechzen sie alle, alle nach dem veränderten Bewußtseinszustand.

Ein reinkarnationsgläubiger Regressionstherapeut sagte einmal: Das Leben gleicht einer Fahrt auf der Achterbahn. Man weiß schon, während man in der Schlange vor dem Kartenhäuschen steht, daß es einem hinterher – wenn man erst einmal kopfunter in einem mit 120 km/h in die Tiefe sausenden Wägelchen hängt – leid tun wird, daß man überhaupt eingestiegen ist, und daß man dann Gott weiß was geben würde, wenn nur alles schon wieder vorbei wäre. Und trotzdem harrt man geduldig in der Warteschlange aus, bis man an der Reihe ist: Man möchte eben den Nervenkitzel nicht missen. Genauso ist es mit dem Zyklus der Wiedergeburten, sagt jener Reinkarnationstherapeut: Das Wissen, daß im nächsten Leben Krankheiten und Katastrophen auf uns warten, richtet nichts aus gegen die Hoffnung, mit jeder neuen Fahrt auf der Achterbahn des Lebens Neues über das eigene Selbst zu erfahren.

Phobien und die Regressionstherapie/Reinkarnationstherapie: ein Untersuchungsergebnis

Rückführungen haben sich als besonders wirksame Behandlungsmethode bei der Therapie von Phobien erwiesen (Phobien sind – scheinbar grundlose – Zwangsbefürchtungen, die sich auf bestimmte Gegenstände oder Situationen beziehen). Die Erfolge der Regressionstherapie/Reinkarnationstherapie auf diesem Sektor beruhen auf dem Umstand, daß Rückführungen das psychodynamische Schema dieser Befürchtungen rasch «bewußtseinsfähig» – und damit behandlungsfähig – machen.

In den Niederlanden wurde kürzlich eine Untersuchung an besonders hartnäckigen Phobiepatienten durchgeführt (die Probanden befanden sich seit längerem ohne Erfolg in – zum Teil sogar stationärer – psychiatrischer Behandlung). Das Ergebnis: Bei 20 von 25 Phobikern wurde das Leiden mittels Regressionstherapie/Reinkarnationstherapie behoben. Bei den hospitalisierten Fällen stellte sich die Besserung nach durchschnittlich 15 und bei den ambulant behandelten Patienten nach 10 Therapiesitzungen ein.

Der Untersuchungsleiter Johannes M. Cladder empfahl daraufhin die Regressionstherapie/Reinkarnationstherapie als wirksame und zeitsparende Behandlungsmethode für Phobien.

Sabrinas Furcht – wie ausgelöscht

Der folgende Fallbericht stammt aus der Praxis eines kalifornischen Regressionstherapeuten und handelt von einer Mittelschülerin – nennen wir sie Sabrina – mit einer krankhaften Furcht vor Feuer. Sabrina wurde schon halb wahnsinnig vor Angst, wenn sie nur ein Streichholz entzünden sollte. Am brennenden Kamin zu sitzen und die behagliche Wärme zu genießen, war für sie ein Ding der Unmöglichkeit, ebensowenig konnte sie, ohne von Angst verzehrt zu werden, ein Lokal betreten, in dem brennende Kerzen auf den Tischen standen. Noch während der Behandlung fiel es ihr schwer, über Feuer auch nur zu reden.

Eines Tages kam Sabrinas Geschichtslehrer im Unterricht auf die Hexenprozesse in Salem * zu sprechen. Kaum hatte er das Thema angeschnitten, wurde Sabrina von solcher Beklemmung ergriffen, daß sie kaum noch atmen konnte. Trotz konzentrierter Anstrengung gelang es ihr nicht, ihrer Panik Herr zu werden, und schließlich blieb ihr nichts übrig, als das Klassenzimmer zu verlassen. Diesen Vorfall nahm sie zum Anlaß, einen Regressionstherapeuten aufzusuchen, um der Vermutung nachzugehen, daß ihre phobische Reaktion vielleicht mit Ereignissen in einem früheren Dasein zu tun habe. In der Hypnose wurde sie zum letzten Tag ihres letzten Vorlebens zurückgeführt:

Ich sah mich selbst und meine Lage schonungslos deutlich. Ich war ein Mädchen von ungefähr vierzehn Jahren und wurde eben auf einem Scheiterhaufen festgebunden. Der Ort, wo das stattfand, lag irgendwo in Frankreich. Um mich herum drängte sich eine johlende

---

* 1692 wurden in dem Fischerstädtchen Salem in Massachusetts, 20 km nordöstlich von Boston, mehrere sogenannte «Hexenprozesse» abgehalten. Neunzehn angeblich überführte «Hexen» endeten am Galgen. (Anm. d. Übers.)

Menschenmenge, und mir war irgendwie, als hätten diese Menschen ähnlichen Veranstaltungen mit großem Vergnügen schon viele Male beigewohnt.

Ich war von Entsetzen gelähmt. Mir war klar, daß es kein Entrinnen gab, und dennoch mühte ich mich verzweifelt, mich aus den Stricken, mit denen ich gefesselt war, herauszuwinden.

Ich wußte, warum ich verbrannt werden sollte. Ich hatte ungewollt meines Leibesfrucht abgetrieben, indem ich eine Arznei einnahm, die ich von einem alten Weiblein bekommen hatte, das jetzt der Hexerei für schuldig befunden worden war. Mir selbst war der Vorwurf der Hexerei erspart geblieben. Doch weil ich mich mit dem Kräuterweib gemein gemacht hatte, galt auch ich als dem Teufel verfallen. Aber es war gar nicht meine Absicht gewesen, das Kind abzutreiben. Wieder und wieder hatte ich meinen Richtern beteuert, daß ich die Arznei einzig zu dem Zweck eingenommen hatte, ein Unwohlsein zu kurieren. Aber das fand keinen Glauben, und deshalb stand ich jetzt hier auf dem Scheiterhaufen, um im Feuer für etwas zu büßen, was ich zwar getan hatte, aber nicht hatte tun wollen.

Mein Entsetzen stieg aufs Äußerste, als jetzt das rings um mich herum aufgeschichtete Holz angezündet wurde. Ich schrie mit raucherstickter Stimme nach Gnade und Barmherzigkeit. An den Beinen spürte ich die Flammen lecken und mir die Haut versengen. Dann bat ich innerlich nur noch um einen schnellen Tod, aber der wurde mir vom Schicksal verweigert. Die marternden Flammen kletterten rasch an mir herauf und fraßen mir das Kleid vom Leib. Dann fingen meine Haare Feuer, und ich atmete den Rauch ein, und der brannte in der Lunge wie ätzende Säure. Erst nach all diesen Qualen kam der Tod, mich zu erlösen.

Zwar wird es wohl für manchen etwas unwahrscheinlich klingen, aber dieses Regressionserlebnis wirkte sich für die Patientin in der Tat als Erlösung aus. Seit dem Zeitpunkt, da Sabrina, wie sie überzeugt ist, die Herkunft ihrer Feuerphobie kennenlernte, hat sich die peinvolle Symptomatik in Riesenschritten zurückgebildet. Die in hysterischen Ausbrüchen endenden Alpträume sind restlos verschwunden. Zwar ist Sabrina durch die Therapie nicht gerade zur Pyromanin gewor-

den, aber sie kann jetzt problemlos auf die alten Feuervermei-
dungsstrategien verzichten. Sie sitzt entspannt bei Kerzenlicht am Restauranttisch. Ja, sie soll sogar schon mal recht
vergnügt im Freundeskreis an einem Lagerfeuer gesichtet
worden sein.

Die Männerfeindin

Männerfurcht erlebt man bei Frauen öfter, und zwar zumeist
bei solchen, die in einer Partnerbeziehung niederschmet-
ternde Erfahrungen mit dem anderen Geschlecht gemacht haben, zu deren Wiederholung sie sich nicht sonderlich gedrängt fühlen. Dann und wann hat man als Therapeut aber
auch einmal eine Patientin wie die, die hier Maria heißen soll.
Sie hatte Angst vor Männern, konnte aber keinen Grund dafür angeben: Die Angst war schon immer dagewesen. Basta.
Mit konventioneller Psychotherapie war dem Problem nicht
beizukommen, also entschloß sich Maria, einen Regressionstherapeuten zu konsultieren.

Dem Therapeuten fiel als erstes Marias Schönheit auf. Sie
hatte keine lesbischen Neigungen, ja fühlte in vielen Fällen
von Männern eine starke Anziehungskraft auf sich ausgehen.
Es war ihr jedoch praktisch unmöglich, mit einem Mann
auch nur ein paar Worte zu wechseln, ohne in abgrundtiefe,
quälende Verstimmung zu geraten. Die wenigen Male, die sie
mit einem Mann ausgegangen war, hatten ihr nichts gebracht
als die Einsicht, daß sie für eine normale Männerbeziehung
offenbar nicht gemacht war.

Die Problemkomponente Nummer eins hieß Mißtrauen.
Selbst scheinbar netten Männern war letztlich nicht zu
trauen, empfand Maria. Ihr Wunsch, dieses exzessive Mißtrauen loszuwerden, war so stark, daß sie sich zu diesem
Zweck sogar einer Prozedur wie der Regressionstherapie,

von der sie nicht sonderlich viel hielt, zu unterziehen bereit war.

In mehreren Sitzungen führte ihr Therapeut sie in eine Reihe von Vorleben zurück. In jeder Inkarnation wurde Maria das Opfer männlicher Brutalität oder hatte zumindest unter männlicher Roheit zu leiden. Bei der letzten Regression landete sie in diesem Leben, wo eine überraschende Enthüllung auf sie wartete.

Erstes Vorleben: Faustrecht der Prärie

Ich war in einer Wildwest-Siedlung, wo ich nicht besonders beliebt war. Ich betrieb eine Viehzucht, und die meisten Leute in der Umgebung hielten das für Männersache. Zudem war ich als Drachenweib verschrien, weil ich eine ziemlich scharfe Zunge hatte und jeden, der sich mit mir anlegte, gnadenlos abkanzelte.

Einmal, als ich in die Siedlung geritten kam, fiel mir auf, daß die Leute auf den Bürgersteigen mich mit verstohlenen Blicken verfolgten und hinter meinem Rücken miteinander zu tuscheln anfingen. Ich schenkte dem keine übermäßige Beachtung. Dann merkte ich, daß ein paar von den Männern hastig ihre Pferde sattelten und hinter mir hergeritten kamen. Jemand sagte: «Das ist sie, die Pferdediebin.» Jetzt wußte ich, daß man mir da etwas in die Schuhe schieben wollte, womit ich nichts zu tun hatte. Aber statt das einzig Vernünftige zu tun, nämlich anzuhalten und meine Verfolger zur Rede zu stellen, suchte ich mein Heil in der Flucht – und machte mich damit natürlich erst recht verdächtig.

Unten am Fluß holten sie mich ein und rissen mich aus dem Sattel. Wo zum Teufel ich das gestohlene Pferd versteckt hätte? Wieder machte ich einen Fehler: Statt sie mit ruhigen Worten über ihren Irrtum aufzuklären, wurde ich ausfallend und sagte – und das noch mit allerhand persönlichen Beleidigungen garniert –, sie seien ja wohl einfach nur zu blöd, den wahren Schuldigen zu finden.

Und das war das Ende. Sie schleppten mich zum Flußlauf und drückten meinen Kopf unter Wasser, bis ich ertrunken war.

Zweites Vorleben: Kopf ab!

Ich war eine einfache Ladendienerin in einer Tuchhandlung in einer europäischen Handelsmetropole des ausgehenden Mittelalters. Wir machten unsere Geschäfte hauptsächlich mit den kommunalen und anderen Behörden. Einer der Beamten, die regelmäßig zur Besichtigung der Ware in unser Gewölbe kamen, begann sich für mich zu interessieren. Er bekleidete keinen sonderlich hohen Rang; kann sogar sein, daß er in bischöflichen Diensten stand. Sein Interesse war eindeutig sexueller Natur. Eines Abends fragte er mich, ob ich Lust hätte, mit ihm nach Hause zu kommen. Als ich nein sagte, bohrte er nach. Als ich energisch wurde, wurde er wütend. Es würde mir schon noch leid tun, daß ich an diesem Abend nichts hatte von ihm wissen wollen, raunzte er, bevor er mit hochrotem Kopf aus der Tür stürzte.

Bald tat es mir wirklich leid. Ich wurde von Häschern abgeholt und der Justiz übergeben (wenn man in diesem Zusammenhang von «Justiz» reden kann – was ja immerhin «Gerechtigkeit» heißen soll). Mein Galan hatte mich als Hexe denunziert, und mir wurde das Recht verweigert, mich gegen die Anklage zu verteidigen. So wurde ich für schuldig befunden, eine Hexe zu sein, und dazu verurteilt, auf öffentlichem Platz durch das Schwert des Henkers zu sterben. Damit war meine Erinnerung an dieses Leben zu Ende.

Drittes Vorleben: Kleinpächterelend, oder:
Wiedersehen mit der «Tabakstraße»

An diese Lebensgeschichte habe ich nur spärliche Erinnerungen, und das erscheint mir im nachhinein geradezu als Wohltat. Ich bewohnte zusammen mit einem Hundsfott von Ehemann und einer zahlreichen Kinderschar eine verfallene Waldhütte. Wir gehörten zum «white trash», dem Lumpenproletariat weißer Hautfarbe in den amerikanischen Südstaaten. Die Kinder waren allesamt total verdreckt und hatten außer dem Dreck nichts als uralte, abgewetzte Fetzen auf dem Leib. Mein Mann war ein Lump. Er schimpfte sich «Farmer», rührte aber niemals auch nur den kleinen Finger, um diese Berufsbezeichnung zu rechtfertigen. Den lieben langen Tag tat er nichts weiter als mit einer Blase von anderen «Farmern» seiner Couleur Karten spielen und Whisky saufen.

109

Eines Tages machte er die Fliege. Einfach so. Er war abgehauen, und wir konnten sehen, wo wir blieben. Ich fühlte mich so beschissen, wie man sich als Frau ohne Mann, aber mit neun Kindern am Hals eben fühlt. Wenn ich in die Zukunft sah, sah ich dem Hungertod direkt ins Auge.

Viertes Vorleben: Frühe Kindheit in «diesem» Leben

Ich war ein kleines Kind, aber nicht in einem früheren Dasein, sondern ich sah mich als das kleine Mädchen, das ich in diesem Leben einmal gewesen bin. Ich war auf einem Kindergeburtstag, und das Geburtstagskind, eben stolze drei Jahre alt geworden, war ich selber. Alle meine kleinen Freunde waren da. Wir saßen mit Papierhüten auf dem Kopf im Garten um Kindertische herum und hieben mit unseren Löffeln höchst vergnügt auf die Eisportionen ein, die gerade aufgetragen worden waren.

Ich merkte, daß meine Mutter schlechte Laune hatte. Genauer gesagt: Sie hatte eine Stinkwut auf meinen Vater. Mein Vater war betrunken und motzte im Hintergrund herum, weil ihm «die vielen Blagen im Haus auf den Keks» gingen.

Irgendwann wurde es meiner Mutter zuviel und sie explodierte. Sie schrie meinen Vater an, sie habe es satt, sich abzurackern wie ein Droschkengaul, damit in unserm Haus so etwas wie ein Familienleben zustande komme, während er immerzu nur besoffen auf der faulen Haut liege.

Zuerst war er betroffen und zerknirscht. Dann dämmerte ihm, daß er vor den Augen und Ohren der Nachbarn in die Pfanne gehauen wurde, und da schlug seine Stimmung in nackte Wut um. Er rannte in die Küche und kam mit einem gewaltigen Metzgermesser wieder. Mit dem ging er auf meine Mutter los, aber bevor er ein Unheil anrichten konnte, hatten ihn ein paar Nachbarn von hinten gepackt und ihm das Mordwerkzeug aus der Hand gewunden.

Soweit ich weiß, hat sich die Kinderfete nach dem Eklat dann ziemlich rasch aufgelöst. Jedenfalls erinnere ich mich an nichts mehr, was danach war, außer daß ich ziemlich viel geweint habe, weil ich fürchterliche Angst hatte, mein Papi könnte meine Mami umbringen.

Diese Erfahrung, obschon zu «diesem» Leben gehörend, war in Marias Innerem genauso verschüttet gewesen wie die Traumata der «früheren» Existenzen. Auf der bewußten Ebene war ihr davon ebensowenig präsent wie von ihrem nassen Tod im lynchfreudigen Westen. Aber just diese letzte Rückführung erwies sich für Maria in der Folge als Schlüsselerlebnis. Im weiteren Verlauf der Therapie war sie nun in der Lage, noch viel mehr solcher Kindheitstraumata ans Licht zu ziehen und im Ergebnis der traurigen Tatsache ins Gesicht zu sehen, daß die Beziehung zu ihrem Vater nicht auf Liebe, sondern auf Furcht gegründet war.

Zwar ist Marias Verhältnis zu Männern noch nicht ganz unproblematisch, doch immerhin bereits so weit gebessert, daß sie spannungsfreie Alltagsbeziehungen zu unterhalten vermag. Und wie ich von ihrem Therapeuten höre, dem ich diesen Fallbericht verdanke, ist sie mit Hilfe der Regressionstherapie nach wie vor den Rätseln ihrer Vergangenheit auf der Spur.

Die Angst vor dem Versagen

Ein anderer Therapeut – genaugenommen eine Therapeutin – stellte mir die Behandlungsakte von Angela zur Verfügung, einer jungen Frau, die aus Angst, sich als Versagerin zu entpuppen, nichts, was sie einmal angefangen hatte, zu Ende bringen konnte. Egal, ob es darum ging, einen Brief zu schreiben, die Wohnung umzuräumen oder sich nach einer neuen Stellung umzutun – Angela stürzte sich jedesmal mit Feuereifer auf die neue Aufgabe, ließ sie aber früher oder später unerledigt liegen.

Sie fürchtete sich vor Kritik und war der festen Überzeugung, alles, was sie mache, sei in anderer Leute Augen nicht gut genug. Diese Problematik hatte sich in jüngster Zeit so sehr zugespitzt, daß ihre berufliche Leistungsfähigkeit darunter zu leiden begann. So etwa machte es Angela, die als Stewardeß arbeitete, jetzt schon Schwierigkeiten, nach dem Abflug die üblichen Erfrischungen zu servieren, weil sie fürchtete, sie «bringe» das nicht mehr. An diesem Punkt angelangt, suchte sie Hilfe beim Regressionstherapeuten.

Angela ist eine grazile «herzige» Blondine. Einen ähnlich krassen Gegensatz wie den zwischen diesem zierlichen Persönchen und der Inkarnation, in die sich die Patientin in der Hypnose zurückgeführt sah, wird man auf diesem Sektor wohl nicht so schnell zum zweitenmal finden: Im Tiefschlaf erlebte Angela sich als blutrünstigen Gladiator.

Von Anfang an fühlte ich mich ausgesprochen – ja, «bullig» wäre wohl das richtige Wort. Ich sah an mir herab und stellte fest, daß ich eine schwere Rüstung trug. In der Hand hielt ich ein Schwert, mit dem ich nach dem Kommando des neben mir stehenden Trainers alle möglichen Hiebe und Stiche übte: Im Staub einer Zirkusarena schulte ich mich in Mord und Totschlag – ich, ein Gladiator im alten Rom.

Aus der Art, wie ich behandelt wurde, ging hervor, daß ich ein ganz besonderer Gladiator war. So zum Beispiel wurden die anderen, zweitrangigen Kämpfer gruppenweise trainiert, aber ich hatte einen Instrukteur ganz allein für mich. Und in einer anderen Szene wurde ich zum Essen an einem separaten Tisch plaziert, weit weg vom Gros der Athleten, und bekam bessere Speisen serviert.

In einer späteren Szene sah ich mich, wie ich im Streitwagen durch eine Stadt gefahren wurde. Links und rechts am Straßenrand drängten sich die Leute, bloß um einen Blick auf mich zu erhaschen. Wie es aussah, war ich eine Art Volksheld, und darauf war ich mächtig stolz.

Dann wurde ich zum letzten Tag dieses Lebenslaufs geführt. Ich sah mich aus der Außenperspektive, so, wie wenn ich eine Fernsehsendung sähe. Aus einer klaffenden Wunde in der Flanke blutend, lag ich in voller Länge im Staub der Arena. Auf den Tribünen tobten die Massen. Der Gladiator, der mich endlich bezwungen hatte, stand mit gespreizten Beinen über mir, das Schwert zum Streich erhoben, und blickte fragend um sich. Er wartete auf das Zeichen, ob er mich vollends erledigen oder mir das Leben schenken solle.

Der schrecklichste Moment in dem Ganzen war für mich, als mir aufging, daß die Zuschauer mich sterben sehen wollten. Da begriff ich, daß ich immer nur einen spektakulären Zeitvertreib für sie bedeutet hatte. Aus meiner Person hatten sie sich nie etwas gemacht, was lag ihnen schon groß an meinem Leben? Der größte Nervenkitzel, den ich ihnen jetzt noch zu bieten hatte, war mein öffentlicher Tod, und so brüllten sie sich die Kehlen heiser, mein Bezwinger solle mich abschlachten – so als hätte ich immer nur zum unbedarften Fußvolk der Gladiatorengilde gehört.

Im anschließenden Gespräch über ihr Erlebnis in der Rückführung sagte Angela, sie habe diese wenigen Augenblicke als Absturz in tiefste, grenzenlose Demütigung erfahren. Während sie als Gladiator dort in der Arena ihr (sein) Leben aushauchte, habe sie (er) sich geschworen, sich nie wieder in eine Situation zu begeben, die mit dem Risiko der Blamage verbunden wäre. Sie war völlig überzeugt, daß ihr Vorleben als Gladiator ein Faktum und als solches die Wurzel ihrer Versagensangst war.

Die behandelnde Therapeutin erzählte mir, daß sie im Fall «Angela» einen – was Radikalität und Geschwindigkeit anginge – in ihrer gesamten Praxis beispiellosen Umschwung erlebt habe. Schon nach fünf Therapiesitzungen war die Patientin ein anderer Mensch, der praktisch überhaupt keine Furcht mehr kannte, sich öffentlicher Kritik auszusetzen. Bei der Fluggesellschaft, für die sie arbeitete, initiierte Angela neue Kundenbetreuungsprogramme, ja sie ließ sich sogar von einer Fernsehgesellschaft verpflichten, auf dem Bildschirm einen Yoga-Lehrgang abzuhalten. Plötzlich fühlte sie sich in ihrem natürlichen Schwung nicht mehr gebremst von Nebelwänden. Das Tor zur Welt hatte sich für Angela von neuem aufgetan.

Was ich persönlich an diesem Fall für bemerkenswert

halte, ist der Umstand, daß die Versagensangst der Patientin eine Sache «dieses» Lebens war, daß man jedoch mit herkömmlichen Therapiemethoden nie dahintergekommen wäre, daß die Wurzel des Problems in einem «früheren» (oder jedenfalls als solches wahrgenommenen) Leben lag. Für Angela hat die Regressionstherapie funktioniert wie ein Bohreisen, das in ihr Unbewußtes hinabgeschickt wurde, um zu sondieren, was da lagerte. Ohne diese Therapiemethode hätte sich die Patientin wahrscheinlich noch auf Jahre hinaus damit abgemüht, ihr Problem zu ergründen – ohne Gewähr dafür, irgendwann einmal einer Lösung nahezukommen.

Symbole für Symbole

Wie kommt es, daß diese in der Hypnose erlebten Symboldramen sich allem Anschein nach heilsam auf Phobien auswirken? Meiner Ansicht nach daher, daß Phobien ihrerseits Krankheiten symbolischer Natur sind. In der Regel ist der Gegenstand einer phobischen Zwangsbefürchtung nur das symbolische Kürzel für einen neurotisierenden Globalzusammenhang. Der Inhalt der phobischen Angst darf also von vornherein nicht wörtlich genommen werden. So etwa könnte sich in der Agoraphobie (Platz- bzw. Straßenangst) nach orthodox-psychoanalytischer Auffassung die Angst vorm Überwältigtwerden durch den entfesselten Sexualtrieb artikulieren. Die Akrophobie (Höhenangst) eines Patienten deutet vielleicht auf die Störung des Urvertrauens in seiner frühen Mutterbeziehung hin.

So gesehen kann es kaum verwundern, daß die Regressionsepisoden mit einem pathologischen Zustand von im wesentlichen symbolischer Beschaffenheit kommunizieren. Die Minidramen um Konflikte und Beziehungen und andere dergleichen Themen, die in der Regression durchlebt werden, sind möglicherweise Neuformulierungen der in der phobischen Symptomatik symbolisierten Problemlage – Neuformulierungen, die neue Einsichten in die Problemlage mit sich führen.

Die hypnotische Rückführung stellt sozusagen jenen Symboldramen eine Bühne zur Verfügung. Sie schafft die Bedingungen für eine Art innerseelisches Rollenspiel, dank dem das Subjekt sich erfolgreich mit Problemen größeren Maßstabs auseinanderzusetzen vermag.

Die Wunderwaffe gegen Depression

Vielleicht am wirkungsvollsten zeigt die Regressionstherapie/Reinkarnationstherapie sich im Einsatz gegen Depressionen. Niemand weiß genau, warum das so ist. Gestützt auf meine Forschungserfahrungen auf dem Sektor der Todesnähe-Erlebnisse, möchte ich jedoch in dieser Richtung eine nicht ganz unbegründete Vermutung wagen.

Das Todesnähe-Erlebnis ist eine spirituelle Erfahrung, die von vielen Menschen, die «beinahe gestorben» wären, in weitgehend übereinstimmender Form berichtet wird. So kann es beispielsweise einem vom Herzstillstand Betroffenen passieren, daß er die Wiederbelebungsversuche, die an ihm vorgenommen werden, von einem außerhalb seines Körpers gelegenen Gesichtspunkt aus beobachtet. Im weiteren Verlauf fühlt er sich vielleicht durch einen engen Tunnel in himmlische Gefilde emporgerissen, wo er von einem wunderbaren hellen Licht strahlende Gestalten antrifft. Er mag dann noch einem (häufig mit Gott oder Allah identifizierten) Lichtwesen begegnen, unter dessen Anleitung er eine Lebensrückschau hält.

Anfangs ging man davon aus, daß schwer Depressive – wie beispielsweise verhinderte Selbstmörder – in ihren depressiven oder suizidalen Tendenzen bestärkt würden, wenn sie über Todesnähe-Erlebnisse läsen oder sogar selbst eines hätten. Es schien von selbst einzuleuchten, daß solche Menschen, wären sie erst einmal im Besitz von Anhaltspunkten für ein – womöglich viel schöneres – Leben nach dem Tod, ihrem derzeitigen bedrückten Dasein um so eher ein Ende zu machen bereit wären.

Zur Überprüfung dieser Hypothese wurde dann ein Experiment veranstaltet, bei dem man eine gewisse Anzahl von verhinderten Selbstmördern in der Rehabilitation mit Berichten über Todesnähe-Erlebnisse vertraut machte, während eine zahlenmäßig gleich starke Kontrollgruppe nach herkömmlicher Manier behandelt wurde. Und siehe da: Die Bekanntschaft mit Todesnähe-Erlebnissen bewirkte eine klare Dämpfung der Selbstmordneigung!

Wie das? Der Untersuchungsleiter kam um den Befund nicht herum, daß die Aussicht auf ein Leben nach dem Tod die Grundeinstellung zum Leben hier und jetzt erkennbar positiv beeinflußt: Die Möglichkeit einer Weiterexistenz im Jenseits wertete für das Gefühl der Patienten ihre Existenz im Diesseits auf und schuf neue Hoffnung statt neuer Verzweiflung.

Wenn ich nicht irre, zeitigt die erfolgreiche Behandlung mit den Mitteln der hypnotischen Rückführung bei Depressiven den gleichen Effekt wie die Bekanntschaft mit Todesnähe-Erlebnissen. Nach meiner Feststellung geben Depressive im Anschluß an eine reinkarnationstherapeutische Behandlung eine sehr viel positivere, optimistischere Lebenseinstellung zu erkennen als vorher. Ein Patient drückte es einmal so aus: «Wenn ich bedenke, daß ich vielleicht schon einmal gelebt habe und möglicherweise in einem anderen Leben wiedergeboren werde, dann ist mir, als könnte ich ruhig auch mal fünf grade sein lassen, als bräuchte ich alles hier nicht so ernst zu nehmen.»

Immer wieder kommen Depressive in der Regression den Ursachen ihrer Depression auf die Spur. Je nach dem Denkansatz desjenigen, von dem sie stammen, fallen die Erklärungen dafür sehr unterschiedlich aus. Es gibt «Reinkarnationstherapeuten», die von echter Reinkarnation (Seelenwanderung, Wiedergeburt und dergleichen Dingen) absolut nichts wissen wollen. Was der Patient in der Hypnose wiedererlebt, sind ihrer Meinung nach Einzelheiten aus «diesem» Leben, die zu einer neuen symbolischen Repräsentation seines Grundproblems konfiguriert sind. Demnach könnte etwa eine Person (Mann oder Frau), deren Depression ihre Wurzeln in einer gescheiterten Ehe hat, das Faktum der fehlgeschlagenen Verbindung mit Erinnerungsresten von kindlichen Lektüreeindrücken kombinieren und sich daraufhin unter Hypnose in einem «Vorleben» wiederfinden, das vom sexuellen Mißbrauch eines Sklavenmädchens (Ehefrau) durch den Plantagenbesitzer (Ehemann) handelt.

Dagegen würde ein Reinkarnationstherapeut, der an die Realität der Reinkarnation glaubt, vielleicht sagen, daß die Ehe geschieden wurde, weil mit der Partnerbeziehung in einem früheren Leben etwas faul war. Und er würde womöglich hinzufügen, daß die Partner die kaputte Beziehung in jedem neuen Leben zwangsläufig neu inszenieren müssen, so lange, bis es ihnen gelingt, eine grundsätzliche Korrektur vorzunehmen. Und so weiter – wie für Eheprobleme so auch für andere seelische Konflikte und mögliche Ursachen von Depressionszuständen.

Wer hat recht? Offen gestanden: ich weiß es nicht. Und ich halte es auch nicht für wichtig. Viel wichtiger als die richtige Erklärung für Heilerfolge scheinen mir die Erfolge als solche!

Depression, reinkarnationstherapeutisch unter Feuer genommen

Diane Seaman praktiziert Reinkarnationstherapie in Atlanta in Georgia und gehört zu denjenigen, die an echte Wiedergeburt glauben. Ihrer Ansicht nach wird die Erinnerung an depressionserzeugende Problemsituationen im «Zellgedächtnis» eines Menschen von einem Dasein ins nächste weitergeschleppt und kann nur durch Bewußtmachung für dieses und alle folgenden Leben aus dem Repertoire psychokonstitutiver Bedingungen ausgetilgt werden. Zur Illustration verweist Seaman auf das Beispiel eines ihrer Patienten, der sich einer schweren Depression wegen zunächst monatelang einer herkömmlichen psychiatrischen Behandlung unterzogen hatte. Zu dieser Zeit stellte sich bei ihm etwas wie eine Ahnung ein, dieses Leben sei womöglich nicht sein erstes. In ungewöhnlich plastischen Träumen erlebte er sich als Teilnehmer an den Grabenkämpfen des Ersten Weltkriegs.

Damals glaubte er weder an Reinkarnation noch an die Reinkarnationstherapie. Allerdings hätte er ganz gern gewußt, was es mit diesen Träumen auf sich hatte und wie er sich ihre Herkunft erklären sollte. Ein Bekannter empfahl ihm Diane Seaman, und etwas zögernd ließ er sich auf eine Reinkarnationstherapie ein. Zwar empfand er – woraus er keinen Hehl machte – großes Mißtrauen gegen die Vorstellung von Reinkarnation «und all diesen Zinnober», aber der Leidensdruck war größer – Diane merkte gleich, daß er am Rande der Verzweiflung war und bereit, alles mitzumachen, was auch nur die kleinste Aussicht auf Heilung bot: «Er war therapiereif. Wen Leidensdruck dieses Grades in die Behandlung treibt, der ist in der richtigen Verfassung, sein Problem aufzuarbeiten.»

In der Hypnose fand der Patient sich tatsächlich irgendwo vor Verdun in einem Schützengraben des Ersten Weltkriegs wieder, wo er unter dem schweren Geschütz- und Maschinengewehrfeuer der anderen Seite selten den Kopf aus dem Dreck bekam.

Es war grauenhaft. Vorn, hinten, überall – in allen Richtungen lauerte der Tod. Sogar im Graben drin war man vor den Granaten nicht sicher – die kamen manchmal steil aus dem Himmel geschossen.

Die Depression des Patienten, so das Ergebnis dieser Regression, wurzelte in der Verzweiflung über das Faktum des Krieges und in der Furcht davor, selbst durch einen Krieg vernichtet zu werden.

«Das war eine emotional aufgeheizte Therapiesitzung, wie ich sie noch nie erlebt hatte», sagte mir Diane Seaman später im persönlichen Gespräch. «Nach meiner praktischen Erfahrung ist es selbst für den besten Schauspieler nicht möglich, derartige Affektstürme bloß vorzutäuschen. Das war alles echt…»

Während er ihr seine Furcht schilderte, sagte sie, ging sein Atem stoßweise, und er troff von Schweiß. In seinem verzerrten Gesicht spiegelten sich die Angst und die Qual, mit denen er das Sterben seiner Kameraden um sich herum beobachtete.

Nach Dianes Meinung hat ihr Patient sich dem Trauma, das die Erfahrung des Ersten Weltkriegs in einem seiner letzten «Vorleben» für ihn bedeutete, niemals gestellt. Jetzt, so meint sie, sei es ihre Aufgabe, ihm zur Entladung von dem Kummer zu verhelfen, der sich seit damals in ihm aufgestaut hatte.

Sollte man sich dieser Meinung anschließen? Aus meiner Sicht eine unentscheidbare Frage. Von einem wissenschaftlichen Beweis für die Wiedergeburtshypothese kann gewiß keine Rede sein. Aber ebenso gewiß ist das noch lange kein Gegenbeweis! Gerade ich habe keinen Grund zu vergessen, daß die Realität des Todesnähe-Erlebnisses von wissenschaftlicher Seite jahrelang bestritten wurde – bis die Indizien so erdrückend wurden, daß es daran nichts mehr zu bestreiten gab.

Vom Standpunkt des Psychotherapeuten würde ich jedoch sagen, daß uns die metaphysische Seite der Sache nicht ernstlich zu kümmern braucht. Wichtig ist nicht die Frage: Was ist Dichtung, was ist Wahrheit am «vorgeburtlichen Dasein»? Wichtig ist allein, ob die Rückführung von Patienten in ein «vorgeburtliches Dasein» ein brauchbares Therapieinstrument ist oder nicht.

4
Rückführung und Gegenwart

Mir ist so gut wie noch nie ein Rückführungserlebnis untergekommen, das nicht irgendeinen symbolischen Bezug auf ein
akutes Problem des Patienten in «diesem» Leben gehabt
hätte. Und ich bin überzeugt, die große Mehrheit aller Re-
gressions-/Reinkarnationstherapeuten stimmt diesem Befund zu. Der eigentliche Gegensatz zwischen Regressions-/
Reinkarnationstherapeuten und konservativeren Vertretern
der Psychotherapeutenzunft beginnt bei der Frage nach dem
Realitätsstatus des «vorgeburtlichen Daseins». In diesem
Punkt herrscht selbst unter erklärten Reinkarnationstherapeuten keine volle Übereinstimmung.

Betrachten wir folgenden Fall aus der Praxis: Ein Ehepaar
hat Probleme im Bett. Die Frau wirft dem Mann vor, er er-
niedrige sie zum bloßen Werkzeug seiner Lust. Aber je mehr
sie sich bei ihm darüber beklagt, daß er sie als reines Sexob-
jekt behandelt, desto krassere Formen nimmt seine Gier an.
Seine schiere Unersättlichkeit im Bett schaufelt den Graben
zwischen ihnen immer tiefer. So jedenfalls die Darstellung der
Frau.

Ganz anders die Version des Mannes: Früher war sie ganz
wild darauf, erklärt er. Jahrelang waren bei ihnen «GV à
gogo», «Sex satt» und «Libido nach Belieben» die Losungen
gewesen – und zwar sehr zur Zufriedenheit seiner Frau. Erst
seit kurzem ist das anders. Da hat sie auf einmal angefangen,
sich zu zieren, abzuwehren, ja auf seine Vorstöße fast beleidigt zu reagieren.

Eine herkömmliche Therapie hat nichts gefruchtet, und
deshalb sind die zwei jetzt bei der Reinkarnationstherapeutin

vorstellig geworden. Die führt mit beiden zusammen eine simultane Regression durch. Die Zeitreise führt weit zurück in die Vergangenheit, in eine glücklose Romanze. Beide finden sich in ein und demselben Vorleben auf einer Burg im mittelalterlichen Irland wieder, sie als Dienstmagd, er als Junker von Geblüt.

Für sie ist es Liebe auf den ersten Blick, und sie gibt sich dem Junker so willig wie häufig hin. Er seinerseits behandelt sie lediglich als Betthasen, mit dem er sein Vergnügen hat, solange der Reiz der Neuheit währt. Als er ihrer überdrüssig wird, versucht er, sie an einen Kumpan abzuschieben. Für sie kommt nun der Augenblick des bitteren Erwachens.

In der Nacht stahl ich mich heimlich in seine Kammer. Den ganzen Tag über hatte ich diesen Augenblick herbeigesehnt. Aber statt seiner traf ich in der Kammer einen seiner Freunde an. Ich prallte zurück und wollte gleich wieder hinterrücks zur Tür hinaus, aber er hatte mich schon gepackt, schleifte mich zum Bett und begann, mir die Kleider herunterzuzerren. Ich wehrte mich aus Leibeskräften, aber er war viel stärker als ich.

«Was soll denn die Anstellerei», japste er mir ins Ohr. «Dein Beschäler hat mir erzählt, was ihr miteinander treibt. Was der kann, kann ich noch viel besser.»

Für die behandelnde Therapeutin, eine überzeugte Anhängerin des Reinkarnationsglaubens, steht fest, daß die Protagonisten dieser schwankhaften Episode in ein neues gemeinsames Dasein wiedergeboren wurden, damit sie hier Gelegenheit hätten, endlich einmal die von Anfang an fehlende Ordnung in ihre alte Beziehungskiste zu bringen. Daher rät sie den beiden, sich über die möglichen Implikationen des Rückführungserlebnisses ausgiebig miteinander auszusprechen und sich der Sexualität ausschließlich unterm Vorzeichen von Liebe und Zärtlichkeit zuzuwenden, um im «neuen Leben» nicht die Mißgriffe des früheren zu wiederholen.

Soweit der dokumentierte Fallbericht, zu dem ich aus eigenem Wissen nachtragen kann, daß der geschilderte Behandlungsansatz die besten Wirkungen zeitigte. Der Zufall verschaffte mir nämlich einige Zeit später die Bekanntschaft jenes Ehepaars. Im Gespräch mit den beiden kam ich allerdings zu einem anderen Befund als die erwähnte Kollegin.

Mein Interesse galt zunächst der Frage, welche Umstände «dieses» Lebens seinerzeit eigentlich den Hintergrund für die verärgerten Kissenschlachten des Paares abgegeben hatten. Die Frau gab zu, daß sie beide sich zunächst eines außerordentlich regen und von keinerlei falscher Scham gebremsten Sexuallebens erfreut hatten. Und die Freude daran hatte durchaus auch auf ihrer Seite gelegen. Aber dann war da ein Problem zwischen sie getreten, das sie sich bei jener Gelegenheit beide nicht getraut hatten, vor der Therapeutin auszusprechen: Der Mann hatte mit einemmal Lust auf einen «Partnertausch» mit einem anderen Ehepaar verspürt. Auf die Eröffnung hin brach für seine Frau eine Welt zusammen. In der Folge trat in der Beziehung der beiden eine einschneidende Wende ein. Der Frau war plötzlich das Interesse am Sex, ja an jedweder Form von Intimität überhaupt abhanden gekommen, und der Mann reagierte mit Wut auf diesen «Ehestreik».

Über dieses Thema hatten sie vorher niemals offen reden können. – Und wieso jetzt? – Weil die Rückführung in ihrem Inneren irgend etwas – irgendeine Barriere – beiseite geräumt hatte. – Glaubten sie, daß sie vor diesem Leben tatsächlich einmal im mittelalterlichen Irland gelebt hatten? – Beide wollten sie sich da lieber nicht festlegen. Mit absoluter Sicherheit auszuschließen war es ihrer Meinung nach nicht. Das Rückführungserlebnis, daran kamen sie nicht vorbei, hatte die Plastizität eines frischen Erinnerungseindrucks gehabt. Aber das Wichtigste: Es hatte ihnen eine Operationsbasis verschafft, von der aus sie die Auseinandersetzung mit ihren aktuellen Problemen führen konnten.

Die Sprache des Unbewußten

Sind Rückführungserlebnisse «wirklich» Erinnerungseindrücke aus einem früheren Dasein? Auf diese Frage habe ich, offen gesagt, keine abschließende Antwort anzubieten. Wir werden hier jedenfalls im weiteren Verlauf unserer Betrachtungen noch andere mögliche Erklärungen für das Phänomen der sogenannten früheren Leben kennenlernen. Als Doktor der Medizin, dem in seiner praktischen Tätigkeit die Mysterien der menschlichen Seele nicht fremd geblieben sind, muß ich freilich sagen, daß die Rückführungserlebnisse als Beweis für die Realität der Wiedergeburt weder als bestätigt noch als entkräftet gelten können.

Es gibt Psychologen und Psychotherapeuten, die meinen, daß die Psyche Dramen komponiert, mit deren Hilfe sie schwierige Konfliktlagen bearbeitet. Ich nenne das die «Sprache des Unbewußten». Die Sprache des Unbewußten ist keine Begriffs-, sondern eine Bildersprache; sie stellt die Dinge nicht direkt («diskursiv»), sondern in Metaphern dar. Und diese Metaphern schafft sich die Psyche aus Material x-beliebiger Herkunft: aus vermeintlich längst ausgelöschten Gedächtnisspuren von Lektüre- und Fernseheindrücken, Gesprächsfetzen, ja sogar alten und scheinbar längst «vergessenen» Tagtraumbildern. In eine Problemsituation hineingestellt, komponiert das Unbewußte ein Drama aus den erstbesten Materialien, die es findet. Und im hypnotischen Tiefschlaf gewinnt die Komposition aus diesem Stoff dann die gleiche Realitätsdichte und Frische wie etwa die Erinnerung an den gestrigen Ausgeh-Abend.

Zum Beispiel werden die traumatischen Erfahrungen sexuell mißbrauchter Kinder auf der Bewußtseinsebene häufig vergessen, bis sich die betreffende Person im Erwachsenenalter mit den Forderungen der eigenen Sexualität konfrontiert sieht. Dann werden die alten Kindheitstraumen neuerlich virulent, mischen sich störend in das Sexualleben ein, freilich ohne jemals in ihrer ursprünglichen Gestalt in die Helle des Bewußtseins zu treten. Erst mit Hilfe des Therapeuten gelingt es, die wahre Ursache des Problems wieder ins Gedächtnis zu heben.

Die Immigrantin

Mit einem solchen Fall bekam ich es im Zuge einer Regression zu tun, die ich mit einer jungen Frau – nennen wir sie Linda – durchführte. In ihrem Vorleben, das um die letzte Jahrhundertwende in New York spielte, war sie Mitglied einer italienischen Immigrantenfamilie. Ihre Mutter war ein so verhuschtes, geducktes Wesen, so ganz von der Furcht des Herrn – sprich: ihres Ehemanns – durchdrungen, daß sie in Lindas Rückführungserlebnis den Eindruck einer Dienstmagd machte. Sie kochte und kümmerte sich um die Hausarbeit, hatte aber in der Erziehung der Kinder nichts mitzureden.

Der Vater war ein Despot; von Beruf einfacher Arbeiter, kam er fast alle Abende ausgelaugt und in mieser Stimmung nach Hause. Er vergötterte seine Söhne und ließ ihnen alle Freiheiten. Für Linda hatte er nur Verachtung übrig: In seinen Augen war sie ein halbes Flittchen, weil sie, statt so früh wie möglich zu heiraten und Kinder zu kriegen, sich einen Job als Sekretärin gesucht hatte.

In der Regression erlebte sie, wie sie eines Abends auf dem Nachhauseweg von der Arbeit zu ihrem Schrecken bemerkte, daß sie von einer Bande junger Männer verfolgt wurde.

Plötzlich merkte ich, daß die Burschen, die mir vor der letzten Straßenkreuzung begegnet waren, hinter mir herkamen. Ich beschleunigte meine Schritte, aber fast noch im selben Moment begannen auch sie, schneller zu gehen. Ohne lange zu überlegen, rannte ich im

Laufschritt davon. Da es ziemlich dunkel war, dachte ich, ich könnte sie abschütteln, indem ich schnell in eine von den noch schlechter beleuchteten Seitenstraßen wegtauchte und mich dort versteckte. Ich hatte mich geirrt.

In der Seitenstraße hatte sie mich im Nu umstellt und vergewaltigten mich, einer nach dem andern, alle fünf. Als sie fertig waren, ließen sie mich zusammengeschlagen und heulend auf dem Boden liegen und verschwanden in der Dunkelheit. Ich rappelte mich mühsam hoch und schleppte mich nach Hause.

Bei Licht war natürlich nicht zu übersehen, daß mir etwas zugestoßen war. Meine Haare waren verstrubbelt, im Gesicht hatte ich Schrammen und rote Flecken, und ich konnte weder die Tränen noch das Schluchzen halten. Ich setzte mich in einen Sessel, machte mich ganz klein und raffte meine zerrissenen Kleider um mich zusammen in der kindischen Hoffnung, so würde ich nicht auffallen. Meine Mutter verschwand nach einem kurzen Blick auf mich wortlos aus dem Zimmer und machte sich in der Küche zu schaffen.

Mein Vater reagierte eloquenter. Recht sei mir geschehen, meinte er. Das hätte ich doch förmlich heraufbeschworen mit meinem Bestehen darauf, mich außer Haus herumzutreiben «wie ein ganz gewöhnliches Flittchen». Er werde die Vergewaltiger noch nicht einmal anzeigen, denn was ihn angehe – er habe ihnen nichts vorzuwerfen.

Selbst mir, dem Hypnotiseur, hatten während dieser Sitzung die Haare zu Berge gestanden, und danach war ich um so neugieriger auf die möglichen Querverbindungen zwischen dem Rückführungserlebnis und der Lebenssituation der Patientin. Ich fuhr in der Behandlung mit einer Gesprächstherapie fort, die ich mit den üblichen explorativen Fragen nach biographischen Fakten, Familienhintergrund, Kindheitserinnerungen und so weiter einleitete. Dabei erfuhr ich, daß Lindas beide Großelternpaare ganz zu Anfang des Jahrhunderts aus Italien nach New York ausgewandert waren. Der Großvater väterlicherseits war zeitlebens ein «Bürger der Alten Welt» und als solcher ein Verfechter des familialen Patriarchats geblieben. In seiner Familie, so pflegte er stolz zu tönen, seien die Frauen immer Frauen und die Männer eben noch Männer gewesen.

Mit weiteren Fragen brachte ich dann die traurige Wahrheit ans Licht: Linda war von ihrem Vater sexuell mißbraucht worden. Ihre ganze Kindheit über hatte er sie, wann immer er eine günstige Gelegenheit sah, befummelt und betatscht und sich auf allerhand Art und Weise an ihrem Genitale zu schaffen gemacht. Wenn die Kleine ihm ihre Angst und ihr Unbehagen gestand und ihn bat, er möge doch bitte aufhören, verbot er ihr den Mund und sagte, es sei sein gutes Recht als Vater, das zu tun. Der Mutter war sein Treiben zwar nicht verborgen geblieben, aber sie machte nie auch nur mit einem einzigen Wort den Versuch, ihn daran zu hindern.

War das Rückführungserlebnis lediglich die Neuformulierung dieses Sachverhalts in der Sprache des Unbewußten? Oder verhielt sich die Sache vielmehr so, daß Linda in einer Serie von echten Reinkarnationen immer wieder in dieselbe Grundkonstellation hineingeboren wurde – bis es ihr einmal gelang, den schicksalhaften Zwang zu brechen? Sei dem, wie ihm wolle – das Rückführungserlebnis half der Patientin, ein verschüttetes Kindheitstrauma zu eruieren, dessen Aufdeckung für sie die Vorbedingung einer normalen Lebensführung war.

Betrachten wir noch einige andere Fallberichte, die das Rückführungserlebnis als metaphorische Spiegelung aktueller Probleme zu erkennen geben.

Leslie und das Feuer

Einer meiner Patientinnen – nennen wir sie Leslie – bliesen, als sie zu mir kam, die rauhen Winde des Lebens wirklich steif um die Ohren. Sie steckte mitten in einem aufreibenden Ehescheidungsverfahren, bei dem ihr Mann ihr eine so zähe wie tückische Schlammschlacht um die Güterstandsregelung lieferte. Obendrein sah sie sich in einen endlosen Kleinkrieg mit ihren halbwüchsigen Kindern verwickelt, die von Scheidung der Eltern nichts wissen wollten. Als Folge dieser Dauerstrapazen trug Leslie beständig einen verbiesterten Gesichtsausdruck zur Schau, der höchst selten einmal von einem Lächeln aufgehellt wurde. In der Hypnose tauchte sie gleichsam in die Uranfänge des Menschseins zurück.

Ich war an irgendeinem Zeitpunkt im Morgengrauen der Kultur irgendwo in einem großen Wald bei der Schar von tanzenden, springenden, singenden Menschen gelandet – und tanzte und sprang selber mit. Es war Nacht, und Mittelpunkt unseres Tanzens und Singens war ein gewaltiges Feuer. Mir war auf einmal klar, daß wir dieses Feuer als göttliche Macht verehrten. In ekstatischer Bewegung spürte ich die Hitze der Flammen und den Schweiß auf meiner Haut, auch dort, wo mein Körper bedeckt war. Nach einiger Zeit merkte ich, daß unsere motorische Ekstase kein unkontrolliertes Austoben war, sondern daß der Tanz sehr genau dem Rhythmus der flackernden Flammen gehorchte.

Das Licht des Feuers übte auf uns alle einen so gespenstischen Zwang aus, daß wir kaum einen anderen Lebensinhalt kannten. Wir essen, und wenn wir nicht essen, sammeln wir Eßbares, aber das alles in nahezu vollständiger Schweigsamkeit. Erst beim Feuerritual beginnen wir uns – alle und jeder – lebendig zu fühlen.

Am Ende dieser Lebensgeschichte steht ein Bild des Grauens. Ich nahm das Ganze aus der Vogelperspektive wahr. Unser Stamm war von einem feindlichen Stamm umzingelt worden. Wir lagen mit diesem Gegner schon lange im Krieg, und jetzt hatten sie uns in der versteckten Gebirgsmulde, die uns als Zufluchtsort diente, aufgespürt und eingekesselt. Aber statt mit Knüppeln und Steinen über uns herzufallen, setzten sie ringsum den Wald in Flammen! Von allen Seiten kam das Feuer wie ein Glutstrom die Hänge herabgestürzt. Unser ganzer Stamm war gefangen in einem tosenden Inferno. Das letzte, was ich wahrnahm, war eine Flammenwand... berstende Hitze... würgende Angst...

Im anschließenden Gespräch kamen Leslie und ich zu dem Ergebnis, daß dieses Rückführungserlebnis allein mit der Symbolik des Feuers auf drei unterschiedliche Aspekte ihrer gegenwärtigen Situation verweist. Der erste und unmittelbar einleuchtendste davon ist ihre Wut auf ihren Mann und ihre Kinder. Dieser vernichtende Brand ist ein Werk der Menschen, zu denen sie sich am meisten hingezogen fühlt.

Darüber hinaus begreift sie das Feuer als ein Symbol ihres Im-Stich-gelassen-Seins. In all den Jahren ihrer Ehe war sie diejenige, die für alles und alle gesorgt, sich um alle und alles gekümmert hat, sich die täglichen Lamenti ihres Mannes über den Ärger im Geschäft anhörte, Ferienfreizeiten für die Kinder organisierte und hunderttausend andere Dinge tat, die ihr den zweifelhaften Ehrentitel der «besten Ehefrau von allen» einbrachten. Nie hatte sie Zeit gehabt, einmal etwas für sich selbst zu tun und ihr Leben zu genießen.

Und jetzt, wo sie nichts dringender hätte gebrauchen können als ein bißchen liebevolle Zwendung von seiten der Menschen, die ihr am nächsten standen – gerade jetzt mußte sie entdecken, daß keiner von ihnen ihr zuliebe auch nur das kleinste Opfer zu bringen bereit war. Im Gegenteil – sie hackten wie die Geier auf ihr herum, um sie in das alte Rollenschema zurückzupressen.

Und als drittes, so stellten wir gemeinsam fest, symbolisierte das Feuer in Leslies Fall eine transzendentale Sinnsuche. Seit ihr aufgegangen war, daß sie absolut keine Lust mehr hatte, sich mit der Rolle der «besten Mami von allen» zufriedenzugeben, befand sich ihr Geist auf der Suche nach einem neuen Lebenssinn.

Hat sie wirklich einmal als Stammesmitglied in grauer Vorzeit gelebt? Sie selbst ist überzeugt davon. Sie hat das gleiche Rückführungserlebnis seither noch viele Male in detaillierterer Form wiederholt. Nach meiner Meinung liegt die wahre Bedeutung des Vorgangs jedoch in der kathartischen Wirkung, die er auf die Patientin ausübte. Er gab ihr ein Ausdrucksmittel und die Kraft, die Probleme ins Offene zu bringen, die ihr im Hier und Jetzt das Leben sauer machen.

Kerry und die Ungebundenheit

Die Bindung zwischen Kerry und ihrer Mutter ist so eng, daß man, wenn es ihn nicht schon gäbe, den Ausdruck «symbiotische Verschmelzung» eigens für diese Beziehung erfinden müßte. Kerry ist Mitte Dreißig, (noch) ledig und wohnt bei ihrer Mutter.

Die junge Frau führt ein äußerst diszipliniertes Leben. Tagsüber arbeitet sie als Schadenfeststellungsbeauftragte für eine Versicherungsgesellschaft – ein strapaziöser Job, wie sie selbst sagt. Daneben besucht sie viermal in der Woche die Abenduniversität, um ein juristisches Examen zu machen. Was an «Freizeit» bleibt, wird von den Hausaufgaben fürs Studium und von «familiären Verpflichtungen» aufgefressen.

Und diese «familiären Verpflichtungen» sind für Kerry das eigentliche Kreuz. Sie sehnt sich nach «einem bißchen normalen Privatleben» – was in ihrem Fall bedeutet: sie würde gern ab und zu mit einer Freundin bummeln gehen oder auch mal ein Rendezvous mit einem Mann haben. Aber die Mutter erzwingt es praktisch immer wieder, daß sie bei allem, was Kerry unternimmt, mit von der Partie ist. «Tu ich mal wirklich etwas ohne sie, dann schafft sie es bestimmt, mir auf raffinierte Weise Schuldgefühle einzuimpfen.»

Kerry ist eine verantwortungsbewußte, ja -freudige Persönlichkeit, von fürsorglichen Gefühlen für ihre Mutter erfüllt. Aber sie möchte jetzt endlich einmal ein Privatleben haben. Darunter versteht sie auch: sich amüsieren und ab und zu mal was erleben. «Das Leben ist an sich schon kurz genug, aber meine Mutter macht es für mich noch kürzer, indem sie mich an sich bindet und mir keinen Auslauf läßt.»

Per Rückführung gelangte sie in eine der ungebundensten Existenzformen, die ich mir überhaupt vorstellen kann, nämlich in ein Dasein als Seemann.

Ich war ein Mann, ein Matrose, der vom Heck eines einlaufenden Frachtdampfers zurück aufs weite blaue Meer hinausschaute. Ich fühlte, daß mir nichts an unserer Ladung lag, sondern einzig und allein nur daran, auf See zu sein. Während alle anderen an Bord sich sichtlich darauf freuten, bald an Land gehen zu können, träumte ich schon von der nächsten großen Fahrt.

An Land konnte ich die Perspektive wechseln und mich von außen sehen. Ich war mittelgroß, eher klein, aber muskelbepackt, mit einer krausen Wolle auf dem Kopf und einem tiefernsten Gesichtsausdruck. Mein Heimweg führte vom Hafen eine Anhöhe hinauf in eine Unterschichten-Wohngegend. Trotz Außenperspektive waren mir die Gedanken des heimkehrenden Matrosen als «meine» Gedanken präsent. Ich dachte an meinen Vater und daran, daß er die meiste Zeit – so wie ich es jetzt selber tat – auf See verbracht hatte. Bei der Erinnerung an meinen Vater durchflutete mich eine Woge von zärtlichen Gefühlen, die jedoch abgrundtiefer Leere Platz machten bei dem Gedanken, daß ich ihn nie wiedersehen würde.

Die Straße, in der ich ging, hallte wider und bordete über vom Lärm und Getriebe des Kleine-Leute-Alltags. Straßenhändler priesen lauthals ihre Waren an, die Passanten riefen einander Grüße zu, wo Bekannte aufeinandertrafen, tauschten sie unter großem Hallo und Gestikulieren den neuesten Klatsch und Tratsch aus. Ich ging stumm und verschlossen durch das ausgelassene Treiben heimwärts.

Meine Frau und die Kinder waren zu Hause, aber ich freute mich nicht sonderlich über das Wiedersehen. Ich war überrascht, wie kühl ich meinen Kindern begegnete. Ich sagte ihnen guten Tag, nahm aber kein einziges von ihnen in den Arm oder küßte es. Und keinem hatte ich ein Geschenk mitgebracht, obwohl ich über Wochen auf Fahrt gewesen war und in vielen Häfen Station gemacht hatte. Es war nicht zu übersehen: Die einzige wahre große Liebe meines Lebens war das Meer. Mein Zuhause diente mir bloß als Absteige zwischen zwei Fahrten. Da war eine Frau, mit der ich ins Bett gehen konnte, wenn ich wollte, und da waren Kinder, die für Leben im Haus sorgten; aber im Grunde meines Herzens ließ mich die Familie, Frau wie Kinder, kalt. Zum Leben erwachte ich erst im Kreis meiner Kameraden auf dem Schiff. Da war ich immer vergnügt und quicklebendig. Daheim blieb ich in der Reserve.

Ich erkannte darin einen Widerstand gegen Bindungen. Wie mein Vater wollte ich als freier Mann die Welt durchstreifen.

In der nächsten Szene sah ich mich dann übergangslos an Bord meines Schiffes zurückversetzt. Es war zwar nur ein gewöhnlicher Frachter, aber nichtsdestoweniger ein schmucker Kahn. Die Schiffswände waren hübsch bemalt und zum Teil auch mit Schnitzereien verziert, und alles war blitzblank sauber und tipptopp in Schuß. Man sah es auf den ersten Blick: Die Besatzung liebte ihren Kahn.

Die Fahrten selbst erlebte ich in der Rückführung nicht. Mein Leben auf See war mir nur als Erinnerungsspur von einem Zustand größtmöglicher Freiheit und Ungebundenheit gegenwärtig. Aber an konkreten Eindrücken aus fernen Ländern war mir nichts im Gedächtnis geblieben.

Ich sah mich dann als Greis in einem Lehnstuhl sitzen und Seemannsgarn spinnen. Dem mußte ein Unfall vorausgegangen sein, denn meine beiden Beine waren so schwer verkrüppelt, daß ich nur noch tatenlos herumsitzen konnte. Was genau passiert war, weiß ich nicht. Aber ich nehme an, daß ich in eine Ladeluke gefallen war oder daß ein herabstürzendes Stück Ladung mir die Beine zerschmettert hatte. Genau weiß ich nur noch, daß ich für den Rest meines Lebens im Lehnstuhl saß und mein Garn spann.

Nach diesem Rückführungserlebnis bekannte sich die Patientin zu einer radikal gesteigerten Abneigung gegen ihre Mutter – einem Gefühl, daß ihr manchmal förmlich die Kehle abschnüre, wenn sie mit ihrer Mutter auch nur ein Wort wechseln solle.

Wie der Matrose in ihrem Rückführungserlebnis war Kerry nicht mehr gern zu Hause. Bestenfalls war sie dort apathisch, schlimmstenfalls haßerfüllt. Dagegen ist sie unter Freunden, Arbeitskollegen und Kommilitonen ein ganz anderer Mensch und viel gelockerter als in Gegenwart ihrer Mutter. Auf meine Frage, was die See, auf «dieses» Leben bezogen, für sie bedeuten könnte, meinte sie, sehr wahrscheinlich Freiheit von der Knebelung durch eine besitzergreifende Mutter.

Mich interessierte, warum sie in der Regression zu einer männlichen Identität gekommen war. Auf meine Fragen in dieser Richtung enthüllte sie einige Dinge, die sich späterhin als sehr hilfreich in der Behandlung ihrer Haß- und Unterdrücktheitsgefühle erweisen sollten.

Ihr Vater hatte sich von der Familie abgesetzt, als Kerry noch ganz klein war. Soweit sie sich dessen überhaupt zu entsinnen vermochte, hatte er seine Familie in puncto Gefühlsbezeigungen nicht gerade verwöhnt. Weder an seiner Frau noch an den drei kleinen Kindern schien ihm sonderlich viel zu liegen. Offenbar betrachtete er sein Zuhause als bloße Unterkunft, der man vielleicht noch den Komfort einer halbwegs genießbaren Küche – aber bestimmt nicht mehr – zugute halten mußte. Man kannte ihn jedenfalls nur als eine Art Restaurationsgast in der Familie.

In ihrem verzweifelten Bemühen um affektive Zuwendung und Identitätsfindung war Kerry schließlich in die totale Abhängigkeit von ihrer Mutter geraten.

Sie hatte sich stets in dem Wahn gewiegt, der Weggang ihres Vaters habe ihr nie etwas ausgemacht. Nun begriff sie, daß sie sich auf unbewußter Ebene so gut wie vorbehaltlos mit ihm identifizierte. In ihrem Bemühen, sich aus der Umklammerung der Mutter zu befreien, war sie unbewußt in die Rolle des Vaters geschlüpft.

Diese Einsicht wirkte sich dann für sie sehr positiv in der

anschließenden Langzeittherapie aus. Kerry verstand ihr Rückführungserlebnis als eine Metapher: eine Aussage in der Sprache des Unbewußten. Sie glaubt nicht, daß sie wirklich eine frühere Existenz hinter sich hat, sie ist vielmehr fest davon überzeugt, daß bestimmte Motive ihrer Lebenserfahrung sich zu einer neuen stimmigen Geschichte kombiniert haben. Und in dieser gleichnishaften Neu-Verbildlichung ist ihr die Tatsache ihrer symbiotischen Verschmelzung mit ihrer Mutter einsehbar geworden.

Donna auf Egotrip

Jetzt, da sie sechzig ist, meint Donna, sei es allmählich an der Zeit für sie, die Abnabelung ihrer Kinder vorzunehmen: Sie möchte ihren Nachwuchs endlich aus dem Haus haben, um das Leben einer «los und ledigen Frau» führen zu können. Aber sie bringt die Chuzpe nicht auf, ihrem Familienanhang einfach ins Gesicht zu sagen, er möge doch, bitte sehr, seine Sachen packen und verschwinden. Und so wird sie das nagende Gefühl nicht los, daß sie sich ausgerechnet dann nicht zu helfen weiß, wenn es am meisten darauf ankommt.

Um dieses Gefühl der eigenen Unzulänglichkeit zu kompensieren, hat Donna sich im Verkehr mit Kollegen und Bekannten extrem arrogante Umgangsformen zugelegt. Sie sieht selbst, daß sie unter dem Zwang, sich pausenlos ostentativ beweisen zu müssen, mit allen Leuten im Dauerclinch liegt. Die Folge davon: Donnas Freunde beginnen sich – sehr zu ihrem Kummer – von ihr abzuwenden. Sie konsultiert mich daraufhin zwecks regressionstherapeutischer Behandlung, weil sie glaubt, auf diesem Wege hinter die Gründe ihrer Ichbesessenheit kommen zu können.

Ich fand mich in Holland oder Deutschland wieder; die Zeit würde ich, grob geschätzt, ins fünfzehnte Jahrhundert datieren. Ich war ein Junge, der im Schoß einer reichen Patrizierfamilie in Luxus und Überfluß aufwuchs.

Als erstes sah ich mich, in ein weißes Säuglingsgewand gehüllt, in einer Wiege liegen. Mir fiel auf, daß meine Eltern schon damals mit ihren fruchtlosen Versuchen begonnen hatten, meiner Herr zu werden. Sie standen über mich gebeugt neben der Wiege und bemühten sich, mich vom Weinen abzubringen.

Dann eilte ich im Sauseschritt weiter in dieser Lebensgeschichte. Die Schulzeit flog vorüber, und ich sah, daß man mich den besten verfügbaren Lehrern anvertraut hatte. Als ich sechzehn oder siebzehn war, begann der Geschehensablauf langsamer zu werden. Ich sah, daß mein Vater gestorben war. Während meine Mutter völlig geknickt war, zeigte ich mich nicht sonderlich betroffen. Ich war schon genau wie mein Vater geworden: der hatte nur sich selbst geliebt und immer nur an sich selbst gedacht. Meine Mutter wurde sehr nachdenklich und bekümmert angesichts dieser teilnahmslosen Reaktion von meiner Seite. Wieder machte sie einen Versuch, Autorität über mich zu gewinnen, um kraft dieser Autorität einen besonneneren, liebevolleren Menschen aus mir machen zu können. Aber dafür war es jetzt zu spät. Ich war schon haargenau wie mein Vater, fand mich großartig so, wie ich war, und sah ums Verrecken nicht ein, wozu ich mich hätte ändern sollen.

Im restlichen Teil meines Vorlebens beweise ich mich als der ruppigsten einer unter den zeitgenössischen Handelsmagnaten. Auf anderer Leute Meinung achte ich höchstens, wenn ich potentielle Käufer meiner Waren vor mir habe. In solchen Fällen überschlage ich mich förmlich in Liebedienerei. Frau und Kinder habe ich nicht. Herzliche Beziehungen unterhalte ich allein zu meinem Bankkonto.

Da war noch eine Szene, die ich sehr plastisch erlebte. Den Mittelpunkt bildete ein Streit wegen einer Kutsche, die ich jemandem verkauft hatte. Ich sitze gerade mit ein paar Geschäftsfreunden beim Mahl, da kommt der Käufer hereingestürzt und schimpft mich einen Gauner, der ihm wissentlich einen Schrotthaufen als Kutsche angedreht habe. Da ich in Gegenwart von meinesgleichen beleidigt worden bin, fühle ich mich verpflichtet, mir Genugtuung zu verschaffen, und so fordere ich den Mann zum Zweikampf.

Der Mann hatte mich in meiner Ehre gekränkt, und die Scharte mußte im Duell ausgewetzt werden. Das war die eine Seite der Angelegenheit. Auf der anderen Seite hatte ich einen Mordsbammel, zumal ich mir sagte, daß es mir im Grunde vollkommen gleichgültig sein konnte, ob mein Gegner mich für einen Betrüger hielt oder nicht. Ich hatte mich ausschließlich von meiner Ichsucht leiten lassen.

In der letzten Szene standen wir beide Rücken an Rücken, die Pistole in der Hand, auf einer Waldlichtung. Auf das Startsignal hin stapften wir in entgegengesetzte Richtungen los, um nach der vereinbarten Zahl von Schritten herumzuwirbeln und zu feuern. Ich sah ganz deutlich die Wolke von Pulverdampf vom Vorderlader meines Gegners aufsteigen und spürte zugleich einen alles übertäubenden stechenden Schmerz in der Brust. Von da an ging alles sehr schnell. Mit umflortem Blick sah ich noch meinen Sekundanten und die Zeugen sich über mich beugen. Dann schloß ich die Augen und fühlte meine Sinne schwinden.

Aber während die Welt um mich herum versank, meldeten sich die Gedanken in meinem Kopf um so lauter und klarer zu Wort: *Es ist nicht wichtig, wie du stirbst. Jeder muß einmal sterben. Wichtig ist, sich nicht auf einen großmannssüchtigen Ehrenstandpunkt zu versteifen. Der Ehrenkodex ist etwas rein Erkünsteltes und hat nichts mit dem wahren Selbst zu tun.*

Ich finde es interessant, daß dieses Rückführungserlebnis sich sehr prononciert um die Motive Arroganz und Ichbesessenheit drehte. Die Patientin will sich nicht festlegen in der Frage, ob sie wirklich ein früheres Dasein nacherlebt hat; restlos überzeugt ist sie jedoch davon, daß sie eine Botschaft ihres Unbewußten speziell zu ihrem problematischen Selbstgefühl empfangen hat – eine Botschaft, die da lautet: Konfliktsituationen, in denen es in puncto Selbstwert für uns um «alles oder nichts» geht, sind ausgesprochen selten. Seit ihrer Rückführung ist Donna in der Lage, an Alltagskonflikte versöhnungs- und kompromißbereit und nicht mehr als Kommandeuse einzig unterm Vorzeichen des totalen Krieges heranzugehen.

Ted oder die Vergötzung der Familienbande

Ted stammt aus einer vielköpfigen Familie, in der die Großmutter eine dominierende Rolle spielt. Vor seinem Rückführungserlebnis schilderte er dieses Zusammenleben dreier Ge-
nerationen – Großmutter, Eltern und Kinder – als wahre
Idylle. Dank der Regression änderte sich seine Ansicht in diesem Punkt gewaltig.

Ich war Mitglied einer Stammeskultur von Ackerbau treibenden Ge-
birgsbewohnern. Hoch droben auf einem der Berggipfel, die unsere
Ansiedlung überragten, stand ein Tempel, der ein sakrales Standbild
beherbergte, und dieses Standbild war für uns der Mittelpunkt des
Universums. Keiner von uns wußte, wie die Welt hinter dem Horizont unseres Dorfes aussah, denn es war uns strengstens verboten,
uns aus dem Gesichtskreis des Idols zu entfernen. Es war der Sitz
irgendeiner unbekannten Macht. Aus der unheimlichen Furcht, die
es uns allen einflößte, schloß ich, daß es die Herrschaft über unser
aller Leben und Tod ausübte.

Ich blickte nach oben und merkte, daß mir im selben Moment die
Frage durch den Kopf schoß: «Wird es mir etwas antun – mich viel-
leicht vernichten?», und ich begriff: Angst war der Sozialkitt dieser
Gesellschaft.

Weiter die Lage peilend, notierte ich, daß alle Wohnhäuser in ein-
heitlicher Bauweise sehr geschickt aus flachen Steinen errichtet waren. Sie schienen allesamt das gleiche Mobiliar zu enthalten, dazu
ein paar Tontöpfe für das Essen sowie Beläge und Behänge aus gro-
ben Stoffen primitivster Machart.

Gegenüber meinen Eltern empfand ich kaum irgendwelche An-
hänglichkeit. Andererseits waren mir ablehnende, gar feindselige
Gefühle gegen sie genauso fremd. Vielmehr hatte Gefühlswert für
mich zuerst und zumeist meine Einbindung in die Stammesgemein-
schaft. Das Stammesleben beruhte auf der Grundlage ungehinderten Kommunizierens und Interagierens aller mit allen. Es gab da
noch keine Abgrenzungen nach Stand und Klasse und dergleichen.

Meine Hautfarbe war fast schwarz, und an Kleidung trug ich
nichts auf dem Leib als ein paar Stoffstreifen, die mein Geschlechts-
teil bedeckten.

Drunten im Tal wurde mit primitivsten Werkzeugen – Pflanzstök-
ken und Hacken – das Land bebaut. Die Leute, die da arbeiteten,
machten einen verängstigten Eindruck. Die ganze Atmosphäre
schien förmlich von Furcht geschwängert. Jeder tat, was er tat, nur
weil er sich vor der Macht da droben auf dem Berg fürchtete. Für
mich war das ein Quell der Verwunderung, denn das Standbild tat
meiner Erinnerung nie auch nur das geringste, was Furcht und Scheu
solchen Ausmaßes gerechtfertigt hätte. Es saß bloß reglos da – was,
da es aus Stein war, ganz der Natur der Dinge entsprach. Trotzdem
schrieb jeder im Dorf ihm grenzenlose Macht über alles zu. Ging
etwas schief, dann, weil das Standbild verärgert war. Ging etwas
zum Guten aus, dann, weil das Standbild zufrieden war. Das Standbild... das Standbild... Niemals rührte oder regte es sich oder *tat*
etwas – aber alles Glück und alles Unglück, das wir erlebten, wurde
diesem griesgrämig dreinschauenden Popanz zugeschrieben, den
unsere Urväter aus einem Stück Stein gehauen hatten.

Ich ging dann weiter bis zu meinem dreißigsten Lebensjahr und
sah mich mit einer reizenden Frau zusammenleben. Wir hatten eine
ansehnliche Schar von Kindern, für die ich herzliche Gefühle hegte,
weil sie meinem Dasein einen bisher nicht gekannten Inhalt gaben.
Irgendwie schufen sie Abstand zwischen mir und der allgegenwärti-
gen Furcht. Aus dieser Lebensperiode sind mir nicht viele Bilder in
Erinnerung geblieben. Ich entsinne mich lediglich noch, daß ich einmal mit meiner Familie in der Sonne stand und mich beim Gedanken
an jeden einzelnen von innerer Wärme erfüllt fühlte.

Dann ging ich weiter zu den letzten Minuten meines Lebens. Ich
führte irgendein Packtier an einem Felsrand entlang. Das Tier stol-
perte und rutschte ab – und mir gelang es nicht mehr, meine Hand
aus dem Strick zu lösen, den ich ihm um den Hals geschlungen hatte.
Ich stürzte mit in den Tod...

Nach diesem Rückführungserlebnis sprach Ted über sein Familienleben ganz anders als davor. Das unheimliche Standbild erinnere ihn an seine Großmutter, meinte er. Obwohl sie
niemals laut werde, reglementiere sie die anderen Familienmitglieder im Stil einer zürnenden Muttergottheit. Zu allen
Vorgängen in der Familie hatte sie eine eigene Meinung, und
es war ihr egal, ob die anderen ihre Meinung hören wollten

oder nicht: Sie zwang sie ihnen mit stiller, ingrimmiger Hartnäckigkeit allemal auf.

Im weiteren Verlauf der Behandlung kam Ted zu der Einsicht, daß die Familie zuviel Platz in seinem Leben beanspruchte und ihm keinen Spielraum ließ, seine eigene Persönlichkeit zu entfalten. Das Rückführungserlebnis sei, in Form einer symbolischen Gleichung, die exakte Wiedergabe seiner Familienverhältnisse, meinte er: Auch für ihn sei es praktisch unmöglich, der Fuchtel seiner Angehörigen zu entrinnen. Wenn er zufällig einmal nicht von seinen Geschwistern bevormundet wurde, hatten bestimmt entweder seine Eltern oder seine Großmutter das Bedürfnis, ihm klarzumachen, was gut für ihn war. Die anderen kommandierten: er brauchte nur zu gehorchen.

In Teds Fall funktionierte das Rückführungserlebnis als Ausdrucksmedium für die wahren Gefühle des Patienten gegenüber seiner Familie. Es verkürzte die Behandlung um viele Stunden, indem es auf Anhieb Teds Lebenswunsch nach freiem Selbstausdruck verwirklichte.

Victor und das Wunderwerk

Als kleiner Junge erlebte Victor mit, wie die Ehe seiner Eltern zerbrach. Seit seinem zwölften Lebensjahr hat er seinen Vater nur zweimal wiedergesehen. Den Vater beschreibt Victor als einen «Mann mit einer Dauer-Midlife-Krise», der sich immer nur für seine eigenen Lebensprobleme und niemals ernstlich für die seines Sohnes interessiert habe. Sein Erzeuger, so Vic, habe noch nicht einmal soviel Anstand aufgebracht, ihm einen Schulabschluß zu ermöglichen. Mit seiner Mutter ist er auch nicht viel besser dran. Sie ist eine miesepetrige Person voll unberechenbarer Launen, der nichts gleichgültiger sein könnte als ihr einziges Kind. Noch jedesmal, wenn er auf der

Suche nach emotionalem Rückhalt zu ihr kam, schickte sie ihn mit Vorwürfen überhäuft wieder weg.

Ich versenkte ihn in Tiefschlaf, und das erste, was ich aus seinem Mund hörte, war ein verwundertes: «He, wo bin ich hier?» Hinterher meinte er dann, daß es eine Stadt im alten Arabien gewesen sein müsse, wo er sich wiedergefunden hatte.

Ich war ungefähr zwanzig Jahre alt und Student – ein angehender Gelehrter. Meine Eltern hatten für meine Schulbildung keine Kosten gescheut. Sie waren steinreich, bewunderten aber nichts so sehr wie Wissen und Bildung. Ihr größter Wunsch war, ich möchte ein Gelehrter werden, und ich hatte mich nicht lange bitte lassen.

Das Glanzstück unter meinem wissenschaftlichen Handwerkszeug und mein ganzer Stolz war ein Instrument, das mir einer meiner Lehrer geschenkt hatte. Es war aus hell glänzendem Metall, über und über mit Edelsteinen besetzt, und sah aus wie eine tragbare Sonnenuhr. Das Ganze maß reichlich einen halben Meter im Durchmesser und war ein technisches Wunderwerk, denn man konnte mit seiner Hilfe die Daten von astronomischen Ereignissen und Feiertagen bestimmen, indem man aufgezeichnete Koordinatenpunkte auf die Sonne und andere Himmelskörper ausrichtete.

Meine akademischen Mitbürger an unserer Lehranstalt konnte ich manchmal nicht ganz begreifen. Sie vertraten die Ansicht, letzter und höchster Inhalt jeglicher theoretischen wie praktischen Gelehrsamkeit habe die Religion zu sein. Was das betraf, war ich anderer Meinung. Ich beschäftigte mich vorzugsweise mit Logik und Naturgeschichte und fand überhaupt, daß höhere Bildungsanstalten wie die unsere sich die Erweiterung unseres realen Wissens von der Welt zum Ziel setzen sollten.

In einer Art Rückblende ging ich zurück in meine Kindheit. Mein Elternhaus war so prunkvoll, daß es nicht übertrieben wäre, von einem Palast zu reden. Es lag in einem wunderhübschen, wohlgepflegten Park, in dem ich meine Geschwister umherlaufen und Abschlagen spielen sah.

Von da ging ich vorwärts zum Lebensabschnitt erste Hälfte Zwanzig, einem für mich ungeheuer aufregenden Abschnitt, denn ich hörte in diesem Alter zeitweilig Stimmen und kam zu der Überzeugung, daß niemand anderer als der Prophet Mohammed zu mir sprach.

Ich entschloß mich, auf Wanderschaft zu gehen, um die Welt jenseits des Horizonts unserer Stadt zu erkunden. Als nächstes fand ich mich weit weg von meiner Heimat in einem Gebirge wieder. Hier war es schön: ringsum alles von üppigem Grün überwuchert, was auf jemanden wie mich, der aus den Wüsten Arabiens stammte, sehr fremdartig wirkte. In diesem Gebirgsdschungel fand ich den Tod.

Es war auf einer einsamen Straße. Ich kam um eine Biegung herum und sah mich plötzlich einer Schar ganz in Leder gekleideter Männer gegenüber. Ihre Hautfarbe war heller als meine, und nach ihrer Unverschämtheit und Brutalität zu schließen, handelte es sich um Soldaten. Sie stießen mich kurzerhand beiseite, rissen sämtliche Packen und Bündel von meinem Lasttier und durchwühlten meine Habseligkeiten. Dabei stießen sie auf mein geheiligtes astronomisches Instrument. Es erregte ihre Neugier, und sie begannen, es genauer zu inspizieren, wobei einer es dem anderen zuwarf. Als sie mein Erschrecken bemerkten, warfen sie es, um sich an dem entsetzten Ausdruck in meinem Gesicht zu weiden, höher und höher in die Luft. Schließlich wurden sie des Spiels müde, und einer zerschmetterte das Gerät auf dem Boden. Als ich sie anschrie, was ihnen einfiele, mir diese unersetzliche Kostbarkeit einfach kaputtzumachen, richtete sich ihre Zerstörungswut jäh gegen mich. Der Nächststehende schlug mir mit äußerster Brutalität seine Waffe auf den Kopf, eine Holzkeule, deren verdicktes Ende zur geballten Faust geschnitzt war. Ich stürzte zu Boden und sah als letztes, mit schon brechendem Blick, die Keule ein zweites Mal auf mich niedersausen.

Vic stand zunächst vor einem Rätsel. Arabien... reiche Eltern... ein fast «mystisches» Wunderwerk der Technik... und zu allem Überfluß noch die Stimme des Propheten im Ohr – auf den ersten Blick war das für ihn alles Hekuba. Wir sprachen dann über sein derzeitiges Lebensgefühl, und es kam heraus, daß er sich ohne von Vaterseite vorgegebenes Rollenbild als ziemlich orientierungslos erfuhr. Zug um Zug tasteten wir uns gemeinsam zu einer Deutung des halb mystischen Wunderwerks der Technik durch, derzufolge es den

«Vater als Kompaß» und damit jene Möglichkeit der Welt-
orientierung symbolisiert, die Vic niemals gehabt hat.

Hätte Vic sich zur fraglichen Zeit nicht im Zustand der
hypnotischen Rückführung befunden, hätte ich die Tatsache,
daß er die Stimme des Propheten Mohammed hörte, wohl als
Symptom einer beginnenden Schizophrenie interpretiert. So
aber mutmaßte ich, daß hier lediglich ein verschlüsselter Ausdruck des Wunsches nach Lebenshilfe von seiten des Vaters
vorliege.

Insgesamt schien mir Vics Rückführungserlebnis ein tiefes
Bedürfnis nach spiritueller Orientierung zum Ausdruck zu
bringen. Ich riet dem Patienten daher, sich auf eine transzendentale Sinnsuche zu begeben und dabei unter anderem viel
zu lesen sowie «Gebrauchstests» mit einer Reihe von Reli-
gionsbekenntnissen zu veranstalten.

Der gemütstote Hohepriester

David ist ein Ex-Marineinfanterist aus North Carolina ohne
nennenswertes religiöses Bewußtsein; er selbst bezeichnet
sich als «lauen Protestanten». Er stammt aus einer Familie,
deren emotionales Binnenklima von Gefühlskälte bestimmt
war. «Um meinen Eltern eine Gefühlsregung zu entlocken,
mußte man sich mindestens ein Bein brechen», meinte David
einmal, nur halb im Scherz. «Dann gingen sie immerhin so
weit aus sich heraus, daß sie auf der Fahrt ins Krankenhaus
mehr Gas gaben.» David war vier Jahre lang im Marine
Corps und musterte dann aus, um in Atlanta in Georgia als
Immobilienmakler zu arbeiten. Er gibt zu, daß ihn der Mangel an Liebe und Gefühl und geistiger Ansprache in seiner
Familie sehr gestört hat. In seinem Rückführungserlebnis
spiegelt sich das wider.

Ich sah ein elegantes Boot auf dem Wasser, ungewöhnlich lang und breit, mit langem, spitz zulaufendem Vorder- und Achtersteven. In dem Boot stand aufrecht ein Mann, der ein langes weißes Gewand und einen weithin leuchtenden Kopfputz trug. Der Mann war irgendein religiöser Würdenträger, und meinen Empfindungen bei seinem Anblick konnte ich entnehmen, daß ich dieser Mann war.

Ich war von vier Ruderern umgeben. Wir glitten auf einem klaren Gewässer, offenbar einer Lagune, dahin. Als ich den Blick umherschweifen ließ, stellte ich fest, daß vom Ufer aus Hunderte von Zuschauern mit gespannter Aufmerksamkeit unseren Weg verfolgten.

Ich zog meine Hände aus dem Gewand hervor und streute eine Handvoll Blätter und Holzspäne auf das Wasser. Die Handlung mußte eine wichtige religiöse Bedeutung haben, denn sie versetzte die Zuschauer in einen wahren Begeisterungstaumel. Im Heck des Boots lag ein Mann, in Abwehrhaltung zusammengekrümmt und Furchtsamkeit ausstrahlend, so, als drohe ihm jemand mit Schlägen. An Händen und Füßen war er so fest mit Stricken gebunden, daß die blutleeren Gliedmaßen eine unnatürlich helle Farbe zeigten. Ich empfand nicht das geringste Mitleid für diesen Mann: Ich wickelte hier eine religiöse Zeremonie nach den dafür geltenden Regeln ab, darüber hinaus ging mich die ganze Sache nichts an.

Ich schritt in den Heckteil des Boots, packte den Mann bei den Schultern und warf ihn ins Wasser. Die Menge am Ufer begann zu toben. Der Mann zappelte und strampelte noch ein paar Sekunden, dann geriet das Wasser um ihn herum in wallende, quirlende Bewegung durch die Geschäftigkeit einer Unzahl von kleinen Fischen, die begonnen hatten, ihn bei lebendigem Leib aufzufressen. Die Erregung der Zuschauer näherte sich jetzt der schieren Raserei. In mir selbst regte sich kein Gefühl, keine Empfindung, so, als stände ich unter Betäubung.

An diesem Punkt setzte eine Rückblende ein. Ich war noch ein ganz kleines Kind und lebte in einem erhöht stehenden Haus im Urwald. Mein Vater war Priester. Seine Tätigkeit war für mich vom Schleier des Geheimnisses umgeben. Ich kam nie so recht dahinter, womit er sich tagtäglich außer Haus beschäftigte oder weshalb er daheim oft stundenlang reglos dasaß und eine Statue anstarrte.

Ich ging dann weiter zu einer Szene aus meiner Jugend. Zusammen mit mehreren Jungen meines Alters befand ich mich in einem von dichten Rauchschwaden erfüllten Raum. Wir saßen in einer Reihe jeder einem älteren Mann gegenüber, und die Älteren schnitten uns mit einem Steinmesser ein Muster in die Gesichtshaut. Man sollte annehmen, daß der Ritus mit fürchterlichen Schmerzen verbunden war, aber ich war wie tot und spürte nichts. Hinterher bekamen wir etwas Bitteres zu trinken, das uns alle euphorisch machte. Dann hieß es, jetzt seien wir Männer.

In der nächsten Szene sah ich mich in gestrecktem Lauf kreuz und quer durch den Wald einem Hirsch nachjagen. Ich trug einen Stock, an dessen Spitze ein Pfeil befestigt war. Schließlich war ich nahe genug an das Tier herangekommen, um meinen primitiven Speer auf es abschleudern zu können. Ich traf, und der Hirsch stürzte zu Boden. Ich beugte mich zu ihm nieder und schnitt ihm die Kehle durch. Dabei durchzog mich eine eigenartige Gefühlsmischung aus ehrfürchtigem Schauer, Glück und Mannesstolz.

Ich ging noch einmal weiter und befand mich dann in einem Gebäude, das ganz aus Baumstämmen errichtet war. Bei mir war mein Vater, der im Begriff stand, mich in Grundzügen mit dem Wesen unserer Religion vertraut zu machen. Ich hatte immer die schuldige Liebe und Ehrfurcht für meinen Vater gehabt, aber von seinem Gerede über die Religion verstand ich so gut wie nichts. Er erklärte mir, daß ich zum Hohenpriester des Stammes bestimmt sei – wofür ich mich denkbar wenig qualifiziert fühlte. Und mit dieser Szene war dann die Rückblende zu Ende.

In der nächsten Szene war ich zurück auf dem Boot. Vor mir im Wasser wurde ein Mann von Fischen gefressen. Die Menschenmenge am Ufer raste vor Begeisterung über das Schauspiel. Ich verfolgte aufmerksam das Geschehen unweit von meinen Füßen und streute dabei zerkrümelte Blätter und Baumrinde ins Wasser hinab. Für die Menschen am Ufer mußte das Ganze eine ungeheuer bedeutsame heilige Handlung sein. Mir bedeutete es überhaupt nichts. Ich führte alle Bewegungen und Handgriffe aus, die zu der Zeremonie gehörten, aber für den Sinn der Sache – wenn es einen gab – war ich blind und taub.

Dann ging ich im Sprung zu meinem letzten Lebenstag. Ich war im Wald gewesen und kam bei der Heimkehr gerade dazu, wie ein Stamm von Wilden unser Dorf verwüstete. Federgeschmückte Krieger stürmten die Behausungen und machten die Bewohner nieder.

Mir verschlug es kurze Zeit den Atem, als ich sah, wie meine Frau von einer Horde Männer aus unserer Hütte gezerrt und im Freien mit Fäusten und Knüppeln malträtiert wurde. Doch bald empfand ich angesichts des Geschehens nichts als grenzenlose innere Leere.

In der letzten Szene sah ich mir gegenüber einen Mann mit Pfeil und Bogen in Anschlag gehen. «Das war's dann», dachte ich bei mir. Ich sah die Sehne schwirren und den Pfeil in Zeitlupe auf mich zugeflogen kommen. In meiner Brust blieb er stecken. Ich sah ihn die Haut durchstoßen und ins Fleisch eindringen. Dann war alles vorbei.

Als auffällig registrierte ich zuerst die Diskrepanz zwischen Davids uninteressierter, ja verächtlicher Haltung gegenüber der religiösen Sphäre und der Tatsache, daß es in seinem Rückführungserlebnis ganz massiv um transzendentale Sinnsuche und die Frage der Bedeutung von allerlei religiösen Riten ging. Unverkennbar hatte sich in der Regression eine gewisse Irritation darüber gezeigt, daß der Priester-Vater nicht in der Lage war, dem Sohn das Wesen der Stammesreligion besser einsichtig zu machen; dem entsprach in «diesem» Leben die Verärgerung darüber, daß der Vater keinerlei spirituelle Orientierung zu geben vermocht hatte. David sieht selbst die transzendentale Sinnsuche als vorherrschendes Motiv seines Rückführungserlebnisses.

Das Rückführungserlebnis veranlaßte David, seine verächtliche Haltung gegenüber religiösen Dingen aufzugeben. Er bekannte, daß er eigentlich schon immer gern etwas mehr dafür getan hätte, die spirituelle Seite seines Wesens zu kultivieren, daß er aber einfach nicht wußte, wie er das anfangen sollte, weil er aus dem Elternhaus auf diesem Sektor keine Orientierung mitbekommen habe.

Eine weitere hervorstechende Komponente des Rückführungserlebnisses war die Gemütsverödung, die sich jedesmal offenbarte, wenn die Situation eigentlich eine Gefühlsreaktion verlangte. Auf meinen diesbezüglichen Hinweis meinte

David, auch dieser Zug spiegle seine Erziehung wider: In der emotional unterkühlten Atmosphäre seines Elternhauses sei es verpönt gewesen, «nach Gefühl» zu reagieren.

Mit einer einzigen Hypnosesitzung waren in diesem Fall die zentralen Probleme des Patienten greifbar und therapiefähig geworden. Auch hier zeigte sich wieder, daß die Regressionsmethode enorm viel Behandlungsaufwand erspart.

Die alten Stoffe, neu gewendet

Viele Regressions-/Reinkarnationstherapeuten bedienen sich der Technik des «Rescripting» («Drüberschreibens», gedacht ist dabei an die Überlagerung von einem Text durch einen anderen wie in einem Palimpsest) von Rückführungserlebnissen. In einfachen Worten erklärt, bedeutet dies, daß der Therapeut im Lauf der Rückführung an einem kritischen Punkt in das Erlebnis des Mediums eingreift, um das Geschehen in eine neue, wünschenswerte Richtung zu lenken. So etwa könnte es für einen Patienten, der in einem früheren Dasein durch einen Sturz aus großer Höhe zu Tode kam und nun an einer Höhenphobie leidet, ratsam erscheinen, das Erlebnis mit einer Neufassung zu überschreiben, in der ein natürlicher Tod den Schlußpunkt hinter dieses Leben setzte. Theoretisch müßte damit der Höhenangst der Nährboden entzogen sein.

Die Methode des Rescripting geht auf den berühmten Psychotherapeuten Milton Erickson zurück; er entdeckte sie im Zuge der hypnotherapeutischen Behandlung einer jungen Frau, die sich gegen den Kinderwunsch ihres Mannes sträubte, weil sie fürchtete, in der Elternrolle genauso zu versagen, wie ihre Eltern ihr gegenüber versagt hatten. Erickson ließ zwar das Elternbild seiner Patientin unverändert, führte jedoch in ihr Erleben einen neuen Akteur ein, einen erfundenen Freund ihres Vaters mit dem Beinamen «Der Februarmann». Über diese Figur konnte er in die Erinnerung der Patientin die Empfindung des Geliebt- und Geschätztwerdens einführen und dort verankern. Die Frau gewann Selbstwertgefühl und Ichstärke und fand es schließlich selbstverständlich, Kinder zu haben und großzuziehen.

Erickson selbst bezweifelte die Tauglichkeit dieser Verfahrensweise auf genereller Ebene, und zwar hauptsächlich, weil er meinte, es stehe nicht in der Macht des Therapeuten, an den realen Erfahrungen eines Patienten nachträglich etwas zu ändern. Aber dessenungeachtet erzielten sowohl er als auch andere Therapeuten in den vergangenen Jahren mit dieser Technik große Erfolge. Als «Reparenting» («Neuschreiben der Elternimago») bezeichnen manche Therapeuten ihre Behandlungsmethode, bei der der Patient sich zunächst an schmerzliche Kindheitserlebnisse erinnert. In Hypnose oder einer Gesprächstherapie wird er dann noch einmal zur vollen Identifikation mit jenem gekränkten Kind gebracht. Während die traumatischen Erinnerungen an ihm vorbeiziehen, wird er aufgefordert, seinem früheren Selbst all das an Verständnis und Liebe zuzuwenden, was diesem einst gefehlt hat. Richard Landis, ein in Kalifornien praktizierender Psychotherapeut, wendet die Reparenting-Technik seit zwanzig Jahren bei sechzig Prozent seiner Patienten an – und nur in schätzungsweise sechs Prozent der Fälle ohne Erfolg.

Nach Ansicht vieler Reinkarnationstherapeuten ist eine Reskription in zahlreichen Fällen das einzige probate Mittel, einen echten Erfolg im jetzigen Leben eines Menschen zu erzielen. Das schlichte Wiedererleben einer vergangenen Existenz könne zwar mit der kathartischen Abfuhr aufgestauter Emotionen einhergehen und so dem Patienten zum besseren Verständnis seiner Probleme verhelfen. Für eine nachhaltige Erfolgswirkung sei jedoch ein faktisch geändertes Geschehen in dem früheren Leben unerläßlich.

Ich selbst wende die Reskriptionsmethode in meiner Praxis

nicht an. Bei Versuchen in dieser Richtung habe ich festgestellt, daß die Patienten sich gegen eine Abänderung des erlebten Geschehens wehren. Eine Patientin meinte, das Rückführungserlebnis selber komme ihr bereits wie eine umgeschriebene Fassung ihres derzeitigen Lebens vor, und jetzt noch einmal darüber hinauszugehen, sei für ihren Verstand eine allzu kühne logische Volte. Andere lehnten die Überschreibung mit der Begründung ab, diese Erlebnisse seien historische Tatsachen, und die könne man nicht rückwirkend ändern.

Hauptgrund, weswegen ich auf die Anwendung der Reskriptionsmethode verzichte, ist jedoch der Umstand, daß sie nach meiner Feststellung bei weitem nicht so erfolgsträchtig ist wie die Rückführung an sich, also ohne Zutaten. Im *Journal of Regression Therapy* (Jg. 3, Nr. 1 [Frühjahr 1988]) berichtet der Reinkarnationstherapeut Chet Snow über einen fehlgeschlagenen Reskriptionsversuch. Der Behandelte sperrte sich gegen das Umschreiben seines Rückführungserlebnisses mit der Begründung, die Lebensgeschichte, die da zum Vorschein gekommen sei, «muß... so ausgehen». Indes, das bloße Nacherleben des Geschehens zeitigte bereits den angestrebten therapeutischen Effekt, insofern es dem Behandelten zur Befreiung von seinen Problemen verhalf.

Meine erste Begegnung mit der Reskriptionsmethode in reinkarnationstherapeutischer Verwendung hatte ich vor Jahren «per Zufall» im Zuge meiner Fachausbildung zum Hypnotherapeuten. Im Rahmen der Diplomprüfung hatten die Kursteilnehmer aneinander eine *normale* Altersregression (zeitliche Rückführung nicht über das Geburtsdatum in *diesem* Leben hinaus) zu demonstrieren. Ein Prüfling – nennen wir ihn Jim –, dem infolge der ungeraden Teilnahmerzahl der Partner fehlte, bat den Kursleiter – er soll hier Jeff heißen –, das Medium für ihn zu machen.

Jeff willigte ein. Problemthema der Demonstration sollten die unerklärlichen Wutanfälle und Frustgefühle sein, von denen Jeff am Steuer seines altersschwachen, zur Bockigkeit neigenden Oldtimers häufig übermannt wurde. Jedesmal wenn das Auto in der Morgenkälte nicht anspringen wollte, geriet Jeff hemmungslos in Rage – ein Zug, der völlig aus dem Rahmen seines Persönlichkeitsbilds fiel: Normalerweise war er ein «cooler Typ», den nichts so leicht von der Rolle brachte. Tatsächlich sei der fragliche Fall gerade heute morgen wieder eingetreten und ihm noch frisch im Gedächtnis, erklärte er. Die Ausgangslage schien wie geschaffen für eine hypnotische Rückführung. Ich möchte noch erwähnen, daß Jeff uns Studenten gegenüber nie einen Hehl aus seiner ablehnenden Einstellung gegen die Idee der Wiedergeburt und die Reinkarnationstherapie gemacht hatte.

Nach sehr kurzer Einschläferungsphase lief in der Rückführung alles glatt, bis der ungeübte Jim (immerhin ja noch in der Ausbildung) die fatale Gummilinsenfrage stellte: «Und wo liegen die Wurzeln dieser Wutausbrüche?», und die Anweisung folgen ließ, Jeff möge direkt zu dieser Ursprungssituation zurückgehen. Er dachte natürlich, daß jetzt eine verdrängte Peinlichkeit aus Jeffs Jugend zum Vorschein käme, die irgendwie mit Autofahren zu tun hätte.

Jeff verstummte einen Moment lang. Dann schilderte er mit ungläubiger, bebender Stimme eine Szene, in der er sich als Angehöriger von Rommels Afrikakorps mitten im Sperrfeuer britischer Artillerie in der libyschen Wüste sah, und zwar auf dem Fahrersitz eines manövrierunfähig geschossenen, brennenden Kampfpanzers, dessen Maschine eben polternd und jaulend den Geist aufgab. Der Fahrer – offenkundig Jeff in seinem letzten Vorleben – betätigte wie rasend den Anlasser, um das Gefährt wieder in Gang zu bringen, doch nichts ging mehr, und so versuchte er, aus seiner Sardinenbüchse auszusteigen – aber die Luke klemmte. Halb wahnsinnig vor Schreck fingerte und trommelte er auf dem Armaturenbrett herum – bis ein britischer Kanonier schließlich die Zielvorrichtung seines Granatwerfers auf ihn eingestellt hatte und seinem Leben mit einer gewaltigen Detonation ein Ende setzte.

Einige Anwesende, die sich mit Inkarnationsregression auskannten, hatten inzwischen mitgekriegt, was da lief, und halfen jetzt dem konsternierten therapeutischen Zauberlehrling, «Jeff» durch diese traumatische Todeserfahrung hindurch- und aus seinem zerfetzten Körper hinauszuführen. Nach vollbrachter Überleitung in den Nichtkörper-Zustand gewann der «behandelnde Therapeut» Jim schnell die Fassung und den Überblick zurück; er hielt es für das beste, jetzt seine im Kurs erworbenen Kenntnisse der Reskription anzuwenden, um den Vorfall samt möglichen Folgen aus Jeffs Psychokonstitution auszutilgen. Standardgemäß suggerierte er, daß der Teil von Jeff, der sich an dieses gewalt- und verzweiflungsträchtige Szenarium klammere, es jetzt loslassen könne, indem er die «Erinnerung» abändere und mit einem glücklicheren Ausgang versehe. Wenn ich mich richtig entsinne, gingen Jims Anregungen im einzelnen dahin, der Motor könne wieder in Gang kommen und der Panzer wieder manövrierfähig werden, wodurch es nicht zu dem tödlichen Volltreffer kommen und im weiteren «Jeff» Zeit gewinnen würde, die Luke aufzustemmen und zu entkommen.

Aber Jeff wollte von einer solchen Lösung nichts wissen. «Es mußte so ausgehen», meinte er und war nicht davon abzubringen: Kein Therapeut der Welt könne daran etwas ändern. Und dabei blieb es, bis Chet Snow den rettenden Einfall hatte:

Ich schlug Jim vor, Jeffs Standpunkt zu akzeptieren und ihn zu fragen, ob er die Angst und Wut aus der Episode in dem deutschen Tank nicht loslassen könne, indem er sich klarmache, daß es keinen zwingenden Grund für ihn gebe, sie in sein Verhalten beim Autofahren in *diesem* Leben zu übernehmen. Jeff griff diesen Gedanken bereitwillig auf und ließ sich anscheinend von Jim ohne weiteres in die Gegenwart zurückholen. Nach dem Aufwachen aus der Hypnose bestritt er zwar nach wie vor, daß es sich bei dem Erlebnis um Erinnerungen aus einem früheren Leben gehandelt haben könnte, wußte jedoch keine Erklärung für seinen Widerstand gegen das Abändern der Episode. Irgendwann später fiel mir auf, daß er seit damals nie wieder von Wutanfällen am Steuer seines Wagens gesprochen hat.

Snow selbst wendet seit damals – mit Erfolg – die Reskriptionsmethode an.

Für manche Regressions-/Reinkarnationstherapeuten und insbesondere für diejenigen, die sich zur Realität der Wiedergeburt bekennen, ist die Reskription als Behandlungsmethode rundweg indiskutabel. Ihrer Meinung nach handelt es sich da um ein therapeutisches Schnellkittverfahren, bei dem zuallererst einmal der Sinn von Inkarnationsregressionen völlig unter den Tisch fällt, nämlich: die Probleme an der Wurzel zu fassen. Inkarnationsregressionen, so diese Therapeuten, öffnen den Zugang zum Wahren Selbst. Wo die Auseinandersetzung mit den Problemen nicht auf der Ebene des Wahren Selbst geführt werde, müßten die Probleme *dieses* Lebens zwangsläufig ins nächste Leben verschleppt werden – und so weiter *ad infinitum*. Ein überschriebenes Problem sei ein im Sinn des derzeitigen entstelltes Problem. – Ungeachtet aller skeptischen Einwände dieser Art ist am De-facto-Status der Reskription als reinkarnationstherapeutischer Behandlungsmethode nicht zu rütteln.

Inkarnationsregression: ein therapeutisches Werkzeug

Meine Absicht in diesem Kapitel war es keineswegs, die Inkarnationsregression als ein psychotherapeutisches Allheilmittel anzupreisen. Vielmehr ging es mir darum zu zeigen, daß die reinkarnationstherapeutische Behandlung in manchen Fällen psychischer Störung zu bisher ungeahnten Erfolgen führen kann.

Bei meiner praktischen Arbeit mit der Reinkarnationsregression – Arbeit, die in der Behandlung sowohl körperlicher als auch seelischer Krankheiten besteht – ist mir eines zur Gewißheit geworden: Die Rückführungstechnik ist keine Spielerei, sondern ein machtvolles Werkzeug in der Hand des Therapeuten.

DRITTER TEIL
DEUTUNG

5
Inkarnationsregression –
Beweis für ein Leben vor dem Leben?

Seit mein Interesse für die Inkarnationsregression erwacht ist, sehe ich auch die Frage nach ihrer Deutung in einem neuen Licht. In diesem und den folgenden drei Kapiteln werde ich versuchen, diese Frage aus meiner Sicht zu beantworten.

Welche der bisher angebotenen Deutungen halte ich für richtig? Ich meine: Keine von ihnen kann einen Monopolanspruch auf die Erklärung des Phänomens erheben. Wie aus diesem Buch zu ersehen ist, habe ich mit Dutzenden Patienten Regressionen durchgeführt, die sich nach meiner Feststellung auf die verschiedenartigste Weise – und mühelos auch als «Inkarnationen» im eigentlichen Sinne – verstehen lassen. Das führt uns unmittelbar zu der in bezug auf Rückführungserlebnisse am häufigsten gestellten Frage: «Repräsentieren diese plastischen ‹Nachbilder› irgendeiner Form vergangenen Daseins ‹Inkarnationen› im Sinne einer Wiedergeburts- oder Seelenwanderungslehre?»

Einerseits...

Für mich ist diese Frage ein harter Brocken. Für jemanden meines Persönlichkeitshintergrunds – Naturwissenschaftler von der Ausbildung, Christ von der Erziehung her – liegt ein Standpunkt wie der folgende nahe: Die Wiedergeburtsidee läßt sich mit der christlichen Glaubenslehre und ihrer Jenseitsvorstellung von himmlischem Lohn oder Höllenstrafe als Vergeltung für dieses Leben auf keinerlei gemeinsamen Nenner bringen. Denn der Gedanke an Wiedergeburt gibt der Hoffnung auf die Möglichkeit eines totalen Neuanfangs Auftrieb, und dergleichen steht in diametralem Gegensatz zur Grundausrichtung jedweden christlichen Denkens. Kaum eine christliche Konfession, die nicht den leiblichen Tod des Menschen lehrt, der erst zum Zeitpunkt des Jüngsten Gerichts rückgängig gemacht wird. Denn heißt es nicht schon beim Prediger Salomo: «Die Lebendigen wissen, daß sie sterben werden; die Toten aber wissen nichts...»

Die Wissenschaft ihrerseits lehrt, daß wir über das, was nach dem Tod geschehen mag, nichts wissen können. Zwar habe man da – und oftmals in den glühendsten Farben ausgemalt – die anekdotischen Schilderungen von Menschen, die vorgeblich eine frühere Existenz wiedererlebten, doch gebe es keinen *beliebig reproduzierbaren Beweis* für ein Dasein nach dem Tod. Für die Wissenschaft sähe die Sache gleich ganz anders aus, wenn eine Versuchsanordnung erfunden würde, die Auskunft darüber gibt, ob eine im Labor neugeborene Ratte tatsächlich dieselbe ist, die früher schon einmal da gelebt hat.

Die Wissenschaft läßt nur das als Erkenntnis gelten, was unter kontrollierten Bedingungen wiederholt werden kann. Das ist auch ganz in Ordnung so, wenn es um, sagen wir, das Wirkungsspektrum von bestimmten Arzneimitteln geht. Derartige Wirkungen sind beobachtbare Tatsachen. So etwas wie Wiedergeburt dagegen läßt in puncto Beobachtbarkeit manches zu wünschen übrig. Wo treibt sich die Seele zwischen zwei Inkarnationen herum? Welcherart sind die Indizien für eine andere Seinsebene, wo die Seelen sich im Wartestand auf eine Reinkarnation aufhalten? Warum weiß unser Wachbewußtsein nichts von einem früheren Leben? Derlei Unbekannte vereiteln die wissenschaftliche Beschäftigung mit dem Phänomen, denn solange sie nicht eliminiert sind, kann es Untersuchungen im «Laborratten»-Stil nicht geben.

156

Als Naturwissenschaftler und noch dazu einer mit christlicher Kinderstube müßte ich also sagen, daß Rückführungserlebnisse Manifestationen eines auf hypnotischem Weg erreichten veränderten Seelenzustands sind. Was mich persönlich betrifft, ist mein Erklärungsbedürfnis damit vollauf gedeckt. Auch wenn diese Erlebnisse aus wissenschaftlicher Sicht nicht als Beweis für die Realität der Wiedergeburt zu werten sind: ein Beweis für die Existenz eines vielgestaltigen Bedeutungskosmos jenseits der Bewußtseinssphäre sind sie allemal.

Nicht nur beeinflußt, wie wir im vorigen gesehen haben, die Welt, zu der die Rückführung uns den Zugang eröffnet, unser leibliches und seelisches Wohlbefinden, sondern dort erkunden wir auch eine Vielfalt von Lebensformen, die uns unter normalen Umständen unbekannt bleiben würden. Dort schaffen wir uns überdies den persönlichen Mythos, der verhindert, daß wir vom einmal eingeschlagenen Lebensweg abweichen, ja der sogar für unser tiefstes Unbewußtes die einleuchtende Erklärung darstellt, warum wir uns gerade für diesen Weg entschieden haben. Und *last but not least* eröffnet uns die Inkarnationsregression den Zugang zu einem schier grenzenlosen Wissensreservoir in uns, von dessen Vorhandensein die meisten Menschen gar nichts ahnen: zu all den Informationen, die uns im Laufe unseres Lebens einmal «zugeflogen» sind, aber hinterher «vergessen» wurden (in Wahrheit jedoch versteckt in irgendeiner Windung der grauen Masse ruhen). Die Reaktivierung dieses Wissens nennt man «Kryptomnesie» oder auch «Xenoglossie».

Würde ich also einerseits sagen, daß ich zu sehr Wissenschaftler bin, um an Wiedergeburt glauben zu können, so müßte ich doch andererseits gleich hinzufügen, daß dadurch in meinen Augen der Wert der hypnotischen Rückführungen als eines grandiosen Werkzeugs der Selbsterkundung, der Selbstfindung um nichts gemindert wird.

Woher aber nun diese Bilderflut, aus der wir in der Rückführung schöpfen? Das ist eines der vorläufig noch ungelüfteten Geheimnisse der menschlichen Seele. Begnügen wir uns, was das betrifft, einstweilen dankbar damit, daß wir jederzeit ungehinderten Zugriff auf den Nutzen haben, den sie bringt.

...andererseits

Aber noch immer nicht abschließend beantwortet ist damit die Frage: «Stellt die Inkarnationsregression einen Beweis für die Wiedergeburt dar?» Vom Standpunkt des weltläufigen Pragmatikers müßte die Antwort lauten: «Kann schon sein.» Dazu wäre als erstes zu bemerken: Wer da meint, der Glaube an die Wiedergeburt sei lediglich Sache eines Häufleins Menschen, die mit dem logischen Denken auf Kriegsfuß stehen, dessen Blick in die Welt ist vermutlich durch Scheuklappen eingeengt. Denn die Idee der Reinkarnation zählt zu den ältesten und am weitesten verbreiteten Glaubensüberzeugungen der Menschheit; man begegnet ihr nicht nur in der Antike, sondern auch in Religionen der Gegenwart. Und die Anhänger dieses Glaubens leben nicht etwa nur in Indien und anderen fernen Ländern, sondern arbeiten vielleicht im selben Betrieb wie du, lieber Leser, oder wohnen bei dir gleich um die Ecke.

Tatsächlich ist einer der renommiertesten Forscher in Sachen Reinkarnation, Ian Stevenson, als Professor der Psychiatrie an der University of Virginia tätig. Stevenson widmet «reinkarnationsverdächtigen Fällen» jeweils äußerst akribische Erhebungen, um anschließend in seitenlangen, minuziös dokumentierten Berichten die Einzelheiten und Resultate seines Vorgehens genauestens darzulegen. Einer der Fälle, die Stevenson schildert, ist der des 1944 geborenen Parmod

Sharma, Sohn einer Professorenfamilie in der indischen Provinz Uttar Pradesh.

Mit ungefähr zweieinhalb Jahren begann er, seiner Mutter zu erklären, sie brauche nicht mehr für ihn zu kochen, denn er habe in Moradabad eine Ehefrau, die kochen könne. Später, im Alter zwischen drei und vier, begann er von einem großen Laden für Limonade und Kuchen zu reden, den er in Moradabad angeblich besaß, und wollte unbedingt dorthin, weil er einer der «Gebrüder Mohan» sei. Das Geschäft ginge hervorragend, und er habe einen zweiten Laden in Saharanpur. Er legte ein ungewöhnliches Interesse für Kuchen und Ladengeschäfte an den Tag... Er berichtete, daß er in seinem vorangegangenen Leben erkrankt sei, nachdem er sich an Dickmilch übergessen habe, und weiter, er sei «in einer Badewanne gestorben».

Stevenson reiste nach Indien, um den Jungen persönlich zu befragen. Anschließend sprach er mit den Familienangehörigen, die angaben, daß es in ihrer ganzen Bekanntschaft niemanden mit Namen «Mohan» gebe oder je gegeben habe. Weiterhin machte Stevenson in Moradabad einen Kuchenladen ausfindig, der unter dem Namen «Gebrüder Mohan» firmierte, und tatsächlich besaßen die «Gebrüder Mohan» auch einen Laden in Saharanpur. Zudem fand er heraus, daß einer der Brüder Mohan an einem Magen-Darm-Leiden gestorben war.

Nach Auskunft der Familie Nehra versuchte Parmanand der Blinddarmreizung mit einer Badekur zu begegnen. Er hatte sich in den letzten Tagen vor seinem Tod einigen Anwendungen dieser Bäder unterzogen, wenngleich er nicht buchstäblich in der Badewanne starb. Mit Schreiben vom 7. September 1949 teilte Sri B. L. Sharma mit, daß Parmod geäußert habe, er (Parmanand) sei gestorben, weil man ihn «völlig durchnäßt» habe, und er (Sri B. L. Sharma) habe (vermutlich von der Familie Nehra) gehört, daß Parmanand unmittelbar vor seinem Tod noch eine Anwendung erhalten habe.

Ian Stevenson hat weltweit Dutzende ähnlicher Fälle aufgezeichnet. Sein Material ist zwar «anekdotischer» Natur, jedoch mit größter Sorgfalt kritisch gesichtet und geprüft, so daß hier nicht eingewandt werden kann, man habe es ausschließlich mit den Angaben der Zentralfiguren von Reinkarnationserlebnissen zu tun. Durch diese gewissenhafte Vorgehensweise ist denn auch das Thema «Wiedergeburt» aus wissenschaftlicher Sicht als Forschungsgegenstand um einiges aufgewertet worden. Stevenson, so bestätigt ihm ein renommierter Kollege, «hat uns ein gutes Stück weitergebracht auf dem Weg zur direkten Inangriffnahme des Problems. Direkte Inangriffnahme heißt: Indizien für die Existenz den Tod überdauernder Persönlichkeitsstrukturen zu finden... [Stevenson] hat das Thema ‹Weiterleben nach dem Tod› als wissenschaftlicher Behandlung fähig und wert erwiesen.»

Ich meine: Obzwar auch Stevensons Forschungen letztlich nicht den «wissenschaftlichen Beweis» für die Realität der Seelenwanderung erbringen, stellen sie ein Faktenmaterial dar, das man selbst in einer von skeptischem Denken beherrschten Welt wie der unseren nicht einfach ignorieren kann.

Alle in diesem Buch vorgestellten Rückführungserlebnisse könnten theoretisch echte Inkarnationserfahrungen sein. Die Zweifler bestreiten das mit dem Argument, man habe hier Manifestationen einer Persönlichkeitsdissoziation oder, noch einfacher, bloß den Beweis für die Willfährigkeit des Mediums gegenüber dem Hypnotiseur vor sich. Wer etwas tiefer in die Materie eindringt, dürfte sich mit solchen schnellfertigen Erklärungen kaum zufriedengeben. Wie kann eine dissoziierte Persönlichkeit derart kohärente und detailgenaue Lebensgeschichten produzieren? Reinkarnationsforscherin Dr. Helen Wambach fand heraus, daß 90 Prozent aller Probanden in hypnotischer Regression in der Lage sind, bis in vorgeburtliches Dasein zurückzugehen: Die Rückerinnerung an

160

«vorgeburtliche» Lebensepisoden wird genauso plastisch erlebt wie die an vergessene Einzelheiten «dieses» Lebens. Wieso? Das alles sind nur Ausgeburten einer entfesselten Phantasie, kann man von ungeduldigen Beobachtern immer wieder hören. Aber kann die Phantasie so mächtig werden, daß sie ihren Schöpfungen zwingenden Realitätscharakter mitzugeben vermag?

Mit solchen Fragen konfrontiert, stehen, was die Natur der Inkarnationsregression betrifft, selbst Regressionstherapeuten nicht selten vor einem Rätsel. Im Gespräch mit Kollegen, die ebenfalls Regressionstherapie praktizieren, bemerke ich immer wieder, daß mein jeweiliges Gegenüber sich nicht festzulegen vermag, ob das Rückführungserlebnis nun als Zeugnis eines echten vorgeburtlichen Daseins zu deuten ist oder lediglich als ein Stück Arbeit (oder ein Spiel) des Unbewußten. Oder wie ein solcher Kollege mir einmal sagte: «Immer wenn du gerade deinen Frieden zu machen beginnst mit der Theorie, daß Rückführungserlebnisse letzten Endes doch nur Schöpfungen der unbewußten Phantasietätigkeit sind, kommt dir ein Fall mit überraschender Beweiskraft für ein früheres Leben in die Quere. Dann schwankst du wieder in die andere Richtung.» Ein solcher Fall ist der des Regressionstherapeuten Dr. Paul Hansen in Colorado, der sich 1981 selbst einer Inkarnationsregression unterzog, über die er mir im persönlichen Gespräch berichtete.

Der wiedergeborene Edelmann

In der Hypnose war er ein französischer Landedelmann namens Antoine Poirot. Ihm war sofort bewußt, daß er auf einem Gut vor den Toren von Vichy lebte, daß seine Frau Marie hieß und daß sie beide zwei Kinder hatten. Sein Besitz hatte die Ausdehnung eines großen Landkreises von heute.

Von seinem Schlößchen aus «herrschte» er als Souverän über Hunderte von Pächtern. «Am plastischsten erlebte ich eine Szene, in der ich mit meiner Frau durch ein wohlgehegtes und -gepflegtes Wäldchen zum Schloß hinaufritt», erzählte mir Hansen. «Sie hatte ein leuchtendrotes Samtkleid an und benutzte einen Damensattel.»

Paul Hansen entsann sich nicht nur des Namens Poirot, sondern auch eines Datums im siebzehnten Jahrhundert. Aufgrund dieser beiden Informationen gelang es ihm, in der zuständigen Pfarrei in den Kirchenbüchern der fraglichen Zeit die Eintragung über Geburt und Taufe jenes Antoine Poirot aufzufinden. Hansen schwört, daß ihm dieser Name niemals zu Ohren oder vor die Augen gekommen war, bevor er sich seiner in der Rückführung «erinnerte». Es gibt auch keinen plausiblen Grund anzunehmen, daß der Name dieses französischen Großgrundbesitzers des siebzehnten Jahrhunderts in irgendwelchen Geschichtsbüchern erwähnt wird. Vorm Forum der Wissenschaft würde Paul Hansens Erlebnis als Beweis für eine Reinkarnation mit Sicherheit nicht bestehen können. Aber für Hansen selbst ist es mehr als genug Beweis dafür, daß er schon einmal gelebt hat.

Rückkehr zur «Donner Party»

Den folgenden Fallbericht gebe ich wieder nach freundlicherweise mir überlassenen Aufzeichnungen des namhaften Hypno- und Regressionstherapeuten Dick Sutphen. Vor einigen Jahren hatte Sutphen eine deutschbürtige Patientin mit Gewichtsproblemen. Die Frau wechselte in ewigem Kreislauf zwischen Fasten- und Freßphasen hin und her und versprach sich von Sutphens Behandlung eine dauerhafte Änderung ihrer Eßgewohnheiten. In der Rückführungshypnose war sie ein Mitglied der «Donner Party», jenes Auswanderertrecks, der 1846, vom Wintereinbruch überrascht, in der Sierra Nevada eingeschlossen wurde und bald nichts mehr zu essen hatte außer den eigenen Mitgliedern.

Sutphen: Reden Sie. Sagen Sie mir, was Sie wahrnehmen... Was geschieht?

Eva: Ich hab Angst. (Beginnt zu zittern.)

S: Wovor haben Sie Angst?

E: Vor dem Schnee – daß wir da nicht rauskommen. Keiner kommt raus. Wir haben's nicht geschafft, bevor es schneite.

S: Sind noch andere bei Ihnen? Wie viele sind es?

E: Ähm – vielleicht dreißig oder vierzig.

S: Okay, schildern Sie Ihre Lage, so gut Sie können.

E: Wir wollten da durch sein, ehe es zu schneien anfängt. Aber wir haben es nicht geschafft. Jetzt sitzen wir fest. Wir kommen nicht weiter.

S: Mit welchem Beförderungsmittel seid ihr da hingekommen?

E: Mit Planwagen. Und zu Fuß.

S: Wie alt sind Sie?

E: Zehn.

S: Wie heißen Sie?

E: Mary.

S: Okay, Mary. Du bist zehn Jahre alt und sitzt mit dreißig bis vierzig anderen zusammen irgendwo fest. Seid ihr vielleicht auf einem Treck?

E: Ja.

S: Okay, sag mir, wie es in diesem Augenblick für dich aussieht. Erzähl mir etwas darüber.

E: Ja – es ist sehr kalt, und wir haben nichts zu essen.

S: Nennt ihr euch alle zusammen irgendwie? Habt ihr einen gemeinsamen Namen?

E: Ja. Äh – Donner.

S: Aha. Okay. Sobald ich jetzt bist drei gezählt habe, gehst du weiter zu etwas, das für dich wichtig ist. Eins. Zwei. Drei.

E: Mein Großvater ist tot. Plötzlich gestorben.

S: Ist deine Mutter auch da? Und dein Vater – sind die beiden da?

E: Mein Vater ist nicht da.

S: Und weißt du, wo er ist, dein Vater?

E: Ich glaube, er wartet da drüben hinter den Bergen auf uns... Genau weiß ich es nicht.

S: Okay. Du bist also zusammen mit deiner Mutter und deinem Großvater auf den Treck gegangen. Ist das richtig so?

E: Ja. Und mit meiner Schwester und meinem Bruder. Und Großvater ist gestorben.

S: Was sagt deine Mutter dazu? Werdet ihr euren Großvater begraben?

E: Äh – wir... wir sprechen da nicht drüber. Darüber spricht hier niemand. Wir kriegen jetzt zu essen.

S: Ihr bekommt etwas zu essen?

E: Ja, und wir sollen nicht wissen, daß es Großvater ist. Aber ich weiß es, ich weiß es, und ich darf das eigentlich gar nicht essen. (Sie bebt am ganzen Körper. Tränen laufen ihr über die Wangen.)

S: Hast du Hunger, Mary?

E: Ja.

S: Großen Hunger? Du überläßt dich jetzt ganz deinem Hungergefühl. Wie ist das, wenn man so großen Hunger hat?

E: Das ist nicht wichtig. So was ist überhaupt nicht wichtig.

S: Doch, das ist wichtig. Du ißt. Du hast Hunger, und das tut weh. Erzähl mir darüber. Du gehst jetzt ganz in diese Erfahrung hinein. Du gehst jetzt in diese Erfahrung hinein, bis du ganz durch sie hindurch bist. (Stummes Durchleben des Hungergefühls.) Und jetzt erzähl mir, wie das ist für einen, wenn man solchen Hunger hat.

E: Es ist einfach schrecklich. Man haßt seine eigenen Geschwister. Man will nur noch essen, essen, sonst nichts.

S: In Ordnung. Wir gehen jetzt weiter, Mary. Du gehst jetzt weiter in der Zeit, tiefer in den Winter hinein. Sag mir, was jetzt geschieht.

E: Von den alten Leuten verschwinden noch mehr.

S: Verschwinden sie? Oder sterben sie? Was geschieht mit den alten Leuten?

E: Ich glaub nicht mehr, daß sie einfach wegsterben. Ich glaub, ich glaub, die andern bringen sie um.

S: Du glaubst, sie töten die alten Leute, um sie zu essen?

E: Ich glaube... ja, ich glaub schon. Ja.

S: Okay. Der Tageslauf – was macht ihr so den ganzen Tag? Ich wüßte gern alles, was im Lauf des Tages so geschieht.

E: Wir sind in einem Loch – einem Schneeloch.

S: In einem Schneeloch, okay. Und weiter?

E: Wir kuscheln uns bloß aneinander, weil's so kalt ist.

S: Und das ist alles, was ihr den ganzen Tag lang macht? Euch aneinanderkuscheln, um euch zu wärmen?

E: Die Kinder und die Mütter und andere.

S: Und weiter? Lebt ihr verstreut oder alle zusammen in einem Lager? Und wie ist euer Zusammenleben organisiert? Wie viele seid ihr noch, und wie ist die Organisation?

E: Ja, also – es sind eigentlich nur noch zwei Familien da. Aber das sind keine ganzen Familien. Das sind größtenteils bloß Frauen und Kinder, die noch da sind. Und ich glaube, jetzt weiß das jeder, jeder weiß es jetzt, außer den ganz kleinen Kindern. Ich darf das eigentlich nicht essen.

S: Aber du ißt. Wie denkst du darüber, daß du Menschen ißt?

E: Ich finde es gräßlich.

S: Aber du tust es. Wie denkst du darüber, daß du es gräßlich findest und es trotzdem tust? (Ich stoße sie an, um die Entladung aufgestauter Emotionen anzuregen.)

E: Etwas in mir denkt, das ist schon in Ordnung, und etwas in mir denkt, nein, ist es nicht. Mutter sagt, es ist in Ordnung.

S: Okay, Mary, du gehst jetzt ein kleines Stück weiter in der Zeit, nur ein kleines Stück. Zeit vergeht, und der Winter wird härter. Was geschieht jetzt?

E: Es sind längst nicht mehr so viele da wie zu Anfang. Nur die Frauen und die Kinder. Noch zwei Männer.

S: Zwei Männer?

E: Ja, und die haben Angst vor den Frauen. Sie sitzen allein in einem Loch.

S: Die Männer sitzen in einem Loch für sich, weil sie Angst vor den Frauen haben?

E: Jawohl...

S: Wieso haben sie Angst vor den Frauen?

E: Ich nehme an, weil die wollen, daß ihre Kinder am Leben bleiben.

S: Die Frauen wollen, daß ihre Kinder am Leben bleiben – was bedeutet das?

E: Die werden sich die Männer holen wollen – um sie aufzuessen. (Fängt an zu weinen und heftig zu beben.)

S: Wir lösen uns jetzt von dieser Szene, und sobald ich bis drei gezählt habe, gehst du, ohne Schmerzen oder Kummer zu empfinden, zu deinem letzten Lebenstag in diesem Dasein, das wir gerade erkunden. Du wirst nicht gestorben sein und nicht in den Nichtkörper-Zustand übergewechselt sein. Aber es ist der letzte Tag in deinem Leben, und ich möchte, daß du mir erzählst, was jetzt geschieht. Eins. Zwei. Drei.

E: Ich bin jetzt Großmutter. Und ich bin eine alte Frau.

S: Okay, Mary, ich möchte, daß du jetzt Rückschau hältst auf dein Leben und mir sagst, wie es war. Du warst damals bei der «Donner Party» mit dabei, und ihr wart im Schnee eingeschlossen. Du hast also überlebt? Ist das richtig?

E: Jawohl. Der Frühling... Es wurde dann Frühling.

S: Es wurde Frühling, und du hast überlebt. Wie viele waren es außer dir?

E: Nicht viele, nicht besonders viele. Fünfzehn vielleicht. Oder zwanzig.

S: Und für dich ging das Leben weiter. Wo hast du es zugebracht, dein Leben?

E: Wir sind dann fortgezogen, weit fort, und haben einen anderen Namen angenommen.

S: Weshalb habt ihr einen anderen Namen angenommen?

E: Wegen der Leute. Die Leute haben es gewußt.

S: Die Leute haben gewußt, daß die Überlebenden der «Donner Party» die anderen gegessen haben?

E: Ja.

S: Und haben sie deswegen verurteilt?

E: Ja.

S: Und wie fühltest du dich damals? Wie fühltest du dich als Überlebende des Trecks, die andere Menschen gegessen hat? Hast du das dein Leben lang mit dir herumgeschleppt?

E: Ich hab nie wieder Fleisch essen wollen, nie wieder. Weil ich von Anfang an gewußt hatte, daß es unrecht war.

S: Es war unrecht, die anderen zu essen?

E: Jawohl. Ich hätte überhaupt nichts davon essen dürfen.

S: Du warst ein Kind von zehn Jahren, und deine Mami sagte, daß kein Unrecht dabei ist. Hatte das in deinen Augen keine Bedeutung? Hast du es trotzdem immer für wirklich unrecht gehalten?

166

E: Ganz besonders mit dem Großvater. Mit dem ganz besonders. Jawohl. Es war nicht recht.

S: Haben dein Bruder und deine Schwester auch überlebt, Mary?

E: Ja. Aber sie sind weggezogen. Wir wollten nie wieder miteinander reden nach dem, was vorgefallen war.

S: Ihr wolltet nie wieder miteinander reden?

E: Ja. Jeder zog in eine andere Himmelsrichtung. Wir haben den Kontakt miteinander abgebrochen. Wir wollten von niemand mehr gekannt sein, und wir wollten einander selber nicht mehr kennen.

S: Hat später noch mal jemand davon erfahren? Dein Mann vielleicht?

E: Nein.

S: Du hast ihm nie davon erzählt?

E: Kein Wort. Ich hab mit keinem einzigen Menschen darüber gesprochen.

S: Mit anderen Worten, du hast es dein Leben lang verdrängt. War das nicht eine schreckliche Last, Mary?

E: Das war es und ist es heute noch. Es geht mir immer noch nach. Mir ist angst, wenn ich ans Sterben denke.

S: Wovor ist dir dabei angst?

E: Daß ich meinen Großvater wiedersehen könnte.

S: Erklär mir das genauer.

E: Wenn es so was wie Himmel und Hölle gibt, dann treff ich ihn vielleicht wieder.

S: Und du nimmst wirklich an, daß er bloß darauf wartet, einem zehnjährigen Mädchen Vorwürfe zu machen? Hast du dir schon mal überlegt, daß er vielleicht ganz froh darüber war, dir das Leben retten zu helfen?

E: So was Ähnliches hat meine Mutter auch immer gesagt. Aber ich hab da meine Zweifel. Und ich hab Angst vor ihm.

S: Was hat deine Mutter auch immer gesagt?

E: Daß es nicht so wichtig ist. Daß er so oder so umgekommen wäre.

S: Als du erwachsen warst, hast du da auch den Kontakt mit deiner Mutter abgebrochen?

E: Nein. Sie ist bald danach gestorben. Sie hat sich nie wieder erholt.

S: Sie hat sich nach jenem Winter nie wieder erholt?

E: Ich glaube, sie wollte einfach nicht mehr weiterleben.

S: Und dein Vater? Hat er nun drüben hinter den Bergen auf euch
gewartet?
E: Nein. Ich glaube, er wollte nichts mehr von uns wissen, als er von
der Sache erfuhr. Genau weiß ich es nicht.

Bei einer Folgeuntersuchung stellte Sutphen fest, daß Eva
1953 in die USA eingewandert ist und sich niemals mit der
amerikanischen Geschichte beschäftigt hat. Sie kann sich
nicht erinnern, im Wachleben jemals von jener Tragödie gehört zu haben. An historischen Tatsachen fand Sutphen heraus, daß es ingesamt 87 Menschen waren, die bei jener tragi-
schen Unternehmung im Jahr 1846 die Prärie in Richtung
Kalifornien überquerten, unterwegs aufgehalten und vom
verfrühten Winter in der Sierra Nevada überrascht wurden.
Zwei Abteilungen des Trecks kampierten an einem See, der
heute Lake Donner heißt, wo sie zwei primitive Blockhäuser
errichten konnten. Die dritte Abteilung unter der Führung
von George Donner fand sich weitab von den anderen von
den Schneemassen eingeschlossen. Die Auswanderer verlie-
ßen die Planwagen und schlugen Zelte auf, die sie mit aufge-
legten Ochsenhäuten gegen die Kälte abzudichten suchten.
Meterhohe Schneeverwehungen zwangen sie, wie von Eva
beschrieben, im Schnee Löcher nach oben durchzugraben.
Von den drei Abteilungen des Trecks überlebten insgesamt 47
Mitglieder, und zwar größtenteils Frauen und Kinder. Von
der abgetrennten dritten Abteilung blieben nur acht am Leben, zwei davon Männer.

Fazit

Hinter allen in diesem Kapitel – ja allen in diesem Buch – zitierten Rückführungserlebnissen könnte theoretisch jeweils eine echte Wiedergeburt stehen. Denn: Wie anders als mit einem «früheren Leben» soll man sich die Herkunft dieser «Erinnerungen» erklären? Und: Wie sonst können sie auf Menschen eine geradezu umstürzende Wirkung ausüben, wenn sie keine «Wirklichkeit» repräsentieren? Die Liste solcher Fragen ließe sich beliebig verlängern.

Trotzdem und bedauerlicherweise: Eine abschließende Antwort auf die Frage «Werden wir immer und immer wieder geboren?» gibt es derzeit nicht. Die Wissenschaft hat uns zu diesem Thema nur mitzuteilen, daß die Reinkarnationstheorie nicht bewiesen werden kann, wohingegen die aufgehäufte Masse anekdotischen Wissens lehrt, daß sie nicht zu widerlegen ist.

Das Fazit lautet also: Wir haben es hier mit einer Frage zu tun, die jeder für sich selbst beantworten muß.

6
Ferien vom Ich?

Wir sind uns alle selbst ein Rätsel. Von außen erscheinen die meisten von uns ruhig. Unser Leben verläuft in geregelten Bahnen: Beim Essen, Arbeiten, Schlafen halten wir uns Tag für Tag einigermaßen gewissenhaft an Ordnung und System. Doch hinter der glatten Fassade herrscht Jahrmarktstrubel, dreht sich unablässig das Karussell der Gedanken, Vorstellungen und Meinungen, herrscht ein dichtes Gedränge und Geschiebe von Wunschregungen und Phantasien. Und Tag für Tag reden wir mehr und länger auf uns selbst ein, als wir mit anderen Menschen sprechen. Wir stellen uns in Frage, möbeln unser Selbstbewußtsein auf, geben uns Tagträumereien von fernen Ländern hin und davon, wie es wäre, wenn man ein anderer wäre.

Ähnlich wie wir im Gespräch mit anderen zur Wiederholung neigen, werden die stummen Selbstgespräche in unserem Inneren von unserem intimsten Genossen, dem Unbewußten, wieder und immer wieder neu hergebetet. Das Unbewußte ist der große Schöpfungslustige und der große Abenteuerlustige in uns. Es schnappt sich den Stoff, aus dem unsere Tagträume sind, und macht gleich einen ganzen Kolossalschinken daraus. Wenn wir uns in das Leben des Maharadschas von Haiderabad oder auch nur des Aufsichtsratsvorsitzenden der Deutschen Bank oder, noch bescheidener, der Daimler-Benz AG hineinträumen wollen – das Unbewußte hilft uns dabei. Es kann uns als Artikulationsmedium für Gefühle dienen, die uns im normalen Wachleben fremd sind, und schafft uns dabei, erfindungsreich, wie es ist, eine neue Persönlichkeit, ein zweites Ich – ein «Alter ego».

Wird der Erfindungsreichtum des Unbewußten gar mittels Hypnose aufgeschlossen, entführt es uns auf zauberische Seelenreisen von solcher Eindruckskraft, daß unsere Tagträume sich daneben nur wie blasse Schatten ausnehmen. Und mitunter führen diese Reisen an Orte, wo wir uns im Wachleben lieber nicht hätten blicken lassen. Als ich einmal mit einem ausgesprochenen «Macho» von Mann eine Regression durchführte, fand er sich in einem früheren Leben als Homosexueller wieder – und war hinterher mehr als peinlich berührt. Ich vermute jedoch, daß er unbewußt neugierig in bezug auf die «schwule» Lebensweise war und daß die Hypnose seine Abwehr gegen diese Neugier durchbrach. Im Ergebnis seines Rückführungserlebnisses kam er zu einer verständnisvolleren Haltung gegenüber «den Schwulen».

In einem anderen Fall hatte ich es mit einem dreißigjährigen puritanisch-prüden Blaustrumpf zu tun. Das ganze Leben dieser Frau drehte sich nur um Wissen und Bildung. Sie hatte mit Erfolg bereits drei Studiengänge absolviert und saß zur fraglichen Zeit an ihrer vierten Diplomarbeit. In unserem ersten Gespräch erzählte sie mir, daß ihr Leben sie zu langweilen angefangen habe. Da sie die Ehe ihrer Eltern als Hölle auf Erden erlebt habe, sei sie Männern immer aus dem Weg gegangen: Partnerverhältnisse konnten ihrer Meinung nach auf lange Sicht alle nur in die gleiche Situation führen. Nicht nur hatte sie sich nie um ein anziehendes Äußeres bemüht – sie hatte sogar das gerade Gegenteil davon getan, nämlich ihre Weiblichkeit hinter einer betont männlichen Aufmachung versteckt. Fast nichts vermochte sie aus ihrem Arbeitszimmer zu locken, ihr liebster Zeitvertreib war, «die Nase in ein Buch zu stecken».

Nun allerdings wollte sie ausbrechen aus der selbstgeschaffenen Ummauerung. Sie hatte noch niemals eine tiefer gehende Beziehung zu einem Mann gehabt, fragte sich aber neuerdings immer öfter, ob eine solche Beziehung unbedingt die gleiche Entwicklung nehmen müsse wie bei ihren Eltern. Ja, manchmal spielte sie sogar mit dem Gedanken, Kinder zu haben.

Und was versprach sie sich von der Regressionstherapie? wollte ich wissen. Sie meinte, eine klare Vorstellung habe sie nicht, aber vielleicht liege die Ursache ihrer derzeitigen Vereinsamung in einem früheren Leben. In der Hypnose kam jedoch keine Erinnerung an eine mißglückte Partnerbeziehung zum Vorschein. Ganz im Gegenteil. Ihr Rückführungserlebnis geriet zum Artikulationsmedium eines tiefsitzenden Erfahrungshungers.

Ich ging in ein anderes Leben zurück, aber ich habe keine Ahnung, wo es sich abspielte. Ich meine, es müßte in Skandinavien gewesen sein. Ich wußte auch nicht, wo ich mich in der Zeit befand, es muß auf alle Fälle vor vielen Jahrhunderten gewesen sein. Wir hatten keine Sachen aus Metall. Das Leben da war ziemlich steinzeitlich.

In einer Szene saß ich an einem Lagerfeuer und schaute zu, wie mein Mann mit einem aus Harz zubereiteten Klebstoff Pfeilspitzen an Stäben befestigte und sie anschließend noch mit einer Schnur umwand. Zu einem anderen Zeitpunkt habe ich eine Tierhaut vor Augen. Sie war zwischen zwei Baumstämmen ausgespannt, und ich schabte sie mit einem Feuersteinabschlag. Ich legte mich wirklich schwer ins Zeug bei dieser Arbeit, und sie machte mir in ihrer Gleichförmigkeit auch Spaß.

Dann und wann konnte ich mich von außen sehen. Ich hatte weißlichgraues, mehr weißes Haar und trug eine Tunika aus einem plump in Form gebrachten Material. Von meinem Mann erinnere ich mich vor allem an die Augen, Augen von unglaublich tiefem, reinem Blau.

In diesem Leben hatte ich mindestens acht Kinder. Sie lagen mir alle sehr am Herzen, obgleich in unserer Kultur ein gewisser Gemeinschaftsgeist dafür sorgte, daß die Kinderaufzucht gemeinschaftliche Sache war.

Ich nehme an, ich liebte meinen Mann, aber eigentlich sah ich uns beide mehr als eine Wirtschaftseinheit denn als Liebende. Wir brauchten einander zum Überleben. Da war auch nicht die Spur von Romantik.

Erinnerungen an Szenen voller Ausgelassenheit zogen an mir vorbei. Einmal, es war ein wunderschöner Sommertag, tollten wir allesamt auf einer Waldwiese herum und spielten Haschen und – mit irgendeinem Gegenstand, den wir einander zuwarfen – Abschlagen.

Zu einem anderen Zeitpunkt sah ich, wie mein Mann ums Leben kam. Wir wollten unten am Fluß gerade ins Boot steigen. Er rutschte aus, kippte hinterrücks ins Wasser und wurde in der reißenden Strömung sofort abgetrieben. Ich rannte zurück ins Lager, um meinen dreizehnjährigen Sohn zu holen. Der suchte das Flußufer ab, aber als er ihn fand, war er schon tot.

Ich konnte dann das Begräbnis sehen. Seine Freunde kamen und höhlten einen Baumstamm aus. Ich zog dem Toten seine Ledersachen an, dann legten wir ihn in den ausgehöhlten Stamm, und ich tat noch einen knöchernen Schaber mit hinein. Die Freunde sangen Klagelieder, dann trugen wir alle zusammen den Sarg mit dem Leichnam an einen Platz unweit unserer Behausung und begruben ihn.

Daß ich meinen Mann verloren hatte, war ein schwerer Schlag für mich. Nicht nur, daß ich um ihn trauerte – sein Tod schuf auch schwerwiegende praktische Probleme. Es war bitterkalt da, wo wir waren, und für das Nahrungssammeln und die Jagd und die sonstige Versorgung wurde jede Hand dringend gebraucht. Außerdem war die Gegend nur schwach bevölkert. Es bestand kaum Aussicht für mich, einen neuen Lebenspartner zu finden, es sei denn, eine Frau würde sterben und ihr Mann dadurch frei werden.

In der allerletzten Szene, die mir in Erinnerung kam, steige ich mit meinen Kindern eine felsige Anhöhe hinauf. Das ist das letzte, woran ich mich erinnere – das, und daß ich mich mit verdämmerndem Bewußtsein fragte, was wohl aus meinen Kindern werden würde. Ich nehme an, daß ich dann gestorben bin.

Es springt förmlich in die Augen, wie sehr sich das Rückführungserlebnis von «diesem» Leben der Patientin unterscheidet. Der emotional unabhängigen und unberührten Intellektuellen hier steht dort die anlehnungsbedürftige, gebärfreudige Familienmutter gegenüber. Hat sie hier bisher abgeschnitten von den Kräften der Erde gelebt, so war sie dort ganz in sie eingebunden.

Sie selbst war verblüfft darüber, was die Rückführung zum

Vorschein gebracht hatte, denn das Bild einer «Mutter Erde» hatte auf ihr bewußtes Denken bisher nicht den geringsten Reiz ausgeübt. Ich gab ihr zu bedenken, daß die Gefühle, die uns im tiefsten Inneren bewegen, unserem Bewußtsein häufig unbegreiflich und auch unerwünscht sind.

Wenden wir uns im folgenden noch weiteren Fällen zu, die mich glauben lassen, daß die Inkarnationsregression Spielraum für ein Alter ego zur Verfügung stellt.

Der Autoritätsverächter

Mike ist der Sohn eines Kleinstadtbürgermeisters. Er studiert mit wahrer Begeisterung Jura. Für Autorität und Obrigkeit hat er den größten Respekt, wie er gern zugibt, und er überlegt sich, ob er später nicht selbst eine Position in der Verwaltungsbürokratie anstreben soll.

Alkoholismus kommt in Mikes ganzer Familiengeschichte nicht vor, und er selbst trinkt sehr wenig. Die Sachlage in puncto Autorität und Alkohol hebe ich hier deshalb hervor, weil es in Mikes Rückführungserlebnis ganz anders damit aussieht.

Ich war in Europa, soviel war ganz sicher. Es muß die Zeit vor zwei- oder dreihundert Jahren gewesen sein, aber wann genau, kann ich nicht sagen. Auch nicht wo. Ich meine, es war irgendwo auf den Britischen Inseln. Ich war ein kleiner Junge und ging am Abend durch die Straßen. Durch die Fenster konnte ich in die Wohnungen sehen. Ich war entsetzt, in wie vielen Wohnzimmern hemmungslos getrunken wurde. Mir kam es so vor, als gäbe es hier überall nur Säufer.

Ich erinnere mich, daß ich tiefbekümmert war. Meine Eltern waren um die Dreißig, und beim Heimkommen sah ich, daß unsere Wohnung ein winzig kleines Dreckloch war. Meine Mutter hatte einen religiösen Tick, und deshalb waren die schmutzstarrenden Wände über und über mit Jesus- und Marienbildern beklebt.

174

Meine Eltern waren ununterbrochen betrunken, deshalb näherte ich mich unserer Wohnung immer nur mit dem Gefühl tiefster Verzweiflung. Drehte ich mich um und blickte die Straße hinunter, bot sich mir ein schauderhaftes Bild. Allenthalben lagen auf offener Straße die Betrunkenen herum. Die hygienischen Verhältnisse stanken buchstäblich zum Himmel: Jedermann verrichtete seine Notdurft einfach in die – von Kot und Unrat schon überquellenden – Gossen. Die Stadt war eine einzige riesengroße Abfallgrube.

Was mir besonders auffiel, war der Umstand, mit welch enormen Problemen die Menschen damals sich auf kommunikationstechnischem Gebiet herumzuschlagen hatten. Ohne Telefon war es oft eine wahre Mühsal, sich miteinander zu verständigen. Mehrmals konnte ich beobachten, daß Boten mit Aufträgen oder Zetteln losgeschickt wurden, um jemanden herbeizuholen oder über dies und das ins Bild zu setzen. Diese Kuriere waren die Telefone jener Zeit!

Es gab da einen Vorfall, der mir die Rückständigkeit der Kommunikationstechnik besonders eindringlich vor Augen führte. Ich erlebte mit, wie ein Mann auf der Straße von einer Pferdekutsche überfahren wurde. Sofort bildete sich ein Menschenauflauf. Jemand lief los, um einen Arzt herbeizuholen: Es dauerte eine Ewigkeit, bis der kam.

Überall in dieser Stadt ging es laut und lärmend zu, und auf allen Straßen schleppten sich Krüppel, Kranke und Bresthafte herum.

In einer späteren Szene war ich als etwa Zwölfjähriger in einer Kirche. Ich fühlte mich schrecklich einsam, und mir war so, wie wenn meine Eltern gestorben seien. Ich war weg aus der Stadt und befand mich jetzt in dieser Kirche, wo ich den Geistlichen – einen hageren, bleichen, kränklich aussehenden Mann – fragte, ob er mir irgendeinen Rat wisse. Er redete auf mich ein, aber einen wirklichen Rat hatte er nicht zu geben. Statt dessen überschüttete er mich mit frommen Sprüchen. An diesem Punkt hatte ich erstmals in meinem Leben den Eindruck, daß die «Autoritätspersonen» auch nicht mehr wußten als ich selber.

Ich ging ein paar Jahre weiter und war dann in einer Kleinstadt bei einem Schuster in der Lehre. Die Werkstatt war ein schlechtbeleuchteter Raum im Souterrain, wo es intensiv nach Leder roch. Mein Meister war eine richtige Frohnatur. Er hatte einen zwölfjährigen Sohn, der ebenfalls das Schusterhandwerk erlernte, und eine kleine Tochter, die uns von Zeit zu Zeit in der Werkstatt besuchen kam. Die

Meisterïn war eine gütige, freundliche Frau, der es Vergnügen machte, für uns zu kochen.

Ich ging dann weiter zu einem Zeitpunkt, wo ich mit einer Frau verheiratet war, die ich auf einem Volksfest kennengelernt hatte. Wir zogen in eine andere Stadt und machten dort unseren eigenen Schuhmacherladen auf. Es war ein reizvoller Ort, und ich wurde mit der Zeit zu einem der Honoratioren der Gemeinde.

Ich ging noch einmal weiter und sah mich dann aus der Außenperspektive. Ich war von unvorstellbaren Schmerzen gepeinigt. Was die Ursache war, weiß ich nicht. Ich sah jedoch, daß meine Frau in höchstem Grad beunruhigt und vollkommen ratlos war.

Sie begleitete mich zu einem Arzt, der uns aber keine klare Auskunft über die Natur der Schmerzen zu geben vermochte. Er erinnerte mich an den Geistlichen, dem ich als Zwölfjähriger begegnet war. Mit bombastischen Worten verbreitete er sich über Dinge, von denen er im Grunde nichts verstand.

Einige Tage nach dem Besuch bei dem Arzt sah ich mich, wie ich mir mit schmerzverzerrtem Gesicht den Bauch hielt. Auf meiner Stirn waren dicke Schweißtropfen zu sehen: Die Qualen waren offenbar unerträglich geworden.

In der nächsten Szene bin ich beim Arzt, der mir sagt, ich müsse mich operieren lassen, und ich weiß, daß ich keine andere Wahl habe. Dann sehe ich mich zusammen mit meiner Frau in einer Kutsche unterwegs zum Spital. Mir ging es schlecht, und ich machte mir Sorgen, und der Anblick des Spitals mit seiner trostlosen Fassade trug nichts dazu bei, meine Stimmung zu verbessern.

In der letzten Szene sah ich mich in einem Operationsraum, der einem heutigen Betrachter kalte Schauer über den Rücken treiben würde. Auf Sauberkeit schien man hier nicht den geringsten Wert zu legen, doch mich beunruhigte das kein bißchen: Die Auffassung von Hygiene war zur damaligen Zeit eben allgemein eine andere als heute. Was mich wirklich bedrückte, war der Gedanke an meine Frau und daran, und daß sie, wenn ich stürbe, ganz unversorgt dastehen würde.

Rücklings auf dem Operationstisch liegend, nahm ich wahr, daß der Arzt einen blutbefleckten Kittel anhatte. Eine Betäubung gab es nicht. Ich wurde am Tisch festgebunden und geheißen, Ruhe zu bewahren. Dann setzte der Arzt das Messer zum Bauchschnitt an.

Ich spürte, wie mein Bauchfell mit einem plumpen Instrument aufgeschnitten wurde. Ein grauenhafter Schmerz – dann war auf einmal jegliches Gefühl weg. Ich fand mich außerhalb meines Körpers wieder und ging hinüber zu meiner Frau, die mit im Raum war. Sie reagierte nicht auf mich. Niemand reagierte auf mich. Zuletzt nahm ich nur noch wahr, daß ich mich in ein helles Licht hineinbewegte.

Klar, daß ich dem Patienten nach dem Erwachen als erstes folgende Fragen stellte: Ist eines Ihrer Eltern oder sind beide Alkoholiker? Gibt es Alkoholiker in Ihrem engeren Verwandtenkreis? Kultivieren Sie eine «antiautoritäre» Einstellung? Die Antwort war jedesmal ein klares Nein. Was den Alkohol betrifft, so wird der von Mikes streng methodistischen Eltern in ihrem Haus überhaupt nicht geduldet. Nach Mikes Darstellung sind die Eltern alle beide pedantische Ordentlichkeitsfanatiker und sehr «etepetete». Der Vater, ein Kleinstadtpatrizier, erwartet von seinem Sohn ein Einserexamen und eine steile Juristenkarriere. Mikes eigene Zukunftserwartungen gehen in dieselbe Richtung. Und auch äußerlich ist er ein wahrer Bilderbuch-Yuppie.

Um so interessanter, daß sein Rückführungserlebnis vor einer Kulisse spielte, die mit ihrer Unordentlichkeit und Unsauberkeit in diametralem Gegensatz zum Ambiente seines «derzeitigen» Lebens steht. Überdies bringt der Protagonist jener Lebensgeschichte an zwei Stellen Autoritätsverachtung zum Ausdruck, nämlich einmal für den Geistlichen und zum andernmal für den Arzt, die er beide der Inkompetenz für ihr Amt bezichtigt. Und dies, obwohl er sich in «diesem» Leben zu ausgesprochenem Respekt für Amtsinhaber und Würdenträger bekennt.

Nimmt man alles zusammen, liegt die Folgerung nahe, daß Mike in seinem Rückführungserlebnis mit spielerischer Neugier einen Lebensstil auskundschaftete, bei dem alles anders ist als in seinem bisherigen Leben. Man hat in diesem Zusammenhang wohl auch zu berücksichtigen, daß er als Sohn eines Politikers überdurchschnittlich oft mit «Autoritätspersonen» in Berührung kommt und daher auch überdurchschnittlich oft Gelegenheit zu der Feststellung hat, daß die Autorität dieses Personenkreises in vielen Fällen lediglich in der Amtsstellung und durchaus nicht in persönlichen Qualitäten gründet.

Auffallend auch Mikes prononcierter Hinweis darauf, welche Erschwernis der Nachrichtenübermittlung das Fehlen von Telefonen bedeutete. Meiner Meinung nach deutet dies auf ein «Kommunikationsproblem» mit den Eltern hin, die es ihm schwermachen, ihnen zu verdeutlichen, was er denkt und fühlt.

Die zurückgesetzte Tochter

Brooke ist eine heterosexuelle junge Frau ohne erkennbare Neugier auf ein gleichgeschlechtliches Abenteuer. Sie hat einen festen Freund, und nichts liegt ihr ferner als der Gedanke, sie könne bei diesem Stand der Dinge womöglich irgend etwas versäumen. Ihr Vater ist ein hochgebildeter Mann, und ihre Mutter führt ein reges gesellschaftliches Leben. Beide Eltern haben Brooke stets darin bestärkt, sich ungehindert auszuleben. Nachdem ich das alles zur Kenntnis genommen hatte, fand ich Brookes Rückführungserlebnis um so erstaunlicher.

Ich war eine Bauerntochter im Kleinmädchenalter. Wenn ich den Hügel hinaufstieg, konnte ich den ganzen Hof überblicken. Zwischen den Gebäuden sah ich meine Geschwister spielen. Ich fühlte mich mit allen Fasern hierher, zum Hof, gehörig, aber zu gleicher Zeit war da auch das Bedürfnis, von hier wegzukommen und die Welt kennenzulernen.

Ich ging weiter in der Zeit und saß dann mit Vater, Mutter und meinen Geschwistern zusammen bei Tisch. Ich hörte mit gespannter

Aufmerksamkeit Vater zu. An seine genauen Worte kann ich mich nicht mehr entsinnen, aber nach meinem Empfinden sprach er mit beinahe gottesfürchtiger Andacht von der Natur. Während des Essens erzählte er uns, daß wir die Speisen, die wir zu uns nahmen, dem Zusammenwirken des Menschen mit der Erde verdankten. Die Arbeit des Landmanns sei es, was uns zum täglichen Brot verhelfe. Vater war ein frommer Mann, fast schon ein Visionär.

Mutter dagegen war kaum vorhanden: eine verhuschte graue Maus. Mochte ich mir in der Rückführung auch noch so große Mühe geben – ich bekam sie nie klar ins Visier. Der plastischste Eindruck, den ich von ihr hatte, war der von einer über eine Näharbeit gebeugten Schattengestalt im Hintergrund.

Ich ging weiter in der Zeit ins Jugendalter. Ich befand mich im Studierzimmer meines Vaters. Vater war nicht nur ein philosophisch gestimmter Bauer, sondern noch dazu ein begeisterter Bücherleser. Wann immer er Zeit erübrigen konnte, verbrachte er sie in seinem Studierzimmer mit Lesen. Ich verspürte große Neugier auf die Welt der Bücher. Ich wollte lesen lernen. Für Vater war das ein Unding. Seiner Meinung nach hatten Mädchen Besseres zu tun, als ihre Nase in Bücher zu stecken. Für ihn gehörte ich ins Nähzimmer, um dort Mutters Vorbild nachzueifern.

Ich war tief verstört. Mittlerweile schon eine heranreifende Frau, besaß ich dennoch keinerlei Schulbildung. Dabei verspürte ich ein unbändiges Verlangen, in Vaters Bücherwelt einzudringen. Der Anblick all der vielen Bände in seiner Bibliothek, die für mich undurchdringliche Mysterien in sich schlossen, stürzte mich in tiefe Traurigkeit. Ich wollte nicht wie meine Mutter werden. Das auf gar keinen Fall. Ich wollte wie Vater sein.

Ich ging einige Jahre weiter in der Zeit und war dann in einer mittleren Großstadt, wohin mich meine Eltern in Stellung geschickt hatten. Unser Landwirtschaftsbetrieb war in finanzielle Bedrängnis geraten, und die Eltern mußten zusehen, daß sie so viele unproduktive Esser wie nur möglich aus dem Haus bekamen. Ich arbeitete als Kindermädchen bei einer vierköpfigen Familie. Der Mann war Versicherungsdirektor oder so ähnlich. Die Frau war noch ziemlich jung – viel jünger als er.

Auf dieser Etappe meines Lebens fühlte ich mich mehr Mann als Frau – was mich in puncto Sexualität oft in Zwiespalt stürzte. Im tiefsten Inneren war ich aufs äußerste beunruhigt über meine Veranlagung. Ich kam mir abartig vor und hielt es für ausgeschlossen, daß es andere Menschen geben könnte, die ähnlich empfanden wie ich. Der sexuelle Identitätskonflikt hatte mich mein ganzes Leben lang wie ein Schatten verfolgt, aber zum akuten Problem wurde er erst während meines Aufenthalts bei diesem Ehepaar. Erstmals entdeckte ich jetzt, daß ich nicht die einzige war, die sich zum eigenen Geschlecht hingezogen fühlte.

Eines schönen Tages machte mir die Dame des Hauses im Salon einen unverblümten Antrag. Die Kinder waren irgendwo eingeladen, und wir beide, meinte sie, sollten die Gelegenheit für «ein kleines Experiment» nutzen. Nachdem sich meine erste Überraschung gelegt hatte, war ich Feuer und Flamme. Kein Wunder: schon daß eine andere Frau auch nur mit derlei Gedanken spielen könnte, hatte ich bislang gar nicht zu hoffen gewagt.

Ich weiß nicht mehr, über welchen Zeitraum sich diese Affäre mit der Hausherrin erstreckte, aber ich erinnere mich noch gut, wie mein Aufenthalt in jenem Haushalt endete. Eines Tages war ich mit dem Hausherrn allein im Haus, und er meinte, es sei ja wohl nachgerade an der Zeit, daß wir einander besser kennenlernten. Ich lehnte dankend ab, aber er ließ sich nicht entmutigen, legte den Arm um mich und wollte mich mit sanfter Gewalt dazu bewegen, daß ich mich neben ihn aufs Sofa setzte. Jetzt reichte es mir. Ich kündigte und zog noch am selben Tag aus.

Und fiel ins Nichts. Mein Geisteszustand begann dem Wahnsinn zu ähneln. Tagelang strich ich mit umnebeltem Bewußtsein durch die Stadt. Ich übernachtete im Freien oder in schäbigen Absteigequartieren. Mein bißchen Barschaft schmolz rasch dahin.

Zuletzt wurde mir unumstößlich klar, daß ich den Lebensproblemen, die mir meine gesellschaftlich anrüchige Sexualität schuf, nicht gewachsen war. Ich beschloß, mich umzubringen. Eines Nachts sprang ich von einer Brücke in den Fluß, der die Stadt durchquerte.

Es war in der Tat mein Tod.

Wie bereits erwähnt, ist die aktuelle Lebenslage der Patientin nicht entfernt so problematisch: von manifest lesbischen Neigungen keine Spur, vielmehr seit zwei Jahren eine feste Männerbeziehung, verbunden mit reger Sexualität. Brooke hatte und hat auch viele und zum Teil sehr herzliche Freundschaftsbeziehungen zu Frauen, allesamt jedoch ohne jegliche sexuelle Komponente. Ihr Familienhintergrund ist alles andere als bäuerlich. Der Vater, ein Mann von herzerfrischendem Humor, ist praktischer Arzt und hat seine Tochter zeitlebens ermuntert, sich in jeder erdenklichen Hinsicht zu bilden. Die Mutter ist eine extravertierte, energiegeladene Frau, eine Stütze des örtlichen Frauenvereins und mit ihrer Initiative und ihrem Organisationstalent eine treibende Kraft in der Bürgerschaft.

Aber weshalb fühlte Brooke sich in ihrem Rückführungserlebnis mehr Mann als Frau? Weshalb hatte sie ein intimes Verhältnis zu einer anderen Frau? Weshalb wurde sie in jenem anderen Dasein von ihrem Vater an ihrer Selbstentfaltung gehindert? Weshalb hatte ihre Mutter im Rückführungserlebnis praktisch keinen Funken von Persönlichkeit?

Auch hier liegt, wie ich meine, wieder die Schlußfolgerung nahe, daß die Inkarnationsregression als Mittel zur Befriedigung der Neugier auf eine alternative Lebensform gedient hat. Die psychotherapeutische Theorie lehrt, daß ausnahmslos alle von uns eine homosexuelle Persönlichkeitskomponente in sich tragen. Brooke lebt «dieses» Leben in eindeutiger Identifikation mit der weiblichen Geschlechterrolle. Das Rückführungserlebnis bot ihr die Möglichkeit, einmal «in eine andere Haut zu schlüpfen» und zu erfahren, wie das Leben für einen Persönlichkeitstyp aussieht, der dem eigenen diametral entgegengesetzt ist.

Warme Gefühle in kalter Umgebung

Das gleiche gilt für Bill, einen Ex-Kleriker, der sich aus dem geistlichen Amt und einer steilen Karriere in der Kirchenhierarchie verabschiedet hatte, als ihm aufging, daß er schwul war.

In Anbetracht seiner Homosexualität staunte er nicht schlecht darüber, was er in der Inkarnationsregression erlebte. Aber wie im Fall Brooke schätze ich auch dieses Rückführungserlebnis als ein Mittel ein, Bekanntschaft mit einer alternativen Lebensform zu machen.

Ich fand mich mitten in der Polarwüste wieder. Als Eskimo unter Eskimos. An mir hinuntersehend, konnte ich feststellen, daß ich einen Fellparka trug. Aber es war so kalt da, wo ich war, daß ich während der Hypnose deutlich die Kälte auf der Gesichtshaut spürte.

In einer der ersten Szenen war ich mit meinem Kajak draußen und fischte. Ich fing zwar nichts, ließ mich dadurch aber nicht verdrießen. Ich lehnte mich zurück und war vollauf zufrieden, da im Boot zu liegen und das wunderbare Blau des Himmels – noch blauer durch den Kontrast mit dem Schneeweiß hier unten – mit den Augen in mich hineinzutrinken. Grenzenloser innerer Friede erfüllte mich.

Dann ging ich weiter zu einer Szene im Dorf. Es war kein Igludorf, wie ich angenommen hätte, sondern bestand aus Erdhütten. Ich ging in meine Hütte, und dort sah ich meine Frau. Von meinem derzeitigen Leben aus gesehen, ist es natürlich erstaunlich für mich, daß ich verheiratet war. Aber in der Hypnose staunte ich überhapt nicht. Ganz eindeutig fühlte ich mich dieser Frau in ehelicher Liebe verbunden. Ich darf sie kurz beschreiben. Auf mich wirkte sie überraschend «westlich». Sie hatte langes schwarzes Haar, und ihre Hautfarbe war um eine Schattierung heller als die der anderen Frauen unseres Stammes. Ihre Wangenknochen waren etwas höher angesetzt – überhaupt war ihr Gesicht im ganzen klarer profiliert als das der anderen Frauen.

In unserer Kultur war jedermann heiter und freundlich. Unsere Grundeinstellung zueinander war tätiger Gemeinsinn. Unsere täglichen Arbeitspflichten teilten wir genauso genossenschaftlich unter

182

uns auf wie unsere Fangbeute. Die Natur war zwar schön in der einen Jahreszeit, aber wir alle wußten, daß sie in der anderen ihr grausames Gesicht zeigen würde. Aus welchem Grund auch immer miteinander zu zanken und zu streiten, wäre für die Angehörigen unserer Kultur sinnlos vertane Zeit gewesen, und Zeit war für uns kostbar: wir brauchten jeder jeden in jeder Minute, um uns gegen unseren gemeinsamen Feind, den Winter, zu wappnen.

Dieses Gemeinschaftsgefühl hatte ich in ausgeprägter Form in bezug auf meine Frau. Unser Zusammenleben, -arbeiten und -wirtschaften war durchaus lustbetont und machte uns beiden großen Spaß, doch war es letzten Endes eine Zweck-, nämlich eine Überlebensgemeinschaft: ein Bündeln der Kräfte im Kampf gegen eine feindliche Umwelt.

Ich sah meine Frau und mich in einer Reihe ganz unterschiedlicher Szenen. Einmal lagen wir unter einem Stapel Tierfelle zusammengekuschelt in unserer Hütte, während draußen ein grausamer Wintersturm um die Wände tobte. Wir hielten einander so warm, daß wir den Sturm Sturm sein lassen konnten, und brachten es obendrein noch fertig, uns miteinander zu vergnügen.

Ein andermal legen wir Seehundfelle, die wir zu Kleidungsstücken verarbeiten wollen, der Reihe nach aneinander, um herauszufinden, wie sie am besten zusammenpassen. Solche Szenen, in denen ich mit meiner Frau einer gemeinsamen Alltagstätigkeit nachgehe, sind mir als Idyllen voll Glück und Zufriedenheit in Erinnerung geblieben.

Ich habe diese Frau unsäglich geliebt. Das Zusammensein mit ihr in dieser Landschaft von ursprünglicher Schönheit war einfach wundervoll. Seit ich sie in der Regression kennengelernt habe, werde ich die Sehnsucht nach ihr nicht mehr los. Ich werde den Gedanken nicht los, daß ich zu ihr zurückkehren, sie wiederfinden muß, denn ich weiß es ganz bestimmt: Wir beide sind vom früheren Leben her Seelengefährten. Ich bin auch absolut sicher, daß wir einander wiederbegegnen werden: Es ist uns einfach vorbestimmt, daß wir zusammen sind.

Im Wissen um unsere somatischen und psychischen Grundveranlagungen fand ich Bills Rückführungserlebnis weit weniger überraschend als er selbst. Ich machte ihm klar, daß noch im schwulsten Schwulen die Neugier auf die heterosexuelle Lebensform schlummert. Und genauso umgekehrt: Noch im machistischsten Macho steckt einer drin, der gern wüßte, wie das Schwulsein ist. Bills Erlebnis war daher in meinen Augen eine für ihn risikolose Besichtigungstour in die Welt der «Heteros».

Bobby auf Zivilisationsflucht

Bobbys Vater arbeitet beim Luftwaffen-Geheimdienst, was zur Folge hat, daß die Familie ein Globetrotterdasein führt. Bobby hat zwei jüngere Schwestern, zwei knackige blonde Teenager, die auf den Familienfotos, die er mir gezeigt hat, wie die geborenen «Cheerleaders» aussehen. Er selbst ist von zwanghafter Penibilität: noch jedes kleinste Härchen auf seinem Kopf liegt exakt an Ort und Stelle. Er ist pedantisch korrekt angezogen und bezeichnet sich stolz als einen «Hyper-Systematiker».

Erwähnung verdienen diese Charakterzüge, weil es in Bobbys Rückführungserlebnis so aussieht, als habe der Protagonist hier mit dem Leben in seiner undomestizierten Form seinen Frieden machen wollen. Bobby hatte erwartet, er würde sich in der aseptischen Umgebung eines wissenschaftlichen Labors wiederfinden und dort, angetan mit einem weißen Kittel, «einer klinisch sauberen Beschäftigung» nachgehen. Doch weit gefehlt:

Ich war noch ganz klein, so zwischen drei und fünf Jahre alt, und befand mich auf einer graßbewachsenen Hochfläche im Gebirge. Ich ging sehr leise und behutsam vorwärts, als ob ich mich an etwas anschleichen wollte. Ich war umgeben von Artgenossen und staunte über ihr Aussehen. Ihre Köpfe waren größer und wie aufgeblasen im Vergleich mit heutigen Verhältnissen. Außerdem waren sie viel spärlicher behaart, als man es bei Urmenschen in kaltem Klima erwartet hätte. Mir war von Anfang an, als befände ich mich weit zurück in der Vergangenheit, nahe am Ursprung der Menschheitsentwicklung.

Wir gingen auf einen Schutzbau oberhalb eines Flußtals zu. Ringsum glitt der Blick über ein Blumenmeer.

Dann kam ein Zeitsprung, und ich war in einer Szene, in der ich vor einem Schutzbau im Gras lag und dem Zirpen der Insekten lauschte. Wenn ich den Kopf drehte, konnte ich meinen Unterschlupf sehen. Er bestand aus in den Boden eingegrabenen Baumstämmen, auf die aller mögliche Dreck zusammen mit Zweigen und Tierfellen gehäuft war.

Ich ging dann weiter in der Zeit und sah mich plötzlich einem riesigen Tier in einem wolligen Haarkleid gegenüber. Ich wurde von Angst überwältigt und wollte nur noch weg von diesem Ding. Ich nahm gerade noch wahr, daß ich einen Abhang hinunterrannte, da glitt ich auch schon in eine andere Szene hinüber, in der ich mit ungefähr zehn meiner Artgenossen – Wesen, die ich aus meiner Sicht als heutiger Zeitgenosse kaum als Menschen empfand – unter einem Obstbaum stand. Wir starrten gebannt zu den Früchten hoch über unseren Köpfen hinauf. Ich hätte mir gern etwas gepflückt, tat es aber nicht. Ich glaube, ich wartete darauf, daß jemand anderer das für mich tue.

In einer anderen Szene spürte ich mich stürzen und mitten in einem Rutsch von Dreck und Gesteinsbrocken den Abhang hinunterkullern. Ich drehte und drehte mich, und abwärts, abwärts ging die Reise, als solle das niemals wieder aufhören. Am Fuß des Abhangs kam ich schließlich doch noch zum Stillstand. Als ich, aus einer kurzen Betäubung erwachend, die Augen aufschlug, blickte ich genau in die bekümmerten Gesichter von zweien dieser ungeschlachten, häßlichen Wesen, die sich über mich gebeugt hatten. Mein Sturz hatte sie offenbar maßlos erschreckt, und unter Anzeichen des höchsten Entzückens sahen sie mich aus eigener Kraft wieder auf die Beine kommen und herumspazieren.

Bei Nacht waren wir alle ungemein nervös. Ich erlebte eine Szene, in der der Anführer unseres Trupps immer wieder zum Einlaß des Unterschlupfs schlich und besorgt in die Dunkelheit hinausspähte. Wir anderen drückten uns voll Angst vor der unbekannten Gefahr da draußen eng aneinander. Ich ahnte, daß in der Vergangenheit

einmal ein Mitglied des Stammes den Unterschlupf verlassen hatte
und nicht mehr zurückgekehrt war. Seitdem waren wir überzeugt,
daß die Dunkelheit Menschen fraß.

In einer anderen Szene blickte ich als ganz kleiner Junge von
hoch oben in ein Tal hinunter, auf dessen Grund eine Herde Tiere
graste. Keiner von uns hatte Vierbeiner dieser Art je gesehen. Sie
ähnelten dem, was man heute «Büffel» nennt. Ich wäre gern noch
eine Weile geblieben, um die Herde zu beobachten, aber die anderen Stammesangehörigen teilten meine Neugier nicht und zogen
weiter.

Am letzten Tag meines Lebens fühlte ich mich elend und ziemlich
schwach auf den Beinen. Ich hatte hohes Fieber und konnte beim
Nahrungssammeln mit den anderen nicht Schritt halten. Schließlich
legte ich mich im freien Feld auf den Boden. Stammesbrüder hoben
mich auf und trugen mich in den Unterschlupf zurück. Man gab mir
zu essen und sorgte dafür, daß ich es warm und behaglich hatte, aber
das bißchen Pflege half nichts. Im Lauf weniger Tage nahmen meine
Kräfte immer mehr ab, das Fieber und meine Angst dagegen immer
mehr zu. Zuletzt entrang sich meiner Brust ein tiefer Seufzer, und ich
starb.

Das letzte, was ich in jenem Leben noch wahrnahm, sind Stammesmitglieder, die Knüppel und Laub über meinem Leichnam auf-
türmen.

Bobby konnte sich zunächst keinen Reim auf dieses Rückführungserlebnis machen, aber nach einer Weile leuchtete ihm
der Sinn der Sache ein: Das Drama gab ihm Gelegenheit,
auch einmal ein Leben fern aller zivilisatorischen Zwänge
kennenzulernen. Er freute sich über die neue Erfahrung
ebensosehr wie über die Perspektive, daß irgendwo tief in ihm
drin auch ein Hang zur Ungezähmtheit steckt.

Ken, der Mann als Frau

Ken ist ein junger Mann mit der Statur eines durchtrainierten Athleten. Er lebt in der Großstadt und arbeitet in der Versicherungsagentur seines Vaters mit. Er hat ein gesundes heterosexuelles Liebesleben und betrachtet die Welt und das Leben aus uneingeschränkt männlicher Sicht. Ich betone Kens klares sexuelles Rollenverständnis besonders deshalb, weil die Inkarnationsregression ihn in ein Dasein als Frau zurückführte.

Kein Zweifel, in der Hypnose war ich eine Frau.

In der ersten Szene schlug mich meine Mutter in eine Decke ein und trug mich einen steilen Berg hinunter. In der Ferne konnte ich grünbewachsene Berghänge und darüber die nackten grauen Gipfel sehen. Der Weg führte auf schmalem Pfad den Abhang hinunter und über einen Bach. Ziel war unser Wohnhaus, ein stattliches Gebäude aus flachen Steinen mit breitem Dach und mächtigem Balkenwerk. Meine Mutter balancierte mich in einigermaßen gewagter Manier auf den Armen, aber das ängstigte mich nicht. In mir war das Wissen, daß sie diesen Weg schon oft gegangen war, und ich fühlte mich in ihren Armen völlig sicher. Doch ungeachtet dieses Gefühls von Sicherheit weinte ich, als wir beim Haus ankamen. Meine Mutter hatte große rote Flecken im Gesicht, und *die* machten mir irgendwie angst.

In dieser Szene trug meine Mutter ein dunkles Kleid und im Haar einen bunten Glasperlenschmuck. Trotz meiner Tränen war sie gut gelaunt und trällerte ein fröhliches Liedchen.

In einer anderen Szene lief ich so schnell ich konnte den Abhang hinunter. Ich hatte unten auf der Straße Großvater kommen sehen und konnte es nicht erwarten, bei ihm zu sein, denn er hatte immer eine Süßigkeit für mich in einer Gewandtasche. Diese Süßigkeit war eine zur Kugel gerollte Masse, die offenbar aus Honig, Zucker und Nüssen bestand. Kaum hatte er sie mir gegeben, schob ich sie auf einen Sitz in den Mund. Er mußte darüber lachen, wie ich mich mit dem großen klebrigen Klumpen abplagte.

Hinterm Großvater, drunten im Tal, konnte ich meinen Vater bei der Arbeit sehen. Anscheinend war er immerzu nur bei der Arbeit, und seine Arbeit trug reichlich Früchte. Das Land da unten war ein Fleckenteppich aus Rechtecken von unterschiedlichem Grün, und das alles bebaute er ganz allein aus eigener Kraft.

Ich sah mich dann als Zwölfjährige am Webrahmen sitzen und von meiner Mutter im Weben unterrichtet werden – ein rasch verblaßtes Bild. Ich ging dann weiter bis in mein vierzehntes Lebensjahr und sah mich an der Straße stehen und Fremde bestaunen, die von weit, weit hergekommen waren. Diese Fremden versetzten mich in helle Aufregung, denn mit ihnen erfuhr ich zum erstenmal von der Existenz einer Welt jenseits meines Heimattals. Es waren Männer von sehr dunkler Hautfarbe. Einer von ihnen griff aus seiner Tasche einen Aufsteckkamm heraus, den er mir schenkte. Dann kramten sie aus ihren Siebensachen einen Kasten mit einer Kurbel daran hervor und drehten an der Kurbel, woraufhin aus dem Kasten die Stimme eines singenden Mannes drang. Als ich das hörte, fiel ich vor Lachen buchstäblich um. Ich lag auf dem Boden und konnte überhaupt nicht mehr aufhören zu lachen und stammelte dazwischen immer wieder: «Das ist ja Zauberei!»

Ich ging weiter zu meinem Hochzeitstag, genau zum Augenblick der Trauung, und fühlte mich von namenloser Seligkeit durchströmt. Die Empfindung kehrte auf der Hochzeitsfeier wieder, als ich mit meinem Mann den Tanz eröffnete. Die Feier fand unter freiem Himmel vor meinem Elternhaus statt, vor der Landschaftskulisse jenes wunderschönen Gebirgstals. Während ich mich beim Tanz glückselig in den Armen meines Mannes wiegte, wußte ich, daß auf uns beide ein bäuerliches Leben wartete. Und ganz leise meldete sich da auch das Wissen, daß wir bald Kinder haben würden.

Ich ging weiter in der Zeit bis zu meinem Todestag. Ich lag fiebernd und schwitzend im Bett, mit Schwellungen am ganzen Körper, besonders schlimm unter den Armen und am Bauch. Vor dem Bett sah ich meinen weinenden Mann stehen, und dumpf ahnte ich, daß auch alle unsere Kinder sich um mich versammelt hatten. Ich bemühte mich, meinem Mann Trost zuzusprechen. Er war aufgelöst vor Verzweiflung darüber, daß er seinen Lebensweg ohne mich würde fortsetzen müssen. Das war das letzte, woran ich mich erinnere.

Worum ging es hier? Was das betrifft, stehe ich vor einem echten Rätsel. Da sind keinerlei sexuelle Inhalte oder Spannungen, die darauf hindeuten würden, daß Ken hier ein Ungenügen an seiner Geschlechterrolle ausgetragen hat. Vielmehr strahlt dieses Rückführungserlebnis Ruhe und Genügsamkeit aus und entbehrt gänzlich der für viele andere Inkarnationsregressionen so typischen Atmosphäre von Gewaltsamkeit und Unzufriedenheit.

Gleichwohl komme ich um die Schlußfolgerung nicht herum, daß Ken auf die Bekanntschaft mit einem alternativen Lebensgefühl aus war. Er selbst ist gleicher Meinung. Im Anschluß an die Regression räumte er ohne Zögern ein, daß die weibliche Gefühlswelt schon seit langem seine Neugier reize. Deshalb sei er nicht allzu verwundert, daß er in der Inkarnationsregression eine Frau gewesen war.

Mehr als verwundert war er jedoch über die spezifischen Umstände seiner «vorgeburtlichen» Lebensgeschichte. Weshalb er nun ausgerechnet in den Schoß einer Bergbauernkleinfamilie zurückgeführt worden war, fand er weit unverständlicher als die weibliche Inkarnation an und für sich.

Chet der Wegelagerer

Chets Vater ist Literaturdozent an einem Südstaatencollege. Vom Großvater kann man getrost behaupten, daß seine Heimatstadt praktisch in seinem Privatbesitz ist. Chet kam in «diesem» Leben bisher nur ein einziges Mal mit dem Gesetz in Konflikt: Als Oberschüler wurde er – zusammen mit Klassenkameraden – wegen unerlaubten Alkoholkonsums in der Öffentlichkeit vorübergehend festgenommen. Chet ist ein athletisch gebauter Bücherwurm, der mehrere Bücher pro Monat verschlingt.

Viele Menschen können während der Rückführung den

Schauplatz ihrer Erlebnisse nicht geographisch orten. Anders Chet: Ihm war auf der Stelle klar, daß er sich in England befand, und zwar als Straßenräuber. Er wußte, daß er fünfzehn Jahre alt und in seinem Gewerbe bereits ein Könner war.

Ich sah mich in einer Reihe von Szenen, wie ich Leute überfiel und sie um Geld und Wertsachen erleichterte.

Einmal verlegte ich, hinter einem Gebüsch hervortretend, einem ordentlich fetten Kerl den Weg, der auf der Landstraße dahergeritten kam. Der brach beim Anblick des jungen Burschen, der ihn da überfallen wollte, in lautes Gelächter aus. Als er mich jedoch den Hahn meiner Pistole spannen sah, begriff er, daß ich es ernst meinte. Den einen Arm in die Luft gereckt, griff er mit dem anderen in seinen Überrock und fingerte die Börse heraus. Ich hieß ihn sie auf den Boden werfen und sich trollen.

In einer anderen Szene hielt ich eine Kutsche auf, in der zwei hochnäsige vornehme Damen saßen. Ich hielt die Pferde am Zaum fest und rief dem Kutscher zu, wenn ihm sein Leben lieb sei, solle er dafür sorgen, daß die Insassinnen umgehend ihren Schmuck herausrückten. Die beiden witzelten, vielleicht sei das Leben des Kutschers gar nicht soviel wert. Dann verlangten sie Bedenkzeit. Der Kutscher redete flehentlich auf sie ein, bis sie schließlich achselzuckend ihre Juwelenhalsbänder abnahmen und durch das Kutschenfenster warfen. Danach ließ ich sie ziehen.

Zu einem gewaltsamen Intermezzo kam es, als ich dreiundzwanzig war. Ich hatte eine Kutsche angehalten und die Insassen in einer Reihe am Straßenrand Aufstellung nehmen lassen. Ein Fahrgast zeterte, von ihm bekäme ich keinen Penny, und wenn ich ihn totschlüge. Ich versetzte ihm ein paar unsanfte Püffe, und als das nicht half, zog ich ihm mit dem Pistolenknauf eins über den Schädel. Dabei muß ich wohl etwas zu energisch vorgegangen sein, denn er fiel zu Boden, und dickes schwarzes Blut quoll unter seiner verrutschten Perücke hervor. Mir wurde schlecht bei dem Anblick. Ohne mich weiter um die Reisenden zu kümmern, stürzte ich davon, in den nahe gelegenen Wald, wo ich mich übergab. Mir ist jetzt so, als hätte ich damals zusammen mit meinem Schneid den Spaß an meinem Gewerbe verloren.

In der nächsten Szene befand ich mich in London und sollte innerhalb der nächsten Minuten gehängt werden. Das Erstaunliche daran war, daß die Menge mich beklatschte und mir zujubelte, während ich unter den Galgen geführt wurde. Ich gab mir größte Mühe, mich tapfer zu zeigen, aber der nahe Tod jagte mir Schrecken durchs Gebein. Als mir die Schlinge über den Kopf gestreift wurde, brach ich in Tränen aus. Das weitere weiß ich nicht mehr.

In Chets Familiengeschichte gibt es keinerlei – auch keine partiellen – Vorbilder für den Inhalt dieses Rückführungserlebnisses. Nach langem Hin und Her führte das Gespräch mit dem Patienten zu dem Ergebnis, daß er in der Hypnose seine Neugier auf eine alternative Lebens- und Gefühlswelt befriedigt hatte.

Chet bekannte, daß er sich schon oft bei der Frage ertappt hatte, wie ein Leben außerhalb der Gesetze wohl wäre. Bei ihm war das mehr als nur eine unbewußte Neugier. Er interessiert sich seit langem für die Psychologie der Delinquenz.

Indes, wie im vorigen Beispiel war es nicht der Inkarnationstyp als solcher, was ihn überraschte, sondern die konkreten Umstände dieser Lebensgeschichte. Weshalb spielte sie gerade im England des siebzehnten oder achtzehnten Jahrhunderts? Darin lag für Chet das eigentliche Rätsel.

Die Psyche auf Einkaufsbummel

Die geschilderten Fälle und viele andere ähnlicher Art haben mich zu der Überzeugung geführt, daß es in unserem Inneren einen psychischen Mechanismus gibt, der offenbar den Zweck hat, uns alternative Daseinsmöglichkeiten erkunden zu helfen. Für die Existenz dieses Mechanismus habe ich insofern sichere Anhaltspunkte, als ich zuweilen neurotisch disponierte Patienten zum «Einkaufsbummel auf dem Persönlichkeitsmarkt» zu schicken pflege. Wenn sie sich so, wie sie sind, nicht akzeptieren können, dann schlage ich ihnen vor, im «Persönlichkeitsangebot auf dem Markt zu schnuppern» und sich gegebenenfalls von anderen Menschen die Charakterzüge abzuschauen, die sie gern in das eigene Persönlichkeitsgefüge eingliedern möchten. Solange das mit ehrlicher Absicht betrieben wird und nicht zu dem Zweck, sich mit neurotischen Extravaganzen aufzuputzen, ist es ein höchst empfehlenswertes Rezept.

Als Kinder machen wir es ohnehin alle so. Von Eltern, Geschwistern und Freunden schauen wir uns Eigenheiten ab, die uns imponieren. Allerdings können diese angenommenen Charakterzüge im späteren Leben auch zur Belastung werden. Nicht selten eignen sich Kinder von ihren Eltern gerade jene Eigenschaften an, die sie am meisten hassen. Indessen vermag ein Erwachsener aus seiner gereiften Sicht im «Persönlichkeitsangebot auf dem Markt» leicht eine besonnenere Auswahl zu treffen. Und ein solch bewußter «Persönlichkeitserwerb nach Angebotsprüfung» kann ein glücklicheres und erfüllteres Dasein bedeuten.

Um dafür ein Beispiel aus meiner therapeutischen Praxis zu geben: Ich hatte einmal eine Patientin mit ausgesprochen farblosem Persönlichkeitsbild. Sie kam aus einer kinderreichen Familie, wo man ihr individuelle Regungen beizeiten ausgetrieben hatte. Mangels eines gefestigten Identitätsbewußtseins fühlte sie sich beständig gestreßt: Das erste, was mir an ihr auffiel, waren ihre bis aufs Bett abgekauten Fingernägel. Im Gespräch machte sie sofort ihrem Ärger auf ihre Familie Luft; sie verschwieg auch nicht, daß sie keine Freunde hatte und eigentlich niemanden so richtig mochte. Ich kam zu dem Schluß, daß sie damit unwillkürlich eher ihre Einstellung zu sich selbst als zu ihrer Umwelt wiedergegeben hatte.

Ich riet ihr einfach zum «Einkaufsbummel auf dem Persönlichkeitsmarkt». Als Bewohnerin eines Studentinnenwohnheims habe sie es besonders leicht, da sie gleich bei den sympathischen Menschen in ihrer unmittelbaren Alltagsumgebung anfangen könne, Eigenschaften, die ihr gefielen, zu übernehmen.

Und diese Rezeptur schlug an. Bei jeder neuen Therapiesitzung führte mir die Patientin eine neue Eigenheit vor, die sie sich zugelegt hatte. Das Endergebnis war eine ihr bislang unbekannte Zufriedenheit darüber, daß sie aus einer «Frau ohne Eigenschaften» jemand geworden war, der «wer war» und noch dazu bewußt so war, wie er war.

Als einen solchen Schnupperbummel auf dem Persönlichkeitsmarkt kann man auch die Inkarnationsregression betrachten. Was immer sie sonst noch sein mag: mit Sicherheit verschafft die Inkarnationsregression Menschen die Möglichkeit, probeweise in eine «andere Haut» zu schlüpfen, ohne daß sie deswegen gleich aus ihrer derzeitigen Haut heraus müßten.

7
Unerkannte Gedächtnisinhalte?

Die Erlebnisse in der Rückführungshypnose werden häufig als Fälle von «Kryptomnesie» mit gelegentlicher Beteiligung von «Xenoglossie» erklärt. Kryptomnesie und Xenoglossie sind Gedächtnisvorgänge, bei denen verschüttete Erlebnisinhalte, als solche unerkannt, ins Bewußtsein aufsteigen. Zwar läßt sich die spezifische Bilderwelt und der Handlungsverlauf mancher Rückführungserlebnisse tatsächlich anhand dieser Phänomene entschlüsseln, doch stellen sie keinesfalls die Globalerklärung für die Existenz von Inkarnationserlebnissen als solchen dar. In Wahrheit kommen sie nach meiner Feststellung nur in einer geringen Zahl von Fällen als Erklärung in Frage. Nichtsdestoweniger liegen sie im Gegenstandsbereich der Reinkarnationsforschung und haben daher Anspruch auf unsere Beachtung.

Kryptomnesie

Kryptomnesie ist das Aufsteigen von alten, in irgendeinem entlegenen Winkel des Gedächtnisses vergrabenen Erlebnisinhalten ins Bewußtsein. Der Vorgang wird gewöhnlich als kreativer Bewußtseinsakt und nicht als Gedächtnisleistung erlebt. Eine ausgezeichnete Darstellung der Kryptomnesie gibt Melvin Harris in seinem Buch *Investigating the Unexplained* (Prometheus Books, Buffalo, N.Y., 1986); Harris nennt die Inkarnationsregression (abweichend von meiner Auffassung) «ein faszinierendes Beispiel von Kryptomnesie» und erläutert dies mit dem folgenden Exkurs:

Um sich ein Bild davon machen zu können, was Kryptomnesie ist, muß man sich das Unbewußte als ein riesengroßes seelisches Archiv vorstellen. Das archivierte Informationsmaterial stammt aus Büchern, Zeitungen und Illustrierten. Aus Vorträgen, Radio- und Fernsehsendungen. Aus der eigenen unmittelbaren Erfahrung und sogar aus zufällig aufgeschnappten Gesprächsfetzen.

Unter normalen Umständen ist ein Großteil dieses Wissens der Reproduktion nicht zugänglich. Unter gewissen Ausnahmebedingungen jedoch steigen Teile dieses tief vergrabenen Erinnerungsschatzes spontan ins Bewußtsein auf. Manche dieser «freisteigenden» Erinnerungen wirken, da ihre Herkunft total vergessen bleibt, höchst verblüffend. Dies ist Kryptomnesie im eigentlichen Wortsinn.

Da die Herkunft vergessen bleibt, können derlei Informationen den Eindruck erwecken, als seien sie aus dem Augenblick geboren, und daher leicht mit einer Ad-hoc-Bildung verwechselt werden. Bedauernswertes Opfer einer solchen Erinnerungstäuschung wurde die berühmte blinde und taubstumme Schriftstellerin Helen Keller (1880–1968). Als Zwölfjährige veröffentlichte sie unter dem Beifall der Kritik ein zauberhaftes Märchen mit dem Titel *The Frost King*. Doch binnen kurzem kam heraus, daß es sich lediglich um eine veränderte Fassung der 29 Jahre alten Geschichte *The Frost Fairies* von Margaret Canby handelte.

Helen Keller konnte sich beim besten Willen nicht erinnern, diese Geschichte jemals kennengelernt zu haben. In ihrem schwerbehinderten Zustand war sie in bezug auf literarische Erfahrungen ganz auf die Vermittlungsdienste anderer Menschen angewiesen. Nachforschungen ergaben, daß vier Jahre zuvor eine Freundin ihr zusammen mit anderen Canby-Geschichten auch die *Frost Fairies* «vorgelesen» (d. h. mit den Fingern in die Handflächen getippt) hatte.

Auf die Veröffentlichung dieser Nachricht hin war Helen Keller am Boden zerstört: «Alle Freude war mir genommen. Ich hatte mich selbst in Schande gebracht. Doch wie hatte das nur passieren können? Ich zermarterte mir das Hirn, bis meine Aufmerksamkeit aufs äußerste gespannt war, um alles zu entdecken, was ich von den *Frost Fairies* erfahren haben könnte, bevor ich den *Frost King* schrieb. Aber ich konnte mich an nichts erinnern.»

Auch andere Schriftsteller sind in diese Fallgrube getappt, wie Samuel Rosenberg bezeugt, der lange Zeit für die Filmproduktionsgesellschaft Warner Brothers als literarischer Gutachter in Plagiatsangelegenheiten tätig war. In seinen Erinnerungen zitiert Rosenberg den guten Rat, den ihm sein Vorgesetzter in der Rechtsabteilung einmal gab: «Lassen Sie sich nicht aufs Glatteis führen von den – manchmal geradezu frappanten – Übereinstimmungen, die Sie beim Vergleich von jeden, ich sage *jeden* beliebigen zwei Filmen, Theaterstücken, Romanen, Erzählungen oder Drehbüchern finden werden. Im Laufe der vergangenen fünfundzwanzig Jahre haben wir im Zuge von Klagevorbereitungen Hunderte derartiger Vergleiche angestellt. Dabei kamen wir in einer Vielzahl von Fällen zu dem Befund, daß die streitenden Autoren – jeder felsenfest von der eigenen Ehrlichkeit wie von der Niedertracht des Kontrahenten überzeugt – alle beide das Sujet, die Motive und die Szenengliederung abgekupfert hatten: sei's von einem alten literarischen Klassiker, sei's von der Bibel, sei's von einer vergessenen Kindheitslektüre.»

Ähnlich konnten viele in medialer Trance entstandenen – angeblich von Geistern aus dem Jenseits diktierten – Niederschriften als Abklatsch allgemein bekannter literarischer Quellen identifiziert werden. So etwa hat man die «Oscar-Wilde-Niederschriften» vom Ende der zwanziger Jahre sukzessive als Kompilationen aus vorliegenden Büchern (einschließlich Wildes eigenen) entlarvt.

Ich gehe mit dieser Sicht der Dinge teilweise konform. Eine Menge komplex wirkender Fälle, in denen ein Medium sich genauer Details einer untergegangenen Kultur erinnert, lassen sich als Kryptomnesien erklären. Aber ich sehe auch, daß nicht nur nicht alle, sondern nicht einmal die Mehrzahl der in Rückführungserlebnissen auftretenden Bilder in diese Kategorie einzuordnen sind. Trotzdem möchte ich, um den Leser noch genauer mit dem Phänomen vertraut zu machen, im folgenden einige Kryptomnesiefälle aus meiner Praxis vorstellen.

Der Schmalfilmindianer

Ted ist Psychologe in einer Kleinstadt im Süden und ließ sich aus beruflicher Neugier einer Rückführung unterziehen. Zu seiner Überraschung fand er sich in einem überaus plastischen Erlebnis als Angehöriger einer frühgeschichtlichen Indianerkultur im Südwesten der USA inkarniert.

Ich befand mich inmitten in einer aus Steinen gebauten Wohnanlage. Außer mir war niemand da, aber die Bauten wirkten relativ neu und bewohnt. Ich konnte in der ganzen Anlage umherwandern. Es gab da auch kreisförmige Bauten, von denen ich instinktiv wußte, daß sie religiösen Zwecken dienten. Der Boden in diesen Rundbauten war vertieft angelegt, und die Fensteröffnungen waren so gesetzt, daß das einfallende Licht eine feierliche Atmosphäre schuf. Ich sah mir das alles an und ging dann weiter.

In einer Szene trat ich gebückt durch eine Türöffnung in einen Raum hinein. Es war eine abgeschlossene Wohnung. Über und neben ihr lagen andere Wohnungen. Ich hatte das Gefühl, daß dies hier meine eigene Wohnung war.

In einer anderen Szene stand ich mitten in dieser Anlage auf einem Erdhügel und betrachtete die Landschaft ringsum – die Berge, die grünen Hänge und die weit ins sonnenüberflutete Land hineinlaufenden Täler. Ich fühlte eine große Freiheit und eine große Verbundenheit mit diesem Ort in mir.

Ted war sprachlos über dieses Rückführungserlebnis. Mit so etwas hatte er absolut nicht gerechnet, und er konnte sich keinen Reim darauf machen. Wieso ein Indianer? Und wieso ein Fetzen vergangenes Dasein, dessen ganzer Sinn sich in der Vorführung einer Kulissenwelt zu erschöpfen schien? Er fand und fand keine Antwort. Der Zufall bescherte sie ihm ein paar Monate später. Er war bei seinen Eltern zu Besuch, und seine Mutter meinte, bei dieser Gelegenheit müßten sie sich unbedingt alle zusammen die alten Schmalfilme von den Ferienreisen der Familie ansehen, die sie neulich beim Aufräumen in einer Schublade wiedergefunden hatte. Und kaum war das Licht im Wohnzimmer ausgeknipst und im Projektor angegangen, sah Ted zu seinem Erstaunen sein Rückführungserlebnis auf der Vorführleinwand wieder – und identifizierte es jetzt als die Erinnerung an seines Vaters Hobbyfilmer-Aufnahmen von einer verfallenen «Cliffdwellings»-Anlage, entstanden in Teds Kindheit während einer Ferienreise der Familie durch den Südwesten.

Ein Wiedersehen mit Mark Twain

Ein anderer Patient erlebte sich in der Rückführungshypnose als Mark Twain – was die Menschen, die ihm nahestanden, nicht sonderlich überraschte, denn sie hatten ihn aufgrund seines skurrilen Humors schon immer mit Mark Twain verglichen. Einigermaßen überrascht war indessen der Patient selber, denn er hatte seines Wissens nie auch nur eine Zeile von Mark Twain gelesen noch jemals die Verfilmung eines seiner Werke gesehen.

Aus seiner Umgebung war der Patient oft auf unübersehbare Übereinstimmungen zwischen seiner Lebensweise und der des großen amerikanischen Humoristen aufmerksam gemacht worden. So etwa war es mit sein liebster Zeitvertreib, im Schaukelstuhl auf seiner Veranda zu sitzen. Er hatte das von Kindesbeinen an gemocht und wurde dessen nie überdrüssig. Mark Twain hatte zu seinem Schaukelstuhl das gleiche innige Verhältnis.

Und während er auf der Veranda saß, hörte der Patient gern andere Menschen Geschichten erzählen. Jeden, der in seine Nähe kam, brachte er dazu, irgendwelche Schnäcke und Schnurren zum besten zu geben. Von Mark Twain, so hatte man ihm oft gesagt, ist gleiches überliefert.

Aus seiner Kindheit war dem Patienten ein traumatisches Erlebnis in Erinnerung, wie es ähnlich auch Mark Twain gehabt hatte. Sein Onkel kam ins Haus geschneit, um seinen Eltern zu erzählen, daß in einer Arrestzelle der Ortspolizei in der vergangenen Nacht ein Mann ums Leben gekommen war.

Die Polizei hatte den Mann am Vorabend betrunken aufgegriffen – in der Kindheit des Patienten ein strafwürdiges Vergehen – und zur Ausnüchterung in die Arrestzelle gesteckt. In der Nacht war im Polizeigefängnis Feuer ausgebrochen, und der Inhaftierte war verbrannt. Mein Patient erinnerte sich, daß er beim Anhören dieser Geschichte in Tränen ausbrach. Er gab sich Gott weiß warum die Schuld am Tod des Betrunkenen und heulte nun wie ein Schloßhund bei dem Gedanken an seine abgrundtiefe Verworfenheit. Was er nicht ahnte: Unter ähnlichen Umständen hatte sich auch Mark Twain einmal schuldig gefühlt am Tod eines jungen Mannes, der bei einem Gefängnisbrand umgekommen war.

Auf einer bestimmten Etappe seines Lebens hatte dieser Patient sich bemüht, eine Farm in Virginia zu kaufen. Der Ausblick, den man von dem Hügel hinter dem Wohnhaus hatte, begeisterte ihn so sehr, daß er Kontakt mit einem Architekten aufnahm, der ihm auf der Höhe ein achteckiges Studio errichten sollte. Erst viel später brachte er in Erfahrung, daß Mark Twain auf seinem Besitz in Connecticut in einem achteckigen Studio arbeitete.

Ein andermal überquerte der Patient im tiefen Süden eine Brücke über einen Fluß. Als er sich über das Geländer beugte, um auf das Wasser hinunterzusehen, hatte er blitzartig die Vision, höchstselbst Mark Twain zu *sein* und in einem Schaufelraddampfer flußabwärts zu schaukeln.

Von Haus aus praktischer Arzt, betätigte sich der Patient nebenher als Verfasser humoristischer Prosa. Oft machte er dabei, lange nachdem er eine Geschichte fertiggestellt hatte, die Entdeckung, daß der Einfall, auf dem sie beruhte, in ähnlicher Form schon von Mark Twain bearbeitet worden war. So handelt eine seiner Skizzen von siamesischen Zwillingen, einem Motiv, das Mark Twain regelrecht fasziniert hatte.

Von früh an, so erinnerte sich der Patient, interessierte er sich brennend für Astronomie. Schon als Kind bat er alle, ihm vom Sternenhimmel zu erzählen. Am stärksten faszinierten ihn die Kometen, zumal alles, was er vom Halleyschen Kometen hörte. Für Astronomie und ebendenselben Kometen interessierte sich im gleichen Maße nun aber auch Mark Twain: Er sagte sogar zutreffend voraus, daß sein Tod mit einer Wiederkehr des Halleyschen Kometen zusammenfallen werde.

Nachdem ich den Mann eingeschläfert hatte, gab ich ihm den Auftrag, in sein letztes Vorleben zurückzugehen. Und siehe da: Vor meinen Augen «verwandelte» er sich in Mark Twain. Die Sitzung verlief haargenau so, wie wenn ich den großen Humoristen persönlich vor mir auf der Couch gehabt hätte.

Ein Fall von echter Wiedergeburt? Ganz und gar nicht, wie sich herausstellte. Auf der Oberschule war der Patient von einem Lehrer zu ausgedehnter Mark Twain-Lektüre förmlich gezwungen worden. Er muß das als Trauma erlebt haben, sonst hätte er seine Bekanntschaft mit dem Klassiker der amerikanischen Literatur wohl nicht so vollständig aus seinem Bewußtsein verdrängt. Im Unbewußten allerdings hatte er alles behalten, was er über die Bücher und persönlichen Eigenarten Mark Twains einmal gelernt hatte – es sogar so gut behalten, daß er es unter bestimmten Voraussetzungen als sein persönliches Eigentum zu reproduzieren vermochte. Fazit: Die Wirklichkeit ist wahrhaftig phantastischer als alle Phantasiegebilde.

Xenoglossie

Zuweilen beginnt das Medium in der Rückführungshypnose in einer «fremden Sprache» zu reden. Manchmal – wenn es sich um eine relativ bekannte Sprache wie Französisch oder Deutsch handelt – ist das Gesagte zu verstehen. Aber es kommen auch Fälle vor, in denen die verwendete «Sprache» schlechterdings nicht zu verstehen ist, ja sich wie sinnloses Gebrabbel ausnimmt, das bloß als Sprache posiert.

Was dahintersteckt, ist vorläufig noch ein Rätsel. Einige wissenschaftliche Beobachter meinen, die betreffende Person müsse zu irgendeinem Zeitpunkt ihres Lebens mit der fraglichen Sprache in Berührung gekommen sein – nicht unbedingt durch förmlichen Unterricht, jedoch zumindest beiläufig, etwa indem sie die Sprache im Radio oder womöglich auch nur einmal am Nebentisch im Restaurant gesprochen gehört hat.

Handelt es sich um unverständliche Stimmäußerungen, die gleichwohl sprachliche Lautmuster aufweisen, neigen konservativere Therapeuten dazu, das – für einige Formen religiöser Ekstase kennzeichnende – Phänomen des «Zungenredens» (Glossolalie) anzunehmen. Dagegen gehen manche Reinkarnationstherapeuten in einem solchen Fall davon aus, daß sich das Medium einer «toten» Sprache bedient.

Xenoglossie tritt in Inkarnationsregressionen häufig auf. Immer wieder kommt es vor, daß die Patienten in «Zungen», in einer «toten Sprache» oder in einer simplen «Fremdsprache» wie Französisch reden. Der geistesgegenwärtige Therapeut fordert dann das Medium sofort auf, das Gesagte für ihn zu übersetzen. Gewöhnlich kehrt der Patient daraufhin zu seiner Muttersprache zurück.

Einer der interessantesten Xenoglossiefälle in Regressionshypnose, von denen ich je gehört habe, ereignete sich in der Praxis eines namhaften Hypnotherapeuten, der mich bat, in meinem Bericht darüber sein Inkognito zu wahren. Dieser Therapeut lebte eine Zeitlang in einem Bundesstaat im Südwesten der USA, wo er eine Inkarnationsregression mit einem bekannten Künstler indianischer Abstammung durchführte. In der Hypnose begann das Medium plötzlich, fließend deutsch zu sprechen. Der routinierte Therapeut bat sofort um eine Übersetzung, woraufhin der Patient in einem Englisch mit ausgeprägt deutschem Akzent sein Leben im Deutschland, genauer gesagt, im Bayern des vorigen Jahrhunderts schilderte. Er war ein glückloser Komponist, der am Tag über seinen Notenblättern brütete und seine trüben Nächte auf Bierreisen von Beisel zu Beisel verbrachte. Während er dieses Leben in epischer Breite schilderte, war er jederzeit in der Lage, zwischen englischer und deutscher Sprache hin und her zu schalten.

Mein Gewährsmann vermochte in der Biographie des Patienten keine Situation ausfindig zu machen, die Gelegenheit zur Bekanntschaft mit der deutschen Sprache geboten hätte. Anhänger der Reinkarnationslehre würden hier einen klaren Fall von Wiedergeburt erkennen. Zweifler müßten immerhin das Vorliegen eines höchst sonderbaren Falls von Xenoglossie einräumen.

In neue Beleuchtung rückte die ganze Sache, als es meinem Gewährsmann gelang, die historische Existenz jenes Komponisten nachzuweisen. In der Bibliothek eines musikwissenschaftlichen Instituts fand er einschlägiges biographisches und werkgeschichtliches Material, das jenen Mann als exakt das auswies, was das Medium in der Inkarnationsregression zu sein behauptet hatte: eines der ganz kleinen Lichter am Himmel der Musikgeschichte. Neuerlich stellt sich damit die Frage: echte Wiedergeburt oder bloß Kryptomnesie?

Der bekannte Reinkarnationstherapeut Paul Hansen hat es nach eigenem Bekunden schon mit zahlreichen Fällen von Xenoglossie zu tun gehabt. Der polyglotte Hansen ist in solchen Situationen oftmals in der Lage, dem Medium in dem von ihm selbst gewählten Idiom zu antworten. Die Replik erfolgt dann meist wiederum in der fremden Sprache. Hansen und überhaupt die Mehrzahl der Regressionstherapeuten, die ich persönlich kennengelernt habe, sind der Ansicht, daß man es hier «in manchen Fällen» mit echter Wiedergeburt zu tun habe. Sie meinen aber auch, daß durchaus nicht jeder vergleichbare Fall, und wirke er zunächst noch so kurios, nur so zu erklären sei. Meistenteils gelingt es in der Behandlung im Anschluß an die Inkarnationsregression, die Situationen aufzuspüren, in denen der Patient Berührung mit jener ihm «unbekannten» Sprache hatte. Die betreffenden Rückführungserlebnisse lassen sich also in zwei Kategorien einteilen: in «Xenoglossiefälle» und in «Sonstige».

Hypnagogische Zustände

Häufig wird zur Erklärung der Erlebnisse in der Inkarnationsregression auch der «hypnagogische Zustand» herangezogen, jener bekanntermaßen halluzinogene Dämmerzustand zwischen Wachbewußtsein und Schlaf, in dem wir noch nicht ganz schlafen, aber auch nicht mehr ganz wach sind. Die hypnagogischen Halluzinationen unterscheiden sich von Traumbildern insofern, als der Träumer in das Traumgeschehen rückhaltlos einbezogen und eingebunden ist, während das Bewußtsein im hypnagogischen Zustand beobachtet, was das Unbewußte ihm an Bildern auftischt, sich dabei jedoch gewöhnlich seiner realen Umgebung bewußt bleibt.

Ein Großteil der normalen Bevölkerung hat beim Übergang vom Wach- in den Schlafzustand regelmäßig derlei plastische Halluzinationen, sei's in Form einer kaleidoskopischen Folge von – zuweilen surrealistisch verzerrten – (scheinbar) zusammenhanglosen Einzelbildern, sei's in Form von regelrechten Minidramen.

So etwa hatte eine meiner eingangs erwähnten studentischen Versuchspersonen – nennen wir sie Patty – beim Kristallsehen überraschend ein höchst plastisches Inkarnationserlebnis. Und das Kristallsehen ist der sicherste Weg, sich in den hypnagogischen Zustand zu versetzen. Patty fand sich unversehens als Priester im mittelalterlichen Japan wieder.

In der Ferne sah ich eine Brücke, die einen Fluß überspannte, und nebenbei einen Häuserkomplex. Dem Aussehen der Häuser konnte ich entnehmen, daß ich in Japan war.

In diesem Lebenslauf war ich ein Mann, beim Eintritt etwa vierzig Jahre alt. Ich arbeitete an etwas, das ich als Handschrift erkannte, woraus ich den Schluß zog, daß ich Priester in dieser Ortschaft war.

Ich sah eine Szene, in der ich in Gesellschaft zweier jüngerer Männer in Mönchsgewändern eine Straße entlangging. Die beiden hatten mich in die Mitte genommen. Die Straße war auf beiden Seiten von mächtigen, wunderschönen Bäumen gesäumt. Während ich in die Kristallkugel starrte, sah ich die Bäume faktisch links und rechts an mir vorüberziehen, als ob ich vor einem 3-D-Fernseher säße.

Weniger schön war die nächste Szene. Ich sah die Ortschaft, in der ich lebte, in hellen Flammen stehen. Überall, wo ich hinsah, vom Feuer eingeschlossene, todgeweihte Menschen. Überall Heulen und Wehklagen. Ich empfand großes Mitleid, obzwar ich aus meiner Sicht sagen konnte, daß alle nur aus diesem in ein anderes Dasein gingen.

Trotzdem war ich von Mitleid erfüllt. Nach dem Großbrand hatte ich viele tieftraurige, niedergedrückte Menschen zu trösten. Beim Anblick dieser Szene verspürte ich das reale Bedürfnis, mehr darüber zu lernen, wie man von katastrophalem Unglück betroffene Menschen wieder aufrichten kann. Als der Priester, der ich jetzt war, stand ich solchen Verwundungen durch das reale Leben im Grunde hilflos gegenüber.

Von dieser Episode wurde ich direkt zur Schlußszene meines Lebens geführt. Ich war ein Greis und lag, von Gemeindemitgliedern umringt, in meiner Wohnung auf einer Matte. Mühsam richtete ich mich auf und sah, als ich an mir hinunterblickte, daß meine Bauchdecke auf der rechten Seite eine gewaltige Schwellung aufwies. Ich weiß nicht, woher das kam. Ich weiß nur, daß ich mich sehr schwach und schwindelig fühlte.

Im Sterben blickte ich mit guten Gefühlen auf mein Leben zurück – auf ein Leben voll Glück und Frieden.

Pattys Erlebnis gleicht exakt dem Steckbrief des hypnagogischen Zustands. So etwa zeigten sich die Bilder in der Kristallkugel in überwirklicher Schärfe und Klarheit. Im nachhinein gab Patty zu Protokoll, einige Szenen seien in strahlendes, fast gleißendes Licht getaucht gewesen.

Andere Menschen schildern ihre hypnagogischen Halluzinationen als temporeiche Kaleidoskopie von szenischen Tableaus oder abstrakten Mustern. Einige vergleichen ihr Erlebnis mit einer hektischen Vorführung von Diapositiven. Manche erblicken Fratzen und Dämonen, die wenigstens jedoch empfinden Furcht dabei.

Was hat es damit auf sich?

Bei der Annäherung an den Schlafzustand begeben wir uns auf die unteren Ebenen unseres Vorstellungsvermögens hinab, in die Domäne der spontanen Einbildungskraft, wo anscheinend ununterbrochen in sich selber kreisend eine eigendynamische, eigengesetzliche Bilderproduktion im Gange ist.

Hypnagogische Zustände stehen in engem Zusammenhang mit dem Psychofaktor «Kreativität». Von den großen Genies in der Geschichte der wissenschaftlichen Entdeckungen verdankten nicht wenige ihren Erfolg der Fähigkeit, den hypnagogischen Zustand als einen Weg zu kreativen Problemlösungen zu behandeln. Menschen, die sich darauf verstehen, brauchen nur die Augen zu schließen und sich vollkommen zu entspannen. Die informativen Bilder kommen von allein.

Das wohl bekannteste Beispiel hierfür ist die Entdeckung des «Benzolrings» durch den deutschen Chemiker Friedrich August Kekulé von Stradonitz (1829–1896). Die chemische Zusammensetzung der organischen Verbindung Benzol (C_6H_6) und die Wertigkeit ihrer Elemente (Kohlenstoff und Wasserstoff) waren zu Kekulés Zeit allgemein bekannt, aber niemand konnte sich anhand dieser Fakten den molekularen

Aufbau im Modell vorstellen. Kekulé hatte dieses Problem zum Gegenstand seiner Forschungen gemacht. Eines Abends dämmerte er, nachdem er sich wieder einmal einen Tag lang über des Rätsels Lösung so angestrengt wie vergebens den Kopf zerbrochen hatte, in seinem Wohnzimmer in einem Sessel vor sich hin und geriet dabei in einen hypnagogischen Zustand. Da sah er plötzlich Schlangen vor seinen Augen tanzen, und als er genauer hinsah, bemerkte er, daß die Tiere sich abwechselnd streckten und ringelten, um sich beim Ringeln in den eigenen Schwanz zu beißen. Da kam ihm die Erleuchtung: Das Benzolmolekül ist ringförmig aufgebaut!

Ich neige zu der Ansicht, daß die Bilderwelt der Inkarnationsregressionen in manchen Fällen der Ausfluß eines hypnagogischen Zustands ist. Hypnagogische Zustände können mit sehr plastischen und sehr komplexen Halluzinationen einhergehen. Ich glaube, daß die Regressionshypnose – insbesondere wenn sie auf dem Kristallsehen aufbaut – häufig zu einem solchen hypnagogischen Zustand führt.

Aber ist mit diesen drei psychologischen Phänomenen – mit Kryptomnesie, Xenoglossie und hypnagogischen Zuständen – die Herkunft *aller* Rückführungserlebnisse erschöpfend zu erklären? Nach meinem Dafürhalten nicht. So sicher es ist, daß manche der Rätsel, vor die man bei der Betrachtung von Inkarnationsregressionen gestellt wird, sich aus der Kenntnis jener Phänomene heraus leicht auflösen lassen, so sicher ist andererseits auch, daß Kryptomnesie, Xenoglossie und hypnagogische Zustände nur einen kleinen Anteil im breiten Phänomenspektrum der Rückführungserlebnisse ausmachen.

8
Der Königsweg zum persönlichen Mythos?

Psychologische Forschung der faszinierendsten Art war es, die den Nachweis erbrachte, daß jeder von uns einen persönlichen Mythos auslebt. Wie der Schauspieler auf der Bühne diese oder jene Rolle verkörpert, so agieren auch wir als Rollenträger im Lebensdrama. Und wie viele Psychologen registriert haben, stimmen unsere Rollen so weitgehend mit dem Rollenkatalog der griechischen Mythologie überein, daß man sie geradezu nach diesem Katalog einteilen und benennen kann. So gibt es beispielsweise Frauen, deren Lebensschema, wie sie selbst es sehen, bis zu einem gewissen Grad dem der Athene gleicht, der Göttin der Weisheit und der weiblichen handwerklichen Kunstfertigkeiten, die auch als Friedensstifterin auftritt. Und mancher Mann, den ich kenne, identifiziert sich in seinem Selbstverständnis unbewußt mit Apollon in seiner Rolle als Dichter und Seher. Solch ein persönlicher Mythos prägt die Form eines Menschenlebens und entscheidet mit über seine Ziele und Zwecke.

Obzwar die Psychologie des persönlichen Mythos von den zuständigen Experten bislang nicht im Zusammenhang mit dem Phänomen der Inkarnationsregression gesehen wurde, scheinen mir die Querverbindungen bei manchen Rückführungserlebnissen klar auf der Hand zu liegen. Je weniger man an eine echte Wiedergeburt glaubt, desto eher wird man geneigt sein, in bestimmten Reinkarnationserfahrungen die Ausformung des persönlichen Mythos zu erkennen. Die Situationen, Episoden und nicht selten vollständigen Dramen, aus denen die Rückführungserlebnisse bestehen, können als metaphorische Selbstreflexion der Persönlichkeit begriffen werden, deren korrekte Entschlüsselung dem Therapeuten zum besseren Verständnis seines Patienten und dem Patienten zum besseren Verständnis seiner selbst verhilft.

Mythen sind «allerorten sich gleich»

«Der Mythos ist allerorten sich gleich, mag auch sein Gewand wechseln», schrieb der unlängst verstorbene große Mythenforscher Joseph Campbell in seinem Klassiker *Der Heros in tausend Gestalten* (Frankfurt am Main: S. Fischer 1953; neu: Suhrkamp 1978 [suhrkamp taschenbuch 424], S. 14). In den Mythologien aller Kulturen, von den alten Griechen bis zu den Navajo-Indianern, so Campbell, trifft man weltweit immer die gleichen grundlegenden Persönlichkeitstypen an. Noch in den Hollywood-Produktionen von heute kann man diesen universellen Helden begegnen. So etwa erblickt Campbell in Luke Skywalker und seiner Truppe in dem Film *Krieg der Sterne* eine «Wiederverkörperung» von König Artus und den Rittern der Tafelrunde, *Rambo* ist für ihn ein Remake des Herkulesmythos und die schöne Seejungfrau in *Splash* nur eine Kopie der Aphrodite. «Die letzte Inkarnation des Oedipus mag diesen Nachmittag an der Ecke der Fifth Avenue und der Zweiundvierzigsten Straße stehen und auf das Verkehrslicht warten, das ihm den Übergang freigibt», schrieb Campbell (a. a. O.), was heißen soll: Die Mythenhelden sind in nur leicht gewandelter Gestalt immer und überall um uns herum.

Und es heißt ebenso: Sie stecken auch in uns drin.

Dan McAdams (Loyola University, Chicago) hat eine psychotherapeutische Explorationsmethode entwickelt, auf deren erster Etappe der Patient in einer Folge von je zweistündigen Sitzungen seine Lebensgeschichte referiert. Der Therapeut beschränkt sich auf Hilfestellungen mit dem Ziel, die

Hauptereignisse und Hauptfiguren im Zentrum der Aufmerksamkeit zu halten. Anschließend werten McAdams und sein Team die Tonbandprotokolle im Hinblick auf wiederholt vorkommende Motive, Konfigurationen und Schemata aus. Die dergestalt ausgesiebten Elemente schließen sich meist wie Puzzleteile zum Bild der Mythengestalt zusammen, die im Lebensprozeß des Betreffenden das mehr oder weniger geheime Bedeutungszentrum darstellt. In der Terminologie der Jungschen Tiefenpsychologie heißt diese Mythengestalt der «Archetyp». McAdams selbst spricht von der «Imago». Zwar räumt er ein, daß die Mythenhelden aller Kulturkreise (einschließlich der Hollywoodkultur) als symbolische Repräsentanten der fraglichen Persönlichkeitscharaktere fungieren könnten, doch findet er es das Praktischste, sich der allgemein am besten bekannten Gestalten der griechischen Mythologie als Identifikatoren zu bedienen. Hier nun die von McAdams identifizierten Imagines (Archetypen) nebst ihren Hauptcharakteristika:

Apollo der Heiler: Prophet, Künstler, Schutzgewährender, Organisator, Gesetzgeber.
Athene die Ratgeberin: Schiedsrichterin, Therapeutin, Lehrerin, geistige Orientierung Gebende, Friedensstifterin.
Prometheus der Menschenfreund: Beschützer der Schwachen, Revolutionär, Künder des Neuen.
Zeus der Herrscher: Richter, Eroberer, Verführer, Schöpfer, Weiser, weithin Berühmter.
Hermes der Leichtfüßige: Forschender, Abenteurer, Schalk, Aufwiegler, Beschwatzer, Glücksritter, Projektemacher.
Ares der Krieger: Kämpfer, Soldat, Ordnungshüter.
Demeter die Fürsorgliche: Altruistin, Märtyrerin.
Hera die treue Freundin: Gattin, Lebensgefährtin, Kumpel, Vertraute, Genossin, Gehilfin.
Aphrodite die Nymphomanin: Kokotte, Verführerin.

Hestia die Häusliche: Heimchen am Herd, Wahrerin über-
  kommener Formen.
Hephaistos der Werktätige: Handwerker, Schwerarbeiter.
Dionysos der Verantwortungslose: Lustgewinn Suchender,
  Vergnügungssüchtiger, Hedonist, Epikureer, Spielfreudi-
  ger, Kind.

Nach McAdams treten die ersten seelischen Archetypen in
früher Jugend auf und werden dann im Zuge des weiteren
Reifungsprozesses von anderen abgelöst. So zum Beispiel
kann sich ein Mensch zunächst mit dem kriegerischen oder
erotischen Archetyp identifizieren, um dann später zum Ty-
pus Ehegatte oder Lebensgefährte überzuwechseln. Derartige
Archetypenwechsel ergeben sich jeweils aus der Notwendigkeit, sich auf grundlegend neue Lebensbedingungen einzustellen. So liegt es für einen jungen Mann, solange er während
seiner Studienzeit in der College-Footballmannschaft mit-
spielt, nahe, sich mit Ares dem Krieger zu identifizieren. Später, wenn er verheiratet ist und eine Familie zu ernähren hat,
wird er sich vielleicht Hephaistos den Werktätigen zum seelischen Archetyp erwählen. Und eine (nymphomane) Aphrodite kann sich in dem Augenblick, in dem sie unter geeigneten
Umständen das Wörtchen «ja» ausspricht, schlagartig in eine
(häusliche) Hestia verwandeln.

In McAdams' Befunden sind zwar keine Erfahrungen mit
regressionshypnotisch behandelten Patienten verarbeitet,
doch weiß ich aus eigener Beobachtung, daß in vielen Rückführungserlebnissen Protagonisten auftreten, die Ähnlichkei-
ten mit den Mythenhelden der alten Griechen aufweisen. Gehen wir davon aus, daß Regressionserlebnisse kein reales
«früheres Leben» widerspiegeln, so bleibt zu vermuten, daß
sie den Zweck erfüllen, das eigene Selbstbild – im ganzen wie
unter Betonung bestimmter Einzelheiten – tief ins Unbewußte einzuprägen.

Mir ist aufgefallen, daß die Inhalte der Rückführungserlebnisse eines Menschen im Lauf der Zeit wechseln können. Zwar vermag der Patient jederzeit wieder in jedes beliebige Vorleben zurückzugehen, doch im selben Maß, wie er sich in «diesem» Leben ändert, kommen neue «Vorleben» hinzu. Aus meiner Praxis sei als Beispiel der Fall einer Patientin erwähnt, die während ihrer Studienzeit sowohl in diesem Leben wie in ihren hypnotischen Inkarnationserlebnissen den vergnügungssüchtigen dionysischen Typ verkörperte. Später, als sie verheiratet war und einer geregelten Brotarbeit nachging, präsentierte sie sich – wiederum sowohl in «diesem» wie in den «vorigen» Leben – mehr als mithelfende Ehegenossin. Mit anderen Worten: als Hera. So war sie in ihren Rückführungserlebnissen anfangs beispielsweise eine junge Tanznärrin irgendwo im Europa des neunzehnten Jahrhunderts, im späteren Leben dagegen die glückliche Ehefrau eines Ladenbesitzers in Irland und Mitarbeiterin ihres Mannes.

Quasi ein neuer Ikaros

Ein Paradebeispiel für die Parallelität zwischen Inkarnationsregression und Mythologie ist in meinen Augen der Fall Larry. Larry, ein ehemaliger Sozialhelfer, der auf den Beruf des Lastwagenfahrers umgesattelt war, erlebte sich in der Rückführung als einen Mann, der besessen war von der Idee, das Geheimnis des Vogelflugs zu ergründen und zu meistern. Von der ein und anderen Einzelheit abgesehen, gleicht Larrys Geschichte dem Mythos von Ikaros, der auf Flügeln aus Federn und Wachs von dem Ort floh, wo er gefangengehalten wurde. Der Held des Mythos nähert sich im Flug zu sehr der Sonne: Das Wachs schmilzt, und er stürzt ins Meer, wo er ertrinkt.

Auch mein Patient kam sich als Gefangener vor, wenngleich nicht von Mauern und Schlössern, sondern von einer unbefriedigten Arbeitsplatzsituation und einer unglücklichen Ehe in seiner Freizügigkeit gehemmt. Flucht war sein einziger Gedanke, wenn er sich seine derzeitige Lebenslage vor Augen führte: Flucht und Wiedergewinnung seiner verlorenen Selbstachtung. In metaphorisch-mythischer Form kommt dieses Lebensgefühl in seinem Rückführungserlebnis zum Ausdruck.

Ich war im Arbeitszimmer meines palastähnlichen Wohnsitzes. Die historische Epoche war das Mittelalter, der Ort des Geschehens vermutlich Südfrankreich oder Italien. Ich wußte, daß ich das Anwesen von meinen Eltern geerbt hatte und daß ich – abgesehen von meinem Onkel, einem kränkelnden Greis, der in einem entlegenen Flügel des Gebäudes residierte – der Letzte meines Stammes war.

Von dem ganzen Prunkbau, den ich bewohnte, vermochte nur ein einziger kleiner, genau umgrenzter Teil meine Aufmerksamkeit und mein Interesse zu binden: mein Arbeitszimmer. Hier verbrachte ich offenbar die meiste Zeit. Beim Umhersehen bemerkte ich eine Menge alchimistischer Gerätschaften wie Röhren, Kolben, Retorten und Brenner.

Ich war besessen von der Idee des Fliegens. Ihr war mein ganzes Leben gewidmet. Die Schwerkraft war für mich ein Gefängnis, dem es zu entrinnen galt.

Mein Arbeitstisch war mit Zeichnungen von fliegenden Vögeln bedeckt. Ein Teil meiner Arbeit bestand in der Beobachtung von Vögeln und der anschließenden Wiedergabe ihrer Körperhaltung und der Flügelstellungen im Flug mit dem Zeichenstift.

Die Zimmerwände waren ringsum mit ledergebundenen Büchern förmlich zugepflastert. Ich konnte zu einem Regal gehen und einige Bände durchblättern. Es waren ausnahmslos handgefertigte Bildbände. Das übrige Inventar bestand aus unzähligen Modellen von Flügeln und Flugapparaten sowie von fliegenden Vögeln und Insekten.

Ich führte das Leben eines Einsiedlers. Meine Tage brachte ich damit zu, über Büchern und Zeichnungen meinem Traum vom Fliegen nachzuhängen und Flugapparate zu konstruieren, die hinterher nicht funktionierten.

Durch eine Glastür blickte man vom Arbeitszimmer über den Hinterhof auf eine schmale Gasse hinaus. Fast täglich kam es vor, daß Vorübergehende abfällige Bemerkungen zu mir herüberriefen. Einmal hörte ich einen kleinen Jungen kreischen: «Hier wohnt der Mann, der es den Vögeln des Himmels gleichtun will.» Dann brach er in meckerndes Gelächter aus und deutete mit dem Finger in meine Richtung. Alles in allem kann man sagen, daß meine Mitbürger mich wie einen Ketzer behandelten, sogar mein Diener gab sich kaum Mühe, seine Verachtung für mich zu verbergen.

Häufig sah ich mich zu einer Wiese oberhalb der Stadt hinaufsteigen. Dort pflegte ich meine Flugapparate auszuprobieren oder auch einfach nur die Vögel zu beobachten. An allem, was fliegen konnte, konnte ich mich nicht satt sehen. Es wollte mir einfach nicht in den Kopf, wie das zuging, daß ich mir zwar einen Begriff vom Fliegen zu machen verstand, mich jedoch nicht vom Boden zu lösen vermochte. Ich fühlte mich von einem grausamen Gott zum Spielball seiner Launen gemacht.

In einer bestimmten Szene hatte ich in meinem Arbeitszimmer Besuch vom Pfarrer. Er zeigte sich von meinem Wunsch zu fliegen höchst irritiert. Ich zeigte ihm meine Konstruktionen und erläuterte ihm in aller Ausführlichkeit, wie das Fliegen mit Flügeln meiner Meinung nach funktionierte. Er hörte mir die meiste Zeit schweigend zu. Als er schließlich doch noch den Mund auftat, sagte er nur: «Mein Sohn, der Mensch ist nicht zum Fliegen geboren. Gott möchte uns hier unten auf der Erde sehen.» Im Gehen kündigte er an, er werde für mich beten.

Ich konnte dann in der Zeit weitergehen bis zu meinem Tod. Ich war als Zuschauer bei meiner eigenen Beerdigung zugegen. Das Erstaunliche dabei: ich hatte meinen Körper verlassen und betrachtete den Vorgang von oben! Zum erstenmal konnte ich fliegen! Ich konnte hin und her fliegen wie ein Vogel und zusehen, wie mein Leichnam in die Erde gelegt wurde. Der Tod bedeutete einen Sieg, der mir selbst unter diesen Umständen noch wohltat.

Das Rückführungserlebnis verhalf Larry zu der Einsicht, daß in seinem tiefsten Inneren «fliegen» soviel wie «fliehen», «Flug» soviel wie «Flucht» bedeutet und daß dort ein immenses Fluchtbedürfnis besteht, das ihn aus der Enge seiner derzeitigen Lebensumstände und aus seiner spirituellen Stagnation hinauslotsen will. Um ihm ein Fadenende des Knotens in die Hand und damit die Möglichkeit zu geben, selbst an der Entwirrung seines Problems zu arbeiten, habe ich ihm für die Dauer der Behandlung den Namen «Ikaros» beigelegt. Im Licht des Mythos kann er nicht nur den Kern seines Problems deutlicher erkennen, sondern er sieht zudem, daß auch andere – ob Mythenheld oder nicht, spielt keine Rolle – seit vielen Jahrhunderten mit den gleichen Schwierigkeiten zu ringen haben wie er.

Der Urwald-Zeus

Eine meiner Patientinnen kämpft an vorderster Front in der Geschäftswelt. Sie arbeitet in einer großen Immobilienhandelsfirma und macht unter all ihren Kollegen routinemäßig den größten Umsatz. Zugleich ist sie in der Kommunalpolitik aktiv. Alle naslang können ihre Mitbürger ihren Namen im Zusammenhang mit diesem oder jenem Verwaltungsvorhaben in der Zeitung lesen.

Um hier etwas anzukurbeln, dort etwas umzukrempeln, muß sie in der Lage sein, sich in einer von Männern beherrschten Ellbogengesellschaft durchzuboxen. Danach nimmt es kaum wunder, daß sie sich in der Rückführung an der Spitze einer kriegerischen Stammeskultur in ferner Vergangenheit wiederfand. Ihr gab ich den Beinamen «Urwald-Zeus», nach dem unerschrockenen Titanenbezwinger der griechischen Sage.

Mit einemmal merkte ich, daß ich fast nackt war und mich in diesem Zustand ausgesprochen wohl fühlte. Ich konnte an meinem Körper hinabsehen und feststellen, daß meine Hautfarbe ein tiefes Schwarz war. Außer einem Stück Fell, um meine Blöße zu decken, trug ich nichts auf dem Leib.

Ich sah mich um. Ich befand mich in einem Grashüttendorf. So um die zweihundert Leute wuselten um mich herum, kochten Essen an offenen Feuerstellen, schabten Tierhäute, die zu Kleidung oder Wetterschutz weiterverarbeitet werden sollten. Beim Peilen der Lage war mir so, als ob ich hier das Sagen hätte. Mein Gefühl sagte mir, daß ich der ausersehene Anführer dieser Gemeinschaft war.

In der darauffolgenden Szene zeigte sich, daß ich tatsächlich der Thronfolger war. Ich saß neben einem Mann, der, so wußte ich, mein Vater war. Er war unglaublich verfettet, trug um den Hals, die Hand- und die Fußgelenke bunten Federschmuck und dazu eine Federkrone auf dem Kopf. Er saß auf einem erhöhten Thron, der aus feinsten Tierfellen verfertigt war, während sein Volk uns beiden gegenüber auf dem Boden Platz genommen hatte.

Ich saß neben ihm auf dem Thron, ebenfalls aufgeputzt, obschon nicht mit der gleichen Pracht wie er. Wir waren damit beschäftigt, eine Serie von Verwaltungsentscheidungen zu treffen. Worum es im einzelnen ging, weiß ich nicht mehr, mir sind jedoch noch die ernsten Mienen der Stammesmitglieder in Erinnerung, und aus ihnen schließe ich, daß es Angelegenheiten von großem Gewicht gewesen sein müssen. Die Leute blickten ehrfürchtig zu uns auf und warteten auf unsere Entscheidungen, denn wir waren die vom Schicksal bestimmten Herren über ihr Geschick.

Die ganze Zeit über fühlte ich mich in der Hypnose von innen her von enormer Macht durchdrungen. Ich war meiner selbst im Hinblick auf meine Rolle als zukünftiger Stammesherrscher absolut sicher. Ich genoß dieses Empfinden von Macht und Verantwortung und fühlte mich bereit, das Amt meines Vaters zu übernehmen, wann immer er es würde abgeben wollen.

Allerdings blieb mir auch eine demütigende Erfahrung nicht erspart, die mir die Existenz einer höheren Macht zu Bewußtsein brachte. Ich war allein im Urwald unterwegs und merkte plötzlich, daß die Sonne im Begriff stand, vom Himmel zu verschwinden. Es war eine totale Sonnenfinsternis, ganz klar, aber was wußte ich in jenem Leben von Sonnenfinsternis? Langsam breitete sich anstelle der Sonne Schwärze am Himmel aus. Mir fuhr es eiskalt durchs Gebein. Ich sank auf die Knie und flehte zu den Göttern, sie möchten uns unsere Sonne zurückgeben.

Damals verstand ich den Vorgang in dem Sinn, daß die Götter mir damit sagen wollten, ich sei zwar einer der Gewaltigen in meiner irdischen Sphäre, aber mit Sicherheit keiner, dem Gewalt auch im Himmel gegeben wäre. Ich flehte sie an um Vergebung meines Hochmuts und versicherte unter tiefen Verbeugungen, daß ich mir ihrer Gewalt bewußt sei und es für alle Zeit bleiben wolle. Ich mußte annehmen, daß sie mich gnädig erhört hatten, denn binnen kurzem begann sich das Dunkel zu lichten.

In einer späteren Szene erlebte ich mich als König. Mein Vater lebte noch, fühlte sich aber zu alt, um das Herrscheramt noch länger ausüben zu können. Ich sah mich nun in vollem Ornat auf der dem König vorbehaltenen Thronseite sitzen. Neben mir – wo früher mein Platz gewesen war – agierte jetzt mein Vater in der Berater-rolle.

Ich fühlte mich wohl im Herrscheramt und als der richtige Mann am richtigen Platz. Sitzend auf meinem Thron, wußte ich: ich hatte inzwischen viele Frauen. Ich wußte auch: ich konnte immer noch mehr haben – konnte so viele haben, wie ich wollte. Und ich wußte, in diesem Stamm wimmelte es von den Sprößlingen meiner Lenden.

In dieser speziellen Szene saß ich über einen Konflikt unter Stammesangehörigen zu Gericht. Ich weiß nicht mehr genau, worum es ging – ich glaube um streitige Besitzansprüche, die eine Kuh oder ein anderes Nutztier betrafen. Ich weiß nur noch, daß ich in meinem Richteramt völlig im reinen mit mir war. Aber der Gedanke, der in meinem Inneren alles andere in den Hintergrund drängte, war: Ich bin König, und das ist gut und richtig so.

Für diese Frau stand das Königsein im Einklang mit ihrem Selbstkonzept – ihrem persönlichen Mythos –, und zwar in so vollkommenem Einklang, daß es mich gewundert hätte, wenn sie ein vorgeburtliches Dasein in bescheidenerer Rolle absolviert hätte. In «diesem» Leben ist sie eine willensstarke Führungspersönlichkeit und Karrierefrau, die es genießt, an der Spitze und im Rampenlicht zu stehen. Wie sie selber richtig bemerkte: «Im Vorleben war ich kein Jota anders, als ich jetzt bin.»

Ziemlich erstaunt war sie freilich über den Umstand, daß sie ein Vorleben als Mensch schwarzer Hautfarbe geführt hatte. Sie war im tiefsten Süden der USA aufgewachsen, und in ihrem Weltbild war eine solche Vorstellung frevelhaft. Sie gab zu, daß sie in Anbetracht ihrer Position im weißen Establishment unter regulären Umständen nie auf den Gedanken verfallen wäre, «irgend etwas, was auch immer es sei, von schwarzer Farbe» sein zu wollen, schon gar nicht ein schwarzafrikanischer Stammesfürst. Wir einigten uns darauf, daß es in ihrer Rückführung wohl nicht allein um die Bestätigung des «königlichen» Selbstkonzepts, sondern sehr wahrscheinlich auch um das Ausstrecken von Fühlern zu einem möglichen Alter ego gegangen war.

Dionysos in Dodge City

Und dann hätten wir da den feuchtfröhlichen Walter, einen Patienten, dessen Lebensprinzip, auf die einfachste Formel gebracht, «Hoch die Tassen!» lautet. Sein liebster Zeitvertreib ist das, was er «auf den Putz hauen» nennt, und das tut er mit unermüdlicher Begeisterung. Nach eigener Aussage geht er nur aus einem einzigen Grund vierzig Stunden die Woche arbeiten, nämlich um die Knete ranzuschaffen, die ihn die anderen vierzig Wochenstunden kosten, in denen er nachts auf Kneipentour durch die Stadt zieht oder zu Hause wilde Feten schmeißt. Walter kam zu mir in die Sprechstunde, um herauszufinden, ob seine feuchtfröhliche Amüsierwut ihre Wurzeln in einem Vorleben haben könnte. Bei der Rückführung landete er in einem früheren Dasein, das im Grundsätzlichen erstaunliche Parallelen zu seinem derzeitigen Leben aufweist.

Als sich für mich der Vorhang über diesem Vorleben hob, stand ich hinter einer Bartheke und füllte Gläser nach und lachte dabei aus vollem Hals über einen Witz, den einer meiner Gäste gerade erzählte. Den Witz selber konnte ich nicht hören, aber dafür konnte ich sehr gut meine Umgebung wahrnehmen. Der Ort, an dem ich mich befand, war ein Saloon im Wilden Westen. Das Mobiliar in meinem Blickfeld bestand aus ein paar wackeligen Tischen mit Holzstühlen drumherum. Von meinem Standort konnte ich durch die Tür ein Stück von der unbefestigten Hauptstraße des Orts sehen. Draußen war es trocken und staubig, und daraus schloß ich, daß die Jahreszeit Sommer war. Bei Regen muß diese «Main Street» sich in ein Schlammbad verwandelt haben. Aber zur Zeit war sie trocken, und das hieß, daß die Pferde und Wagen, die da draußen unterwegs waren, mächtig viel Staub aufwirbelten.

Da draußen war ein Haufen Volk unterwegs. Der Ort schien ein Geschäftszentrum zu sein. Piekfeine Herren im Anzug und Damen im Cul-de-Paris-Kostüm stolzierten vorbei. Und natürlich gab's da jede Menge Cowboys, zu Pferd und als Wagenkutscher. So wie's da draußen aussah, befand ich mich in einem Ort mit Eisenbahnanschluß zum Verladen von Schlachtviehherden.

In dem Saloon gab's 'ne Galerie, und auf der fand der eigentliche Gaststättenbetrieb statt. Die Leute holten sich ihre Getränke bei mir an der Bar und nahmen sie mit nach oben. Ich glaube, ich war der Besitzer, denn mir war so, als hätte ich hier das Sagen. Ich fühlte mich wie die Made im Speck, denn mein Laden war gerammelt voll: da floß erstens Geld in die Kasse, und zweitens war mir nie wohler, als wenn ein Haufen Menschen um mich war.

Ich ging dann vorwärts in der Zeit. Mein Schuppen war jetzt so überfüllt, daß kein Glas hätte zu Boden fallen können, wenn es jemandem aus den Fingern geglitten wäre. Die Gäste standen bis auf die Straße hinaus. Offenbar war heute was Besonderes los in der Stadt, denn alle machten ein vergnügtes Gesicht. Ab und zu ballerte draußen jemand mit dem Revolver in die Luft und schrie «Jippiiiie». Da war wohl eine Rinderherde verladen worden, denn die Leute machten alle den Eindruck, als wollten sie sich von einer schweren Arbeit erholen. Ich entsinne mich, daß ich zu einem von meinen Barkeepern sagte, in Momenten wie diesem ginge mir immer richtig das Herz auf.

In einer späteren Szene ging's dafür eher triste zu. Der Saloon wirkte wie ausgestorben. Ich stand allein hinter der Theke, und davor saßen auch bloß zwei Mann, die auf den schäbigen Rest Bier in ihren Gläsern starrten, der längst sauer geworden sein mußte. Das

Geschäft ging offensichtlich miserabel, und so wie ich mich fühlte, mußten sich die Zustände in der Stadt radikal geändert haben, so daß ich meinen Laden wohl bald würde zumachen müssen. Draußen vor der Tür herrschte beinahe Friedhofsruhe. Dann und wann kam mal ein Fußgänger vorbei, aber von dem Trubel und der Geschäftigkeit von früher war nichts mehr zu spüren. Mir schnürte es fast das Herz ab, daran zu denken, aber im Grunde war mir klar, daß mir keine andere Wahl blieb, als den Saloon zu schließen. Ich werde nie vergessen, wie ich da hinter der Theke stand und nostalgisch an die schönen Zeiten zurückdachte und mich noch im nachhinein freute, daß ich sie hatte erleben dürfen.

Walters Rückführungserlebnis überraschte mich nicht. Setzt man voraus, daß der Inhalt kein früheres Leben im eigentlichen Wortsinn war, so sagt es einiges aus, daß ihm ein Ende seiner feuchtfröhlichen Exzesse schwant und er eine Lebensphase kommen sieht, in der er wehmütig an jene «rauschenden Nächte» zurückdenken wird. Eine wichtige Rolle für Walters Lebensgefühl spielt die Devise, daß «die Freuden des Lebens nicht ewig währen», und ebendiese Perspektive veranlaßt ihn, «auf den Putz zu hauen», solange er noch kann: «Mehr ist nicht drin im Leben», meint er lakonisch. So gesehen ist sein Rückführungserlebnis die klare Verdeutlichung seines persönlichen Mythos.

Demeter die Märtyrerin

Sandy lebt in einer Kleinstadt und gilt bei ihren Mitbürgern als richtige Sportskanone. Sie ist Verkäuferin von Beruf und verbringt ihre Freizeit mit Marathonlauf, Radfahren und Langstreckenschwimmen. Sie wohnt bei ihren Eltern, deren christliche Religiosität sie uneingeschränkt teilt. Nach außen hin wirkt sie glücklich und zufrieden. Die Rückführung brachte jedoch ein gewisses Unbehagen, ja Märtyrerbewußtsein bei ihr zum Vorschein, das Ausgangspunkt einer für sie eminent wichtigen psychotherapeutischen Behandlung wurde.

Ich war ein junger Mann in offenbar großstädtischer Umgebung. Es waren alles hübsche, sauber geweißelte Häuser in der Gegend. Ich wohnte in einer engen Straße im ersten Stock über einem Kaufladen. In dem Zimmer standen ein paar Tische, und als Schlafgelegenheiten lagen dicke Matten auf dem Boden. Im Hof gab es einen Brunnentrog mit fließendem Wasser für die Hausgemeinschaft, demnach war ich offenbar Mitglied einer weitgehend zivilisierten Gesellschaft.

In einer Szene lag ich auf meinem Lager und hörte dem Leben und Treiben draußen zu. Jeder einzelne in der vielköpfigen Menschenmenge, die hier das Straßenbild prägte, benahm sich laut und rücksichtslos, als ob er allein auf der Welt wäre. Noch in meinem Zimmer war der Lärm so stark, daß ich, wenn ich die Augen zumachte, das Gefühl hatte, als stände mein Lager mitten in dem Straßengewühl. Ich glaube, das Benehmen der Menschen da draußen hatte damit zu tun, daß hier eines der ärmeren Stadtviertel war: Die armen Leute in unserer Gesellschaft waren nun mal so.

In einer anderen Szene ging ich draußen die Straße lang. Die Straßen hier waren nicht gepflastert, aber die Erde war so fest gestampft, daß es trotz des heißen Klimas kaum staubte. Hüben und drüben reihten sich in ununterbrochener Folge Kaufläden aneinander, Bäckerläden, Weinhandlungen und alles mögliche sonst. Vor einem der Geschäfte blieb ich stehen, fasziniert von der metallenen Balkenwaage, mit der ich den Inhaber hantieren sah. Sie war aus Kupfer, die Balken fast ganz mit Grünspan überzogen. Der Mann im Laden – einer Getreidehandlung, wie es schien – wog virtuos alle möglichen Sorten Körner mit ihr aus.

Ich war in dieser Rückführung ein ziemlich aggressiver, unleidlicher Bursche. Einmal saß ich in meinem Zimmer zusammen mit meiner Mutter, die besorgt war wegen eines quälenden Hustens, den sie nicht loswerden konnte. Sie fühlte sich von Tag zu Tag schwächer und lebte in der Angst, sich womöglich eine lebensgefährliche Krankheit zugezogen zu haben. Ich spielte ihr gegenüber den harten Mann und meinte, das bißchen Husten sei doch wohl nicht der Rede wert, aber ich sah ihr an, daß sie wirklich sehr krank war. Insgeheim machte ich mir große Sorgen um sie.

Es kam uns gar nicht erst in den Sinn, einen Arzt aufzusuchen, woraus ich schließe, daß es in jener Gesellschaft kein öffentliches Gesundheitswesen gab. Statt dessen holten wir uns Rat bei den Nachbarn und bekamen auch tatsächlich ein paar Volksheilmittel genannt, die aber größtenteils nichts nützten.

Ich ging vorwärts in der Zeit zu einer anderen Szene und sah, daß meine Mutter gestorben war. Sie lag aufgebahrt auf einem Tisch und sah so jämmerlich aus, daß sogar ich für eine Weile die Tränen nicht unterdrücken konnte. Ihr Tod stürzte mich in eine Gefühlskrise. Jetzt hatte ich überhaupt keine Verwandten mehr in der Welt.

Kurze Zeit nach dem Tod meiner Mutter sah ich mich in einer Markthalle. In der Nähe stand ein alter Mann, der, wie ich bemerkte, eine Menge Geld in seiner Börse hatte. Wie im Traum trat ich auf ihn zu und schlug ihn nieder. Dann entriß ich ihm die Börse. Es war, als hätte ich es darauf angelegt gehabt, festgenommen zu werden.

In einer Schlange von Angeklagten, die mit Ketten aneinandergefesselt waren, wurde ich einem Schnellrichter vorgeführt. Er führte mit jedem in der Schlange ein kurzes Verhör und sprach dann das Urteil. Nur als die Reihe an mich kam, verkündete er den Schuldspruch, ohne auch nur ein einziges Wort mit mir gewechselt zu haben: Ich wurde in ein Arbeitslager verschickt.

Das Lager war ein Bergwerk im Hochgebirge. Man steckte mich in einen Pulk von Sträflingen und ließ uns, von Wachen begleitet, zu Fuß dorthin marschieren. Ich weiß nicht mehr, was wir in den Minen dort oben eigentlich abbauten. Es interessierte mich auch nicht. Irgendeine schmutziggraue Substanz war das. Ich achtete bloß darauf, mein Arbeitspensum zu leisten, um keine Schläge zu kriegen.

Wir waren in überbelegten Baracken untergebracht, in denen an Schlaf kaum zu denken war. Viele Sträflinge wälzten sich stöhnend und schreiend auf ihrem Lager herum, andere schlugen sich, nicht weniger geräuschvoll, die Nacht beim Glücksspiel um die Ohren. Ich hatte Freundschaft mit einem kriegsgefangenen Ausländer geschlossen. Er war krank vor Sehnsucht nach seiner Frau und seinen Kindern. Aber wir wußten beide, daß wir lebend nicht mehr aus dem Lager hinauskommen würden, und das machte uns unsagbar traurig und trostbedürftig. Wir zogen uns in eine dunkle Ecke der Baracke zurück und liebten einander.

Am nächsten Tag wurde mein Freund vor Ort von einem besonders brutalen Aufseher schikaniert. Als der Aufseher auf ihn einzubrüllen begann, drehte mein Freund sich um und hieb ihm den Holzschlägel zwischen die Augen. Im Nu war eine Meute von Aufsehern zur Stelle; wir beide wurden gepackt und ins Freie geschleift. Dort zwangen die Aufseher uns, zwei Holzkreuze anzufertigen, und als wir damit fertig waren, kreuzigten sie uns und richteten die Kreuze direkt gegenüber dem Mineneingang auf, damit die anderen Sträflinge beim Herauskommen sähen, was ihnen blühte, falls auch sie der Versuchung nachgäben, wider den Stachel zu löcken. Ich hatte unvorstellbare Schmerzen in den Schultern, während ich da hing. Gott sei Dank dauerte es nicht lange, bis ich das Bewußtsein verlor.

Bevor mir die Sinne schwanden, ging mir auf, warum ich den Alten in der Markthalle beraubt hatte: Es war ein irrationaler Ausbruch des Schmerzes über den Tod meiner Mutter gewesen.

Sandy war sehr betroffen über dieses Rückführungserlebnis. Die Sache mit der Kreuzigung betrachtete sie als ein schweres Sakrileg. Sie war ungemein erleichtert, als ich ihr erklärte, daß die Kreuzigung nicht auf Jesus Christus allein beschränkt, sondern lange Zeit eine häufig angewandte Hinrichtungsart war.

Bei der gemeinsamen Durcharbeitung gab das Rückführungserlebnis zunächst Rätsel auf. Wie hing es mit Sandys Lebensweise zusammen? Sie wurde zu Hause nicht versklavt, und alles in allem genommen liebte sie ihre Eltern. Indes, bei eindringlicher Erörterung fand ich heraus, daß Sandy zum passivdependenten Persönlichkeitstyp gehört. Der passivdependente Charakter weicht allen Herausforderungen zu Selbstbejahung und Selbstbehauptung aus und überläßt stets anderen die Entscheidung über sich, was häufig mit Märtyrerbewußtsein einhergeht, zumal wenn es einem letztlich nicht gefällt, was die anderen für einen entscheiden.

Bei genauerem Hinsehen sind die Anzeichen der Passivdependenz in Sandys Rückführungserlebnis unverkennbar. In ihrem Weltbild ist «Kreuzigung» gleich «Märtyrertod» gleich «Märtyrertum» überhaupt. Ein weiteres Merkmal der passivdependenten Form von Unselbständigkeit und Abhängigkeit ist der unterdrückte Zorn, der sich in unberechenbaren Abständen eruptiv entlädt.

Die Inkarnationsregression verschaffte Sandy Gelegenheit, ihre Passivdependenz zu reflektieren. Ihrer eigenen Ansicht nach hat sie da kein echtes «vorgeburtliches Dasein» «wiedererlebt», sondern ein Artikulationsmedium für ihr zentrales Lebensproblem gefunden.

Die Heilwirkung des Mythos

Inkarnationsregressionen, die auf Aufdeckung des persönlichen Mythos abzielen, führen unmittelbar zum Persönlichkeitskern eines Menschen. Was ist daran so bemerkenswert? Begreift man das Deuten und Verstehen der Geschichte eines Individuums als unerläßlichen Schritt auf dem Weg jeder Psychotherapie, dann wird man es zu schätzen wissen, daß man in der Inkarnationsregression ein Instrument besitzt, das mit der Enthüllung des persönlichen Mythos direkten Zugang zu den intimsten Strukturen einer Identität eröffnet. Die Reflexion ihres persönlichen Mythos ist für die Patienten selbst eine praktische «Handhabe», mit der sie ihr Leben «in den Griff» bekommen können.

Ich halte es für das Beste, anhand eines konkreten Beispiels zu erläutern, welche Möglichkeiten sich aus der Einbeziehung des persönlichen Mythos in die psychotherapeutische Behandlung nach meinem Dafürhalten ergeben. Zu mir kam ein Mann, der darunter litt, keine Entscheidungen treffen zu können. Zwar bemühte er sich verzweifelt um eine entschlossenere Haltung – aber vergebens. Die Folge davon: Andere diktierten ihm, was er zu tun und zu lassen hatte. Um zu prüfen, ob nicht vielleicht ein vergangenes Leben einen Hinweis auf die Ursache seiner Entschlußlosigkeit enthalte, wollte er einen Versuch mit der Reinkarnationstherapie machen. Ich führte ihn in ein früheres Dasein zurück. Es war ein aufschlußreiches Abenteuer.

Ich war ein Krieger auf dem Weg in die Schlacht, in einen Panzer gehüllt, mit einem Schwert an der Seite. Ich marschierte in Reih und Glied in einer mehr als hundert Mann starken Einheit mit. Um uns herum Wüste. Keiner sprach. Ich fühlte: Es war eine blutige Schlacht, die vor uns lag; viele von uns würden fallen.

Ich wollte nicht in diesen Krieg ziehen, und das nicht etwa aus Angst vor dem Tod. Ich wollte nicht kämpfen, weil ich nicht überzeugt war, für eine gerechte Sache zu kämpfen. Im Grunde hatte ich unserem Gegner nichts vorzuwerfen. Ich weiß nicht mehr, worum es bei der Auseinandersetzung eigentlich ging, ich weiß nur, daß ich nicht glaubte, die gegnerische Seite sei im Unrecht.

Mir ging im Kopf herum, daß ich gar nicht hätte dabeisein müssen, bei diesem Feldzug. Daran erinnere ich mich genau. Niemand hatte mich gezwungen, ich war aus freien Stücken mit dabei. Ich war wütend auf mich, weil ich mich in den patriotischen Taumel der öffentlichen Meinung so weit hatte mit hineinziehen lassen, daß ich mich als Freiwilliger meldete, statt zu meiner Überzeugung von der Zweifelhaftigkeit unserer nationalen Sache zu stehen.

Ich fiel nicht in diesem Krieg, aber ich mußte viele Menschen töten, um mein eigenes Leben zu retten. Bei der Heimkehr wurde ich als Held gefeiert; ich selbst hatte dabei einen schalen Geschmack im Mund. Ich war nicht stolz, sondern beschämt, daß ich getötet hatte für eine Sache, an die ich selbst nicht glaubte.

Das Erlebnis erinnerte mich an Hippolytos, den Sohn des Theseus, der in einen Streit verwickelt wurde zwischen der verführerischen Aphrodite, die er im Grunde mochte, einerseits und der jungfräulich keuschen Artemis andererseits. Auch Hippolytos konnte nicht nein sagen, als ihm zugemutet wurde, gegen seine eigene Neigung Partei zu ergreifen. Mit dieser mythologischen Parallele konnte ich dem Patienten einen anschaulichen Bezugsrahmen für das einfühlende Begreifen seines Problems aufzeigen.

Als nächstes riet ich ihm zu einem Reskriptionsversuch. Wie ich im vierten Kapitel dargelegt habe, bin ich kein großer Freund des «Rescripting» und verwende es nur in Ausnahmefällen. Der vorliegende Fall schien mir ein solcher zu sein – und tatsächlich erwies sich das Verfahren als erfolgreich.

Ich schläferte den Patienten nochmals ein und führte ihn zu dem Anmarsch durch die Wüste zurück. Ich ließ ihn genauestens die Landschaftskulisse beschreiben, dann forderte ich ihn auf, sich in seine geheime Verzweiflung über die Ungerechtigkeit dieses Kriegs zu vertiefen und den Wunsch, an der bevorstehenden Schlacht nicht teilnehmen zu müssen, in voller Kraft wiederzuerwecken. Als seine Verzweiflung ihren äußersten Grad erreicht hatte, gaben wir dem Geschehen gemeinsam eine neue Wendung. Ich forderte ihn auf, aus der Marschordnung herauszutreten und sich einfach in eine andere Richtung zu entfernen. «Was auch immer geschehen mag», sagte ich zu dem Patienten, «Sie kehren unter gar keinen Umständen in die Marschordnung zurück.» Und so ging es weiter:

Der Centurion erhielt Meldung, ließ anhalten, kam herbeigestürzt und schnauzte mich an, ich solle schleunigst an meinen alten Platz zurückkehren. Ich weigerte mich: Ich sei Kriegsfreiwilliger und hätte mir's anders überlegt: jetzt sei ich Friedensfreiwilliger. Er meinte, das sei ja wohl der größte Blödsinn, den er seit langem gehört habe, aber ich hörte jetzt nicht mehr hin, sondern ging weiter. Er schrie einen Katalog von Schimpfwörtern hinter mir her, von denen «Hosenscheißer» und «Bettnässer» die zahmsten waren. Ich ließ mich davon nicht aufhalten. Einige Sekunden lang spürte ich die Furcht in mir, er könnte mir nachlaufen und mich niederstrecken, um vor den anderen ein Exempel zu statuieren, aber er setzte sich wieder an die Spitze der Einheit und gab das Kommando zum Weitermarschieren. Die meisten anderen Soldaten folgten. Aber als ich in die Heimat zurückkam, stellte ich zu meiner Überraschung fest, daß ich nicht der einzige war, der sich von der Truppe entfernt hatte. Viele Soldaten waren wie ich der Überzeugung, daß dieser Krieg nur ein sinnloses Blutvergießen wäre. Meine Renitenz hatte sie ermutigt, ihrerseits Farbe zu bekennen.

Die zweite Überraschung bestand darin, daß wir daheim nicht als Feiglinge behandelt wurden. Die ablehnende Haltung gegen diesen Krieg war untergründig weit verbreitet. Unsere Rückkehr gab das Signal für massenhaften öffentlichen Widerstand gegen das sinnlose Gemetzel.

Das Umschreiben seines Rückführungserlebnisses tat dem Patienten gut. Er machte dabei die Erfahrung, was es heißt, eine eigene Entscheidung zu treffen, und sah auch, wie nachhaltig man damit das eigene Schicksal beeinflussen kann.

Die Entdeckung seines persönlichen Mythos und die praktische Auseinandersetzung mit ihm waren für diesen Patienten mit einer einschneidenden Verhaltensänderung verbunden. Er ist jetzt viel entschlußfreudiger und, da seine Lebensweise seinen eigenen Wünschen entspricht, auch zufriedener als vorher.

Nach einem Ausspruch Joseph Campbells sind Mythen öffentliche Träume und Träume private Mythen. Wo es mit Hilfe der Inkarnationsregression gelingt, den Zugang zum persönlichen Mythos zu finden, eröffnet sich damit zugleich die Möglichkeit, die versteckt oder verdrängt im Unbewußten ruhenden Programme der Verhaltenssteuerung nicht nur zu durchschauen, sondern sogar in positivem Sinn zu verändern.

VIERTER TEIL
SELBST-
ERFORSCHUNG

9
Alleinreisen im Reich der Einkörperungen

Manche Menschen leben in dem Glauben, daß die Rückführung in ein früheres Leben nicht jedermanns Sache, sondern den *happy few* vorbehalten sei, die spezielle Voraussetzungen dafür mitbringen. Im Zuge meiner Forschungen habe ich festgestellt, daß dies ein Irrtum ist. Rückführungen lassen sich mit Verfahrenstechniken bewerkstelligen, die so gut wie jeder erlernen kann. Oft bekomme ich von Patienten vor einer Rückführung zu hören, sie seien nicht der suggestible Typ und deswegen kein geeignetes Hypnosemedium oder in ihrem Wesen sei zuviel prosaische Erdenschwere, als daß sie sich zu etwas so «Ätherischem» wie einer Inkarnationsregression aufschwingen könnten. Hinterher stellt sich dann meist heraus, daß sie sehr begabte Medien sind und tiefe, bildkräftige Hypnoidzustände erleben.

Allerdings halte ich es für wichtig, wenn man an eine Inkarnationsregression denkt, bevor man zur Tat schreitet, erst einmal Einkehr in seinem Inneren zu halten und sich auf Herz und Nieren zu prüfen, welche Motive einen bewegen: Wie komme ich darauf? Was verspreche ich mir davon? Und so weiter. Solche Bemühungen um Selbstergründung steigern in hohem Maß die Effizienz jeder reinkarnationstherapeutischen Suche nach den Ursachen von, sagen wir, Phobien oder selbst Charakterproblemen. Nach dieser Selbstprüfung sollte man sich dann an einen in Regressionshypnose geschulten Psychotherapeuten oder psychologischen Berater wenden.

Entmystifiziert die Hypnose!

Meines Wissens ist kein anderes psychologisches Phänomen im allgemeinen Bewußtsein ähnlich dicht von abergläubischen Vorurteilen umlagert wie die Hypnose. Ich selbst wende die Hypnose seit langem bedenkenlos in meiner Praxis an – und staune immer wieder aufs neue über die Ängste und das irrationale Mißtrauen, die ich zuvor bei den Patienten ausräumen muß. Im großen und ganzen ist es die Regel, daß ein Patient das Angebot einer Hypnotherapie – sei's zu dem Zweck, ihn mit Entspannungstechniken vertraut zu machen, sei's, um ein vergessenes Trauma ans Licht zu ziehen – zunächst einmal energisch ablehnt. In den weitaus meisten Fällen ist das Motiv dafür die Angst, in der Hypnose hilflos einem fremden Willen ausgeliefert zu sein, zum selber willenlosen Werkzeug, zur Marionette in der Hand des Hypnotiseurs zu werden. In Tat und Wahrheit ist nichts irriger als diese Vorstellung. Kein Hypnotiseur kann einen Menschen in Trance versetzen, der das nicht selber will. Anders gesagt: Jede Hypnose ist im Prinzip Selbsthypnose; der Hypnotiseur spielt immer nur die Rolle des Lotsen auf einem Weg, den man aus eigener Kraft zurücklegt. Darüber hinaus gilt der Grundsatz: Niemand kann dazu gebracht werden, in der Hypnose Dinge zu tun, die er nicht auch im Wachleben tun würde.

Weitverbreitet ist auch die Vorstellung, daß die Hypnose mit Auslöschung des Bewußtseins verbunden sei und das Medium sich nach dem Erwachen nicht mehr erinnern könne, was in der Trance passiert ist. Nochmals Fehlanzeige! Die Hypnose ist ein Zustand erhöhter Konzentration bei vertiefter Entspannung: ein äußerst ruhiger, ausgeglichener Bewußtseinszustand. Die meisten Menschen nehmen in der Hypnose auch sehr wohl wahr, was um sie herum vorgeht, es sei denn, sie hätten sich auf die Suggestion eingelassen, ihrer

Umwelt keine Beachtung zu schenken. Die Hypnose ist gewissermaßen ein gesteigertes Bewußtsein für innere Empfindungen und Vorgänge.

Sehr häufig bekomme ich von ersthypnotisierten Medien nach dem Aufwachen als erstes zu hören: «Tja, ich weiß nicht recht... Fast meine ich, Ihre Hypnose hätte gar nicht richtig gewirkt.» Das liegt daran, daß sie mit irgend etwas Bizarrem oder Magischem gerechnet hatten und dann lediglich einen Entspannungszustand erlebten, in dem ihre Aufmerksamkeit ganz auf die inneren Stimuli konzentriert war. Das Hypnotisiertwerden birgt im Prinzip kein Risiko. Tatsächlich ist die Hypnose in der Hand eines verantwortungsbewußten Therapeuten eine der risikolosesten Behandlungsmethoden überhaupt.

Ein weiteres irriges Vorurteil über die Hypnose lautet, daß man im Trancezustand zwanghaft die Wahrheit sage. Aus dem Umstand, daß im Erleben des Mediums während des hypnotischen Schlafs der Unterschied zwischen Realität und Fiktion nicht existiert, schließen viele Menschen, daß der Hypnotisierte keiner Vortäuschung fähig sei. Tatsächlich jedoch ist in der psychologischen Literatur ausreichend belegt, daß es sehr wohl möglich ist, aus der Hypnose heraus unwahre Auskünfte zu geben, wenn man das für angebracht hält.

Trancelogik und andere Eigenheiten

Die Plastizität von Rückführungserlebnissen hängt mit der «Trancelogik» des Gehirns im hypnoiden Zustand zusammen: Trancelogik setzt das Realitätsprinzip mitsamt der herkömmlichen Logik außer Kraft und erlaubt es dem Wahrnehmungssubjekt, einander widersprechende Sachverhalte gleichzeitig als wahr zu erleben. So bleibt das Medium sich während der Dauer der Inkarnationsregression mit einem Teil seines Selbst durchaus im klaren darüber, daß es sich im Hier und Heute befindet. Gleichzeitig jedoch überläßt es sich mit einem anderen Teil seines Selbst der Überzeugung, sich anderswo – etwa im China des siebzehnten Jahrhunderts – aufzuhalten.

Trancelogik ist ein Indiz für das Vorliegen eines tiefen hypnoiden Zustands. Daneben gibt es andere Anzeichen, an denen man erkennen kann, daß man sich effektiv in Hypnose befindet. Sie müssen nicht unbedingt vollzählig vorhanden sein, dürfen aber ebensowenig allesamt fehlen, wenn von gelungener Hypnose die Rede sein können soll.

- Das Gefühl so tiefer Entspannung, daß man keine Bewegung, auch nicht die kleinste Muskelzuckung mehr ausführen möchte.
- Schweregefühl, insbesondere in Armen und Beinen.
- Taubheit oder Kribbeln in Händen und Füßen.
- Das Empfinden, zu schweben.
- Das Gefühl des Losgelöstseins von der Umwelt, so als sei einem die Umgebung ganz ferngerückt.

Nach meiner Erfahrung stellen sich Rückführungserlebnisse leichter ein, wenn der Regressand einen einigermaßen tiefen hypnoiden Zustand zu erreichen in der Lage ist. Generell ist es ratsam, erst einmal anderweitige mediale Erfahrungen mit der Hypnose zu sammeln, ehe man an den Inkarnationszustand herangeht. Daher auch meine Empfehlung, beim Experimentieren mit der Selbsthypnose nicht gleich auf den ersten Etappen schon den Rückschritt ins vorgeburtliche Dasein zu versuchen.

Im Anhang dieses Buches findet der Leser eine Anleitung zur Selbsthypnose. Ich stelle mir vor, daß er sie sich ein paarmal sorgfältig durchliest und sie dann in langsamem Tempo auf ein Tonband spricht. Die eigene Stimme vom Tonband zu hören, dürfte wohl reichen, um eine allfällige Besorgnis, man könne unter fremde Willensherrschaft geraten, zu zerstreuen.

Wenn Sie soweit sind, daß Sie den Rückschritt in ein früheres Leben versuchen möchten, so suchen Sie ein Zimmer auf, in dem Sie sich behaglich fühlen, und lagern Sie sich dort auf geeigneter Unterlage – Bett, Couch, Liege oder was auch immer – in bequemer Ruhelage, die Ihnen vollkommene Entspannung und Einkehr ins eigene Selbst ermöglicht. Sie sollten zuvor jede Möglichkeit der Störung ausgeschaltet haben, also: Familienmitglieder vergattern, sich fernzuhalten und erst recht nicht an die Tür zu klopfen; Haustürklingel abstellen; Telefonstecker herausziehen usw. Für gedämpftes Licht sorgen, die Verwendung einer einzelnen Kerze ist des sänftigenden Effekts wegen zu empfehlen. Und noch einmal: Das Wichtigste ist Ungestörtheit!

Formulieren Sie erhellende Fragen

Rufen Sie sich, bevor Sie mit der Einschläferungsprozedur beginnen, klar und deutlich die Fragen ins Bewußtsein, um deren Beantwortung es Ihnen zu tun ist. Zum Beispiel: «Warum habe ich so immense Beziehungsprobleme?» Oder: «Warum habe ich eine phobische Angst vor Tieren?» Formulieren Sie alle derartigen Fragen kurz und prägnant.

Ziehen Sie jetzt die Schuhe aus und machen Sie es sich auf Ihrer Unterlage bequem. Lassen Sie die ausgestreckten Arme nur leicht abgespreizt seitlich neben dem Körper ruhen. Die Beine auf keinen Fall überkreuzen! Wer mag, kann ruhig eine leichte Decke über sich breiten: in der Hypnose sinkt die Körpertemperatur. Nach Abschluß dieser Vorbereitungen schalten Sie das Tonbandgerät ein und folgen den mit der eigenen Stimme vorgetragenen Instruktionen.

Verdauen Sie das Erlebte

Ist alles vorbei, bleiben Sie zunächst eine Weile ruhig liegen und rekapitulieren Ihre neue Erfahrung. Vielleicht verspüren Sie jetzt sogar den Wunsch, Ihre Eindrücke noch frisch auf Tonband zu sprechen oder schriftlich zu fixieren. Wenn Sie es tun, achten Sie darauf, daß diese Protokolle nicht zum Alibi für die unterlassene seelische Verarbeitung des Erlebnisses werden: Überantworten Sie sie nicht in irgendeiner Schublade dem Vergessen, sondern beschäftigen Sie sich oft mit ihnen! Denken Sie überhaupt so oft wie irgend möglich über Ihr Rückführungserlebnis nach und versuchen Sie, hinter den Zusammenhang zwischen Ihrem «früheren» und «diesem» Leben zu kommen.

Auf dieser Etappe kann es sich auch als hilfreich erweisen, über das Rückführungserlebnis mit verständnisvollen Freunden zu sprechen. Ich weiß von Leuten, die sich zu diesem Zweck sogar zu regelmäßigen Gruppensitzungen treffen. All diese Dinge helfen uns, den komplizierten Mechanismus in unserem Inneren besser zu verstehen.

Die visionäre Kraft des Kristallsehens

Ich kenne noch ein anderes Verfahren, vorgeburtliches Dasein zu erkunden, eine einfachere und bequemere Methode als die Selbsthypnose: dieses Verfahren ist das *Kristallsehen.*

Weder im Lauf meines Studiums – und ich habe immerhin in drei Hochschulfächern: in Philosophie, Psychologie und Medizin graduiert – noch in langen Jahren der Berufstätigkeit als Universitätslehrer und später als niedergelassener Therapeut war ich mit dieser Technik in Kontakt gekommen. Es war der reine Zufall, der mir zur Kenntnis brachte, daß es so etwas wie das Kristallsehen überhaupt gibt. Als ich vor einiger Zeit in den verstaubten Beständen eines Antiquariats in Atlanta wühlte, fiel mir eine Schwarte aus dem Jahr 1905 mit dem Titel *Crystal Gazing* in die Hände. Schon beim Durchlesen der ersten Seiten war zu sehen, daß es sich bei dem Verfasser – einem gewissen Ernest Schal – um einen kritteligen Faktenhuber handelte, der sich von niemandem ein X für ein U vormachen ließ. Mit seiner kenntnisreichen Darstellung stiftete er mich an, mich intensiv mit dem Kristallsehen – jener uralten Orakelkunst, deren Geschichte bis ins alte Ägypten zurückreicht – zu beschäftigen und mir eine von den gängigen Vorurteilen unbeeinflußte Meinung über sie zu bilden.

Amerikaner kennen die Kristallomantie (ein anderer Name für das Kristallsehen) zumeist nur von den Jahrmarktsbuden her, in denen Hellseherinnen ihren Klienten aus der spiegelnden Kugel die Zukunft weissagen. Ich war immer der Meinung gewesen, daß diese echten oder vorgetäuschten Zigeunerinnen die Visionen, die ihnen da vorgeblich aus der Tiefe des Kristalls entgegenleuchten, einfach nur zusammenflunkern. Beim Lesen von Schals Buch geriet ich in Zweifel darüber, ob diese Ansicht wirklich berechtigt ist.

Im Zuge meiner eigenen Nachforschungen kam ich dahinter, daß Kristallvisionen keine Flunkereien, sondern echt sind. Ein paar Wochen nachdem ich Schals Buch kennengelernt hatte, kaufte ich mir selbst eine Kristallkugel und baute sie zu Hause auf meinem Schreibtisch auf. Ich löschte das Licht, zündete eine Kerze an, starrte in die klare Tiefe vor mir und harrte der Dinge, die da kommen würden.

Nach wenigen Minuten bildeten sich Wolken in meinem Gesichtsfeld. Sie lichteten sich, und Visionen begannen sich zu zeigen. Ich sah einen Mann in einem Gabardinemantel eine menschenleere Großstadtstraße langgehen. Das Bild verblaßte, und ich sah ein wunderschönes rotes Haus, hoch in den Bergen dicht neben einem steilen Felssturz gelegen, mit einer bis über die Tiefe hinausragenden Veranda. Es war ein strahlendheller Sonnentag, und weit im Hintergrund konnte ich im Wolkendunst die blauen Berggipfel ausmachen. Als nächstes erschien die Vision einer Frau aus meiner Bekanntschaft. Ich sah ihr Gesicht so deutlich, wie wenn sie leibhaft vor mir gestanden hätte. Darauf folgten Eindrücke vom Haus meiner Großmutter, wie ich es in meiner Kindheit gekannt hatte, mit seinen herrlichen alten Möbeln und den feingemusterten Webteppichen.

Der Reigen ging zusammenhanglos immer so weiter. Ein unheimliches Erlebnis. Irgendwie war ja klar, daß diese Visionen aus meinem eigenen Inneren kamen. Ich hatte jedenfalls nie auch nur flüchtig den Eindruck, sie könnten anderswoher kommen. Und dennoch zeigten sich die Projektionen dreidimensional und in Farbe unbezweifelbar dort in der Kristallkugel. Es war, als säße ich vor einem Holographie-Bildschirm.

Über eine Stunde lang saß ich mit ständig wachsendem Erstaunen vor meiner Kristallkugel. Erst dann legte ich eine Pause ein. Warum – so fragte ich mich als erstes – hatte ich in der ganzen langen Zeit, die ich schon an die Aufgabe gewandt hatte, die menschliche Seele zu ergründen, von keiner Seite je von diesem Phänomen gehört? Als nächstes fiel mir aber ein, daß ich schon immer eine sehr lebhafte Phantasie gehabt habe. War es nicht möglich, daß die Kristallvisionen Ausnahmeerscheinungen waren, die sich nur Menschen meines Schlages – Personen, deren Phantasie ein reges Eigenleben führt – zeigten?

Um die Probe aufs Exempel zu machen, rief ich meine Frau, die mehr den nüchtern denkenden, «mit beiden Beinen im Leben stehenden» Persönlichkeitstyp repräsentiert, zu mir ins Arbeitszimmer, erklärte ihr kurz, worum es ging, und bat sie, sich ihrerseits einmal als Kristallseherin zu versuchen. Das tat sie – ungefähr eine halbe Stunde lang. Dann wandte sie sich übers ganze Gesicht grinsend zu mir um, meinte: «Interessante Sache», und schilderte mir ein Potpourri plastischer Szenen, die sie gesehen hatte, zum Teil vergessen geglaubte Kindheitserlebnisse, zum Teil aber auch rätselhafter Herkunft.

Mir genügte das immer noch nicht. Als nächstes schaltete ich einen Kollegen ein, einen hervorragenden Psychotherapeuten mit etwas praktischerer Lebenseinstellung als ich: Er machte mit und war hinterher einfach perplex über seine Kristallvisionen! Dann nahm ich vier Kristallkugeln mit in ein Abendseminar, das ich halte. Ich stellte sie in der Mitte des Unterrichtsraums auf, ließ die Beleuchtung auf Dämmerlicht stellen und ein sanftes Musikstück vom Band laufen. Nachdem ich meinen vierzig Kursteilnehmern eine Dreiviertelstunde Zeit zum Kristallsehen gelassen hatte, ließ ich die Lampen auf normale Helligkeit zurückschalten und begann meine Abfrage. Erstaunlicherweise hatten mehr als die Hälfte der Kursteilnehmer verblüffende Dinge gesehen.

Eine Teilnehmerin bedankte sich bei mir für «diesen regelrechten Ausflug ins Land der Träume». Eine andere – sie stammte aus Pakistan – war zu Tränen gerührt über die Szenen aus ihrer Kindheit in der alten Heimat. Zweimal war es vorgekommen, daß je zwei Teilnehmer, die zusammen dieselbe Kugel benutzten, identische Bilder gesehen hatten: im einen Fall eine vermummte Gestalt in einem langen schwarzen Kapuzenmantel, im anderen Fall eine tanzende Ballerina, deren Bewegungen in Harmonie mit unserer Hintergrundmusik erfolgten. Auch andere Teilnehmer gaben an, die Bilder, die sie gesehen hatten, hätten sich im Takt mit der Musik bewegt.

Ein frappierendes Ergebnis. Es rief sofort die Neugier auf einen zweiten Versuch wach, den ich umgehend in einem anderen Kurs anstellte – und wiederum hatten rund 50 Prozent der Teilnehmer erstaunliche Visionen zu berichten.

Vom Kurs zur Klinik

Die dergestalt geweckte Neugier war es auch, die mich dazu brachte, das Kristallsehen unter klinischen Bedingungen zu untersuchen. Es erwies sich als ein ganz hervorragender Projektionstest, vergleichbar etwa dem Rorschachtest, nur meines Erachtens bei weitem nicht so stark auf abstraktive Vermittlungsschritte aufgebaut und insofern mit Imponderabilien belastet wie dieser, sondern in den Prämissen wie dem Schlußfolgerungsprinzip sehr viel unkomplizierter, direkter, anschaulicher und einleuchtender. Die Kristallkugel ist ein vollkommen reines, nichtbrechendes Medium, das die Beobachtungsgröße – die Vorstellungen der Testperson – von sich aus nicht beeinflußt, wie die Tintenkleckse des Rorschach es tun: Was die Testperson in der Kristallkugel sieht, ist eine direkte Widerspiegelung ihres Inneren ohne Beimischung noch Brechung seitens des Mediums.

Kristallvisionen lassen sich nach meiner Beobachtung in Standardtypen einteilen. So zum Beispiel zeigt sich häufig eine Gruppe von Gesichtern oder Menschen, von denen einzelne dem Probanden bekannt sind. Diese Gestalten pflegen eine Serie von Handlungssequenzen auszuführen, ja zuweilen ein ganzes Minidrama zu agieren. Nicht selten tauchen auch Kindheitserinnerungen auf – Begebenheiten, die so lange zurückliegen, daß der Proband seither überhaupt nicht mehr an sie gedacht hat.

Genau wie die Rückführungserlebnisse lassen sich auch die Kristallvisionen von seiten des erlebenden – in diesem Fall: des projizierenden – Subjekts nicht lenken. Wer beispielsweise einige Menschen sich rund um einen Tisch niederlassen sieht, kann der Gruppe nicht «vorschreiben», was sie als nächstes zu tun hat. Wollte er es versuchen, würde er damit höchstwahrscheinlich nur erreichen, daß die Szene sich in nichts auflöst.

Etwas anderes ist es jedoch, den Visionen vorab einen bestimmten «thematischen Rahmen» zu setzen. Setzt man sich
vor die Kristallkugel mit diesbezüglicher fester Entschlossen-
heit, die man innerlich in klaren Worten artikuliert – etwa so:
«Wenn ich jetzt in den Kristall sehe, sehe ich Bilder, die mit
meiner Beziehung zu meinem Partner (meiner Partnerin, meiner Phobie, meiner schlechten Gewohnheit) zu tun haben» –,
so pflegen die Bilder sich in der Regel an diese Vorgabe zu
halten.

Irgendwann einmal brachte mich diese Entdeckung auf die
Idee, in meine Experimente mit dem Kristallsehen auch das
Thema Inkarnationsregression mit einzubeziehen. Also
setzte ich mich am Abend in behaglicher Umgebung vor
meine Kugel und nahm mir vor, im Kristall ein früheres Dasein zu sehen, das in wichtiger Beziehung zu meinem derzeitigen Leben stand. Und siehe da, wie ich daraufhin gespannt in
die spiegelnde Tiefe vor mir starre, entrollt sich vor meinen
Augen das Drama meiner Einkörperung als chinesische Malerin. Nach diesem Erlebnis faßte ich den Entschluß, das Experiment auch mit einigen Patienten zu machen.

Margaret die Mandschurin

Meine erste Versuchsperson war eine dreißigjährige Frau namens Margaret, die bereits Erfahrungen mit der Rückführungshypnose hatte. Zur Entspannung unterzog ich sie einige
Minuten lang der Einschläferungsprozedur; zum Abschluß
erklärte ich ihr, sie werde jetzt gleich die Augen öffnen und in
eine Kristallkugel sehen: «In dem Kristall werden Sie ein früheres Leben erblicken, das Schlaglichter auf ihre derzeitige
Lebenssituation wirft.» Dann hieß ich sie die Augen aufma-
chen.

Während des anschließenden Erlebnisses spiegelte ihr Gesicht eine ganze Skala wechselnder Empfindungen wider. Streckenweise blickte sie kummervoll, dann wieder glücklich, ein andermal wiederum nur sehr gespannt in die Kugel. Hinterher hatte sie die folgende staunenswerte Geschichte zu berichten:

Ich war ein kleines Mädchen in einer Stammeskultur im alten China. Wir wohnten in Zelten und zogen ungebunden im weiten Flachland umher. Zu meinen nachhaltigsten Kindheitserinnerungen zählte ein Vorfall, bei dem mein Vater ein Pferd mißhandelte, indem er brutal auf das Tier einpeitschte, um es zu schnellerer Gangart anzutreiben. Ich weinte beim Anblick seiner Grausamkeit, und er lachte über meine Rührseligkeit.

Ich tat dann einen großen Schritt vorwärts in meiner Lebensgeschichte. Ich trug jetzt Sachen aus Leder, Pelz und Wolle und dazu schwere Stiefel. Im Freien herrschte gewaltige Kälte, und alles war tiefverschneit. Ich war im Jungmädchenalter, und wie mir schien, hatte ich mich im Charakter der Rauheit meiner Umgebung angepaßt. Dazu hatte ich den Eindruck, als halte unser Stamm im Inneren zusammen wie Pech und Schwefel, während er nach außen hin maßlos grausam auftrat. Ich selbst hatte die Grausamkeit als Lebensbedingung akzeptiert und fühlte mich nicht länger von ihr abgestoßen.

Ich ging weiter vorwärts in meiner Lebensgeschichte. Unser Stamm zog als Glied eines endlosen Heerwurms über Land. Einmal sah ich uns eine Herberge überfallen und niederbrennen. Wie Berserker fielen wir über das Anwesen her und machten alles nieder.

In einer anderen Szene erlebte ich mit, wie wir unter Einsatz einer Wurfmaschine, die Feuerbrände schoß, eine mit Mauern befestigte Stadt bestürmten.

Mit zunehmenden Jahren fühlte ich mich durch diese Lebensweise immer ärger strapaziert. Ich war ausgelaugt bis auf die Knochen – buchstäblich verschlissen. Über meinen Mann freilich konnte ich nicht klagen: Er zeigte sich zwar ungeheuer grausam gegen Fernerstehende, war jedoch mir gegenüber die Fürsorglichkeit in Person. Ich hatte ihm eine zahlreiche Kinderschar geboren. Einmal sah ich uns alle im Gänsemarsch zum Fluß hinunter nach Wasser gehen: Wir boten das Bild der sprichwörtlichen Orgelpfeifen.

Zuletzt sah ich mich, von einem Teil meiner Kinder umringt, in unserem Zelt liegen – ein verhutzeltes altes Weiblein mit grauen Haarzotteln, das mit dem Tode rang. Dann war es aus und vorbei.

In mehr als einer Hinsicht spiegelt dieses Rückführungserlebnis Margarets derzeitiges Leben wider. Sie hat in eine sehr sippenbewußte Familie eingeheiratet, in der man untereinander mit viel Rücksichtnahme und Verständnis begegnet, für Außenstehende jedoch kaum ein Gran von diesen löblichen Eigenschaften aufzubringen vermag. Ihr Ehemann ist die Personifikation des Sippencharakters. Margaret gegenüber hat er es noch nie an Liebe und Zärtlichkeit fehlen lassen, seine Angestellten dagegen behandelt er ziemlich ruppig. Erwischt er in seinem Ladengeschäft einmal eine Mitarbeiterin oder einen Mitarbeiter bei etwas, das ihm nicht paßt, so «fällt er über die oder den Betreffende(n) her» und «macht ihr oder ihm die Hölle heiß» – eine interessante Parallele zur zündelfreudigen Aggressivität der Mandschuren in Margarets Rückführungserlebnis. Margaret hat zwar bis dato nur zwei Kinder, möchte aber noch viele weitere haben, denn Kinderreichtum ist für sie gleichbedeutend mit verbesserter Lebensqualität.

David der Insulaner

Nach dem Versuch mit Margaret setzte ich meine Kristallsehen-Experimentreihe mit einem Patienten namens David als nächstem Probanden fort. Wie in all diesen Fällen kam es auch hier zu einem bemerkenswerten Ergebnis.

David ist ein grobschlächtiger junger Mann vom platten Land, nicht gerade in übertriebenem Maß von Kultur und Bildung beleckt, und nach seiner Schilderung steht es mit seinen Eltern in diesem Betracht nicht viel anders. Seine

Mutter ist Hausfrau und sein Vater Versicherungsvertreter.

David wirkt äußerlich ausgesprochen verwaschen. Er hat fahlgraues Haar, blaßgraue Augen, und sogar sein Geschmack in puncto Kleidung ließe sich noch am prägnantesten auf die Formel «Je farbloser, desto besser» bringen. Ich finde Davids ausgebleichtes Erscheinungsbild nur aus einem einzigen Grund erwähnenswert, nämlich weil das Rückführungserlebnis, das sich ihm in der Kristallkugel zeigte, zum Farbenreichsten gehört, was mir in diesem Genre jemals untergekommen ist.

Ich war an einem Strand, mitten in einer Horde Menschen, über einem offenen Feuer brieten sie etwas, das nach Fisch aussah. Aber das Essen interessierte mich nicht halb so sehr wie der Ort, wo ich war, und die Leute da.

Der Ort war eine Insel, und zwar keine von den größten. Wenn ich den Blick erhob, konnte ich zum Landinneren hin ein paar Hügel wahrnehmen. Irgendwie wußte ich, daß ich in Null Komma nichts um die ganze Insel herumspazieren könnte.

Wir hatten dieses unheimlich bunte Zeugs an, aus diesem gefärbten Material, das wie Papier war. Die Leute in meiner Nähe machten beim Gehen mit ihren Röcken so ein raschelndes Geräusch, als ob die Dinger aus Seidenpapier wären. Na, jedenfalls waren sie schreiend bunt gefärbt und stachen grell ab von dem ruhigen Grün der Bäume und dem satten Rot der Blumen.

In der nächsten Szene lief ich zusammen mit einem Haufen von diesen Leuten in dem flachen Wasser am Strand hin und her, und wir sammelten da die Fische auf, die von der Flut auf Grund gespült worden waren. Wir waren mächtig glücklich. Auf dieser Insel gab es auch eine Menge Früchte, die alle gut schmeckten und sehr satt machten.

Unser Bewußtsein war in erster Linie Stammesbewußtsein. Ein Gefühl, daß da irgendwer meine Mama oder mein Papa war, kannte ich nicht – wir standen uns alle gleich nahe. Aber der Hammer bei dem Ganzen war, daß ich selber nicht wußte, ob ich Männlein oder Weiblein war. Ich wußte bloß, ich bin ziemlich jung.

Es gab nur einen einzigen Menschen, zu dem ich mich persönlich stärker hingezogen fühlte. Das war ein alter Mann in unserem Stamm, ein echt vergnügter Kerl mit einem kugelrunden Schmerbauch und einer schwarzen Krause auf dem Kopf. Der war so eine Art Haltegriff für mich im Leben. Ich weiß noch, daß ich oft mit ihm am Strand saß und lange Gespräche mit ihm führte und mich dabei ausgesprochen wohl fühlte. Ich entsinne mich allerdings nicht mehr, über was wir uns da unterhalten haben.

Interessant fand ich den Umstand, daß die Regression den Patienten in ein Inseldasein geführt hatte, in dem es ihm nicht gelingen wollte, erwachsen zu werden: offenbar ein Reflex seiner derzeitigen Lebenssituation, die wesentlich mitgeprägt wird von Angst und Mißmut der Eltern angesichts der Tatsache, daß der Sohn «aus dem Nest geflüchtet» ist, um sich mit Dingen zu beschäftigen, zu denen sie ihrerseits im Grunde keinen Zugang mehr haben. Oder wie David es ausdrückt: «Sie wollen mich bloß in einem fort wieder in den alten Schlamassel zurückziehen.» Womit er auf seine Art sagen will, daß die Eltern ihn ewig als ihr kleines Kind um sich herum haben möchten.

Der weise Alte, zu dem der Patient sich in seinem Rückführungserlebnis hingezogen fühlte, repräsentiert nicht den Vater, denn vor dem hat David eindeutig nicht halb soviel Respekt. Es konnte auch keiner von den Großvätern sein, denn alle zwei waren schon vor Davids Geburt gestorben. Bei unserer gemeinsamen Erörterung dieses Punkts kam David darauf, daß es sich um einen jovialen Polizeibeamten in seinem Geburtsort handeln müsse, mit dem er sich als Kind angefreundet gehabt hatte.

Das Rätsel Michael

Eines der plastischsten und zugleich rätselhaftesten Rückführungserlebnisse, mit denen ich es in meiner Praxis je zu tun bekam, hatte ein Patient, den ich hier Michael nennen möchte. Als Vehikel für seine Seelenreise diente eine Kombination aus Hypnose und Kristallsehen. Die Visionen, durch die sie ihn führte, verblüffen sowohl durch ihre Komplexität als auch durch ihre unerklärliche Herkunft.

Die prägnanteste Charakterisierung, die mir zu Michael einfällt, lautet: Sein Bewußtseinshorizont umfaßt das Handfeste und nur das Handfeste. Wenn er in der Uniform des Milchmanns an Ihrer Haustür klingelte oder als der Elektriker zu Ihnen käme, der Ihren Kühlschrank reparieren soll, würden Sie bei seinem Anblick unweigerlich zu sich sagen: Das ist genau der richtige Mann! Aufgewachsen ist er auf einer 160-Hektar-Farm in North Carolina, wo er sich um das Vieh zu kümmern hatte und den größten Teil seiner (kärglich bemessenen) freien Zeit gemeinsam mit seinen Brüdern beim Jagen und Fischen verbrachte.

Michael ist, mit anderen Worten, das Gegenteil eines Intellektuellen und macht nicht den geringsten Hehl daraus, daß er vom Gang der Weltgeschichte so gut wie nichts weiß und auch gar nicht mehr davon wissen will. Trotzdem führte ihn die Inkarnationsregression ins östliche Europa des siebzehnten Jahrhunderts zurück, wo er vom Kind reicher Leute zum armen Dorfjungen wurde und dann sein Leben als Beamter im Verwaltungsapparat der österreichisch-ungarischen Monarchie beschloß.

In der ersten Szene meines Rückführungserlebnisses befand ich mich in einer fahrenden Kutsche. Die Witterung war kalt, und ich drängelte mich, warm eingemummelt, ganz dicht an meine Mutter. Dabei schaute ich mit bänglichen Empfindungen zum Kutschfenster hinaus, denn wir fuhren gerade durch ein Armenviertel, und ein Rudel Hunde hatte sich kläffend an die Hinterräder unseres Gefährts geheftet.

Als die Kutsche vor unserem Haus anhielt, wechselte mit einemmal meine Perspektive. Ich beobachtete von außerhalb des Gefährts, wie der Schlag aufgemacht wurde und wir ausstiegen. Aus dem Haus kam uns eine alte Bedienerin in zerlumpten Kleidern entgegengelaufen, um uns zu begrüßen.

Ich sah mich selbst aus der Kutsche steigen. Mein Kopf war zum Schutz gegen die Kälte fast ganz unter einem mordsmächtigen Trumm von einer reichbestickten braunen Mütze verborgen, aber ein Stück von meinem langen Haar schaute trotzdem noch heraus. Mein Haar war rabenschwarz und hing als Pony in mein breites rundes flaches Gesicht.

Selbst meine Kleidung konnte ich deutlich erkennen. Ich war in teuer aussehende Tuche und Stoffe mit vielen Falten und Rüschen gewandet, und auch mit ihrer eigenen Aufmachung plakatierten meine Eltern, die unmittelbar nach mir aus der Kutsche geklettert kamen, daß sie wohlhabende Leute waren. Zum unverkennbar kostspieligen Habit trug meine Mutter ein funkelndes Geschmeide und mein Vater eine mächtige und prächtige Kopfbedeckung.

Unterm Aussteigen und Hineingehen waren meine Eltern viel zu sehr in eine lebhafte, mit heftigem Gestikulieren verbundene Diskussion vertieft, um mir irgendwelche Beachtung zu schenken. Mein Vater strahlte eine unangenehme Arroganz aus, ein Gemisch aus Überheblichkeit und Unsicherheit.

Meine Mutter war ein überkandideltes Nervenbündel, die in ihren Auseinandersetzungen mit meinem Vater fortwährend den Eindruck erweckte, als stünde sie kurz vorm Überschnappen.

Es gab eine Szene in dem Ganzen, da war ich in einer Art Rückblende in dem Haus in Budapest. Ich konnte mich da mit meinen Eltern bei einer Bootspartie erleben. Das war eine unserer Lieblingsbeschäftigungen.

Ich ging mit einem großen Schritt vorwärts in der Zeit zu einem meiner Lebenstraumen, dem Ausbruch der Krankheit meines Vaters. Er hatte die Schwindsucht und lag im Sterben. Ich erinnere mich noch, wie verzweifelt mein Vater in den letzten Stunden seines Lebens nach Atem rang. Meine Mutter flippte einfach aus bei dem Anblick.

Als ich damals meine Mutter beobachtete, fühlte ich mich von nacktem Entsetzen gepackt. Mir ging auf, daß sie nicht fähig sein würde, mich auf eine solide Lebensbasis zu stellen.

Ich konnte mir dann einen jahrelang währenden Lebensabschnitt vergegenwärtigen, in dem unser Barvermögen dahinschmolz und unsere Einrichtung Stück für Stück verkauft wurde, bis Mutter und ich zuletzt in leeren Räumen zwischen den nackten Wänden hausten. Schließlich mußte sie auch noch das Haus verkaufen und zu ihren Eltern aufs Land ziehen.

Ich erinnere mich, daß ich entzückt war von den malerischen Häuschen in ihrem Heimatdorf. Aber genausogut entsinne ich mich auch der Verzweiflung, die mich unter den Dörflern ergriff. Die Atmosphäre da war mit Ressentiment geschwängert bis zur Sättigung.

Ich sah dann, wie das Dorf von einem Hochwasser heimgesucht wurde. Ich sah, wie jemand Mutter und mich aus dem Schlaf rüttelte und uns in die Ohren schrie, wir sollten uns in Sicherheit bringen. Während wir uns die Landstraße hinauf auf höher gelegenes Terrain flüchteten, sahen wir, wie sich ein Stück weiter unten ein schwarzer Wasserteppich zwischen den Häusern entrollte.

Wir überstanden die Katastrophe unversehrt, aber unser ganzes Hab und Gut war beim Teufel. Auch das allerletzte bißchen an Sachen, die mir aus meiner Kindheit in wohlhabenden Verhältnissen noch geblieben waren, war der Schlammflut zum Opfer gefallen.

Die Dorfbewohner blieben mir, mit einer einzigen Ausnahme, samt und sonders fremd. Lediglich zu dem gütigen Dorfschulmeister, der mich ich weiß nicht warum ins Herz geschlossen hatte, fand ich so etwas wie eine Beziehung. Er verstand es, die Lust am Lernen in mir zu erwecken – was zum fraglichen Zeitpunkt in meinem Leben durchaus keine leichte Aufgabe war. Mein Vater hatte mich immer so rüde zum Lernen angetrieben, daß er mir damit den Spaß an der Sache gründlich verdorben hatte. Ich konnte eine Szene beobachten, in der ich ängstlich über ein Buch gebeugt am Tisch saß und mir verzweifelt etwas einzuprägen suchte, während mein hinter mir stehender Vater mit Donnerstimme einen Schwall von Flüchen über mich ausgoß, weil es nicht in meinen Kopf hineinwollte, was da in dem Buch stand. Es war nicht das einzige Erlebnis dieser Art, das ich gehabt hatte, und alle hatten sie Narben auf meiner Seele hinterlassen.

Doch jener Dorfschulmeister lehrte mich den Wert von Wissen und Bildung schätzen. Je länger ich seinen Unterricht besuchte, desto deutlicher wurde mir bewußt, daß meine Berufung in der Kanzleiarbeit lag. Und Kanzleibeamter bin ich dann in der Tat auch geworden.

Ich machte einen großen Schritt vorwärts über eine Reihe von Jahren hinweg und fand mich als jungen Mann in einer Postkutsche auf dem Weg nach Budapest wieder.

Ich kehrte in die Hauptstadt zurück, um hier einen Posten in der Verwaltungsbürokratie anzutreten. Die Ironie des Schicksals hatte es so gefügt, daß das Amtsgebäude, in dem ich meinen Dienst tat, an derselben Straße lag wie mein ehemaliges Elternhaus. Täglich aufs neue blutete mir das Herz, wenn ich auf dem Weg zwischen meiner winzig kleinen Wohnung und den Kanzleien dort vorbeikam.

Ich blieb unverheiratet, denn ich fand die Ehelosigkeit eine mir sehr gemäße Lebensweise.

Mein Leben erschöpfte sich im Stumpfsinn bürokratischer Aktenstaubfresserei. Jeden Morgen passierte ich das schwere Holzportal am Eingang und durchschritt hastig die mit Marmor ausgelegten Flure bis zu meiner Amtsstube. Dort hockte ich den lieben langen Tag und brachte Ordnung in die Akten des Steuerarchivs.

Im Sprung konnte ich dann vorwärtsgehen in der Zeit bis zu meinem Todestag. Wie mein Vater starb ich an der Schwindsucht. Ich entsinne mich, daß ich von hoch oben beobachtete, wie der Arzt an mein Bett trat. Mein Zustand hatte sich in kurzer Zeit rapide verschlechtert, ich war total geschwächt und abgezehrt, Überlebenschancen gab es für mich so gut wie keine mehr. Ich bat den Doktor, er möge mir doch endlich den Namen meiner Krankheit sagen, und wie es um mich stand, aber er wollte nicht damit herausrücken. So wie ich aussah, gab es allerdings keinen Zweifel daran, daß ich im Begriff stand, genauso zu enden wie mein Vater.

Für Michael wie für mich bot dieses Rückführungserlebnis Anlaß zum Staunen. Seiner eigenen Meinung nach war er viel zu nüchtern, als daß man bei ihm überhaupt mit einem Inkarnationserlebnis hätte rechnen dürfen. Und als dann am Ende unserer gemeinsamen Arbeit nicht allein ein früheres Leben zum Vorschein kam, sondern noch dazu ein ungemein komplex gebautes, waren wir beide sehr überrascht.

Wir gingen nun die Elemente von Michaels Rückführungs-erlebnis einzeln durch. Michaels Mutter in «diesem» Leben ist eine gefestigte, klar denkende Person, das genaue Gegen-teil der wirrköpfigen Flatterliese in der Kristallkugel. Auch sein Vater unterscheidet sich gewaltig von dem Mann, der in dieser Rolle in der Vision auftrat: von Arroganz gibt es an ihm nicht die mindeste Spur, vielmehr ist er warmherzig und ein lustiger Gesellschafter. Michael hat noch nie ein Hoch-wasser erlebt, und von der Gefahr der sozialen Deklassierung war er sein ganzes Leben lang so weit entfernt, wie man es überhaupt nur sein kann.

In unseren Gesprächen haben Michael und ich das Rück-führungserlebnis zu wiederholten Malen hin und her und um und um gewendet, konnten aber nicht die kleinste Einzelheit darin entdecken, die erlaubt hätte, es mit irgendeinem aktuel-len Lebensproblem in Beziehung zu setzen. Nach derzeitiger Einsicht handelt es sich hier für mich um einen der kuriose-sten Inkarnationsfälle von allen, mit denen ich je zu tun hatte.

Zur Technik des Kristallsehens

Wie aus dem Berichteten hervorgeht, sind als Kristallvisionen realisierte Rückführungserlebnisse ebenso nuancenreich wie hypnotisch erzeugte Inkarnationsregressionen. Der Unter-schied zwischen den zwei Realisationsformen betrifft im we-sentlichen nur die Kontrollinstanz: Beim Kristallsehen steht das Medium dem Phänomen der hypnotischen Halluzination unbefangener gegenüber, weil es in der Interaktion mit der Kristallkugel sozusagen selbst «die Zügel in der Hand be-hält»: es braucht nicht zu befürchten, die Herrschaft über das eigene Selbst an einen fremden Willen zu verlieren — eine Angst, die viele Menschen davon abhält, sich hypnotisieren zu lassen.

Im folgenden die wichtigsten Tips für Leser, die vorhaben, ihr vorgeburtliches Dasein mit Kristallsehen auf eigene Faust zu erkunden.

■ Die Hauptsache ist natürlich ein Utensil, das den Zweck erfüllt, beim Hineinsehen Visionen zu erzeugen. Im Regelfall ist das eine Kristallkugel oder ein Spiegel, ich kenne jedoch Leute, die den gleichen Zweck unter Zuhilfenahme einer mit Wasser gefüllten Pfanne erreichen. Grundsätzlich läßt sich das Kristallsehen mit einer Vielfalt von Utensilien bewerkstelligen. Die einzige unerläßliche Voraussetzung ist das Vorhandensein einer spiegelklaren Tiefe.

Nebenbei bemerkt zu allen, die vorhaben, sich eine Kristallkugel anzuschaffen: Die billigeren Modelle tun's allemal. Am Markt werden Kristallkugeln in unterschiedlichen Preislagen angeboten, darunter auch sehr teure, auf der Basis von Quarzstaub hergestellte Ausführungen. Da sie um keinen Deut bessere Resultate zeitigen als ihre preisgünstigeren Konkurrentinnen, wäre die Mehrausgabe zum Fenster hinausgeworfen.

■ Wer eine Kristallkugel benutzt, benötigt einen geeigneten Untersatz (mit Mulde), der die Kugel in Ruhelage hält, sowie – um störende Reflexe in der Kugel auszuschalten – ein Stück schwarzen Samt als Unterlage für das Ganze.

■ Kerzenlicht ist für den gegebenen Zweck die beste Beleuchtung. Probieren Sie unterschiedliche Entfernungen und Positionen der Kerze in Relation zur Kugel aus. Ich für meinen Teil habe die Erfahrung gemacht, daß eine Kerze in reichlich einem halben Meter Abstand von der Kugel genau die richtige diffuse Beleuchtung ergibt.

■ Die Einschläferung erfolgt in gleicher Manier wie bei einer regulären Hypnose. Wenn Sie auf den Hypnotiseur verzichten und lieber ein selbstbesprochenes Tonband zu Hilfe nehmen wollen, verwenden Sie dazu am besten den Text im Anhang dieses Buches – mit der Abwandlung natürlich, daß Sie an der Stelle, wo die Entspannungsprozedur in das Inkarnationserlebnis übergeht, das Ganze enden lassen mit der Anweisung an sich, jetzt die Augen zu öffnen und in die Kristallkugel zu schauen.

■ Stellen Sie sich darauf ein, daß es eine Zeitlang dauern wird, bis sich in der Kugel etwas zu zeigen beginnt. Rechnen Sie auf keinen Fall damit, daß es gleich nach dem Augenöffnen mit den Visionen losgeht. Kristallsehen setzt eine angemessene Bewußtseinshaltung voraus – und die angemessene Bewußtseinshaltung schließt Geduld mit ein: Von einem Zuwenig an Zeit sollte man hier wie überall kein Zuviel an Ergebnissen erwarten.

Die angemessene Haltung ist die entspannte. Aber wenn man die Kunst der Entspannung und des Geduldigseins meistert – o ja, dann allerdings sollte man seine Erwartungen wirklich hochschrauben! Viele Menschen gehen an den Versuch mit dem Kristallsehen von Anfang an so heran, daß sie sich sagen, bei dieser komischen Sache werde sicher gerade in ihrem Fall nichts Großes herauskommen. Und derartige Prophezeiungen sind die sicherste Garantie – und meist auch der einzige Grund – dafür, daß dann tatsächlich eintrifft, was da prophezeit wird.

Doch zuvor ein ernstes Wort!

Inkarnationsregressionen können sich zum geistigen Abenteuer mit bewußtseinserweiternder Wirkung gestalten. Doch wie alle hocheffizienten Selbsterfahrungstechniken sind sie mit Vorsicht zu genießen. Angesichts der wachsenden Betriebsamkeit speziell im Bereich der hypnotischen Rückführung scheint mir ein Aufruf zu etwas mehr Nüchternheit, Bedachtsamkeit und Wachsamkeit auf diesem Sektor keineswegs überflüssig. Nach meinem Eindruck begeben sich die Menschen heutiger Zeit scharenweise auf Seelenreisen, die ihnen noch in der vorigen Generation skeptische Blicke, wo nicht gar unverhohlenen Spott von seiten ihrer Freunde und Bekannten eingetragen hätten. Mir ist eine Reihe von Beispielen dafür bekannt, daß Hypnotiseure die Inkarnationsregression in Sitzungen mit hohen Teilnehmerzahlen gewissermaßen als Massenveranstaltung abwickeln, und ich kenne ebenso Fälle, in denen man in Gruppen von Freunden oder flüchtigen Bekannten gleichsam aus dem Stand – ohne Vorkenntnisse und Vorbereitung – mit der Regressionstechnik zu experimentieren begann. Man kann davon ausgehen, daß das Interesse für die hypnotische Rückführung in ein früheres Leben inzwischen stark verbreitet ist und daß viele Menschen nur auf die Gelegenheit warten, die Sache einmal selbst auszuprobieren. In Anbetracht dessen scheint es mir dringend geboten, auch auf problematische Aspekte in der Praxis der Reinkarnationstherapie hinzuweisen, die bis zum offenen Mißbrauch gehen können.

Das folgende ist beileibe nicht als Abschreckung gedacht. Jedem halbwegs gefestigten Menschen, der sich zum Thema Inkarnationsregression einigermaßen sachkundig gemacht hat und ein seriöses Bedürfnis nach Erkundung seiner vorgeburtlichen Existenz verspürt, kann man nur raten, seinem Bedürfnis ungeniert nachzugeben. Doch kann es diesen Menschen gewiß nicht schaden, wenn sie sich frühzeitig bewußtmachen, daß auf ihrem Weg auch einige Gefahren liegen können.

Wer eine Seelenreise in ein vergangenes Dasein plant, sollte im eigenen Interesse vorab zumindest die fünf wichtigsten Risiken kennen, die ihm drohen, nämlich die Rückführung 1. als Scharlatanerie, 2. als fixe Idee und Suchterlebnis, 3. mit unrealistischen Erwartungen, 4. als Eskapismus und 5. als Egotrip.

Rückführung als Scharlatanerie

Es ist eine in mancher Hinsicht erfreuliche Tatsache, daß immer mehr Menschen sich für ihre «früheren» Leben zu interessieren beginnen. An und für sich nicht unerfreulich ist auch, daß die Kunst, einen Menschen zu hypnotisieren, leicht zu erlernen ist. Diese beiden grundsätzlich positiven Tatsachen addieren sich aber nun in der Praxis leider zu einer negativen Größe zusammen: zu der unerquicklichen Situation nämlich, daß heute Scharen von halbgebildeten, unerfahrenen Stümpern und Dilettanten als «Fachleute» für Reinkarnationstherapie firmieren und agieren. Das Problem wird noch verschärft durch den Umstand, daß bis dato nur wenige ausgebildete Psychologen und Psychotherapeuten für den praktischen Einsatz der Inkarnationsregression zu gewinnen waren. Der Vielzahl von Interessenten auf der Patientenseite steht auf seiten der Therapeuten und Berater ein fühlbarer Mangel an fachlich geschultem Personal gegenüber.

Die meisten Menschen benötigen nun allerdings – zumindest bei den ersten Malen – die Hilfestellung eines Beraters oder Hypnotiseurs, um in ein Rückführungserlebnis hineinzufinden: man kann ihnen unter den gegebenen Umständen nicht nachdrücklich genug raten, sich gründlich zu überlegen, wen sie mit dieser verantwortungsvollen Aufgabe betrauen wollen, und den Kandidaten zuvor eingehend unter die Lupe zu nehmen. Wie sehr es bei der Inkarnationsregression auf die richtige Wahl des «Seelenführers» ankommt, mag ein Zwischenfall illustrieren, dessen Zeuge ich jüngst auf einer Fachtagung von Parapsychologen wurde.

Dort zog während einer Kaffeepause ein Teilnehmer meine Aufmerksamkeit auf sich, der in einer Telefonkabine allem Anschein nach jäh von einem schweren Unwohlsein befallen worden war. Er übergab sich und schnappte anschließend, beide Hände am Hals, krampfhaft nach Luft. Nach einiger Zeit hatte er sich wieder soweit unter Kontrolle, daß er den

herzudrängenden hilfsbereiten Samaritern die – schier un-
glaubliche – Ursache seiner plötzlichen «Übelkeit» erklären
konnte. Man höre und staune: Erst wenige Stunden zuvor
hatte sein Hypnotherapeut von einem anderen Bundesstaat
aus *über Telefon* eine Regression in ein früheres Leben mit
ihm durchgeführt, in dem er am Galgen endete. Er war danach auf dieses Erlebnis psychisch so «fixiert» geblieben, daß
es ihn jetzt beim Telefonieren aus heiterem Himmel noch einmal überfallen hatte: Was wir Umstehenden für ein heftiges
Unwohlsein gehalten hatten, war eine anfallartige Wiederkehr jenes Todeserlebnisses gewesen.

Diese Anekdote illustriert in drastischer Anschaulichkeit
den Grundsatz, daß jede Rückführung in ein früheres Leben
unmittelbar gefolgt sein muß von einer Prozedur, die in der
analytisch inspirierten Psychotherapie «Durcharbeiten»
heißt. Im gegebenen Rahmen will das sagen: Sind auf dem
Wege der Hypnose (oder einer anderen Technik) stürmische
Affekte entbunden beziehungsweise mit solchen Affekten be-
setzte Erinnerungen aktiviert worden, muß dem Betroffenen
im Anschluß daran ausreichend Gelegenheit gegeben werden, im therapeutischen Gespräch zur Aussöhnung mit diesen Empfindungen zu kommen, indem er ihren Stellenwert
im globalen Sinnbeziehungsgeflecht seines Lebens erkennt
und sie damit durch Relativierung überschreitet.

Grundsätzlich möchte ich den Leser mit dem allergrößten
Nachdruck vor jedem warnen, der so tut, als ob er ihm die
Bedeutung seiner Rückführungserlebnisse auf den Kopf zusa-
gen könnte. Nach meiner Erfahrung geht es Hypnotherapeuten, die sich in derlei marktschreierischer Traumdeuterallüre
gefallen, im Grunde nur darum, ihre Klienten in eine unter-
würfige und abhängige Position hineinzumanövrieren. Als
Lotsen durch das Labyrinth der eigenen Brust suche man sich
jemanden aus, der einem Hilfe zur Selbsthilfe – qua Selbster-
kenntnis, Selbstfindung aus eigener Kraft – leisten will *und*

kann. Und bitte scheuen Sie sich nicht, jemanden, dem Sie in wie begrenztem Maß auch immer die Sorge um ihr Seelenheil anzuvertrauen gedenken, auch nach einem überzeugenden, am besten urkundlichen Befähigungsnachweis zu fragen. Oder möchten Sie sich wirklich lieber mit dem Geraune und Gelaber eines autodidaktischen Feld-Wald-Wiesen-Therapeuten begnügen, statt die Hilfe eines geschulten und geprüften Fachmanns in Anspruch zu nehmen?

Nach meiner Erfahrung sind die besten Hypnotherapeuten und Berater diejenigen, die ihre Aufgabe darin sehen, ihrem Schützling nicht nur zu einem von außen – also auch von ihnen selbst – unbeeinflußten Rückführungserlebnis zu verhelfen, sondern auch dazu, daß er dieses Erlebnis als Schlüssel zu seiner aktuellen Lebensproblematik begreifen lernt. Der ideale «Lotse» und «Begleiter», «Seelenführer» durch die Welt der Inkarnationsregression richtet sein Augenmerk weniger auf die sensationellen Aspekte der Erscheinungen, die sich da unterwegs zeigen, als vielmehr darauf, wie man das alles instrumentalisieren kann zu dem Zweck, dem Medium zur Fühlung mit seinem Wahren Selbst zu verhelfen.

Rückführung als fixe Idee und Suchterlebnis

Konkrete Seelenwanderungserlebnisse sind zwar in unserer Gesellschaft etwas relativ Neues, doch hat es zu allen Zeiten in aller Welt Kulturen gegeben, für die das Phänomen nicht in eine solche Aura von Mysteriosität eingehüllt war wie für uns, sondern die es als ein mehr oder weniger banales Alltagsfaktum betrachteten.

Viele der betreffenden Kulturen warnen davor, diesen Dingen übertriebene Beachtung zu schenken. Begegnungen mit früheren Einkörperungen der eigenen Person gelten zwar als Zeichen des Fortschritts auf dem Weg zum Wahren Selbst, aber trotzdem sieht man in ihnen nicht mehr als nur die Landschaftskulisse entlang diesem Weg – die man auf keinen Fall mit dem Ziel verwechseln sollte! In den meisten dieser Kulturen hält man es für das beste, allfällige Eindrücke aus einem früheren Leben gelassen zur Kenntnis zu nehmen, die Lehre aus ihnen zu ziehen, die sie womöglich enthalten, und im übrigen sich von derlei Phänomenen nicht in solchem Maß gefangennehmen zu lassen, daß man darüber Sinn und Ziel seines derzeitigen Lebens aus den Augen verliert.

Ich halte dies für eine kluge Einstellung, die ich zur Nachahmung ganz dringend all jenen Zeitgenossen – es gibt sie in erheblicher Zahl, ich habe selbst einige von ihnen in meiner Bekanntschaft – ich sage: all jenen Zeitgenossen empfehlen möchte, die so sehr in den Bann ihrer vorgeburtlichen Existenzen geraten, ja förmlich so süchtig nach Rückführungserlebnissen geworden sind, daß sie die Inkarnationsregression als Selbstzweck betreiben und darüber völlig vergessen haben, daß sie es hier doch nur mit einem einzelnen Vehikel unter vielen zu tun haben, deren einziger Sinn und Zweck es ist, sie im Hier und Jetzt zur Begegnung mit ihrem Wahren Selbst zu führen.

Eine weitverbreitete Ausdrucksform der «Rückführung als fixer Idee» ist die aufwendige Suche nach detaillierten Beweisen für die faktische Wahrheit des unter Hypnose Erlebten. Demgegenüber ist einesteils zu bemerken, daß die Erfolge solcher Verifikationsbemühungen bisher noch reichlich dünn gesät sind. Zum anderen aber und wichtiger noch: Solange man seine Zeit mit derlei kleinkrämerischer Faktenhuberei verplempert, hält man sich selbst davon ab, im Rückführungserlebnis den (in aller Regel) nächstliegenden Bezug zu erkennen, nämlich den Schlüssel zur Lösung akuter Lebensprobleme.

Rückführung mit unrealistischen Erwartungen

Ich erlebe es immer wieder, daß Leute mit hochfliegenden Erwartungen zu mir in die Praxis kommen. Sie stellen sich etwa vor, ich brauche sie nur zu hypnotisieren und in ein früheres Leben zurückzuführen, und schon sind sie mit einem Schlag all ihre großen und kleinen Seelenschmerzen und -probleme los.

Das sind müßige Hoffnungen. Es kommt zwar in der Tat manchmal im Zuge von Reinkarnationstherapien zu spektakulären Heilerfolgen, doch keineswegs mit solcher Regelmäßigkeit, daß man berechtigt wäre, die Inkarnationsregression als psychotherapeutisches Allheilmittel zu betrachten. Nach meiner Erfahrung ist ihr Nutzen um so größer, je realistischer die Einstellung, mit der man sich ihr nähert. Wer in die Rückführung neugierig, unvoreingenommen und offen für alles, was da kommen mag, hineingeht, hat die besten Chancen, mit einem befriedigenden Resultat wieder aus ihr herauszukommen – mit einem sehr viel besseren jedenfalls als jemand, der sich von vornherein Wunderwirkungen von ihr verspricht.

Rückführung als Eskapismus

Das wachsende Interesse für alles, was als Seelenwanderung, Reinkarnation, Wiedergeburt und dergleichen daherkommt, ist fraglos mitbedingt durch die beängstigende Komplexität des modernen Lebens. Die Entfremdungsgefühle, die so viele von uns angesichts der Gegenwartsstrukturen und des Zeitgeschehens empfinden, begünstigen das realitätsflüchtige Sichversenken in die Simplizität vergangener Zeiten und Lebensformen. Ist es denn nicht verlockend, den Problemen und Spannungen unserer gegenwärtigen Existenz durch Überwechseln in eine frühere zu entschlüpfen? Ich selbst bin gegen diese Versuchung, die vom hypnotischen Bäumchen-wechsle-dich-Spiel ausgeht, nicht vollständig gefeit. Ich finde die hyp-

notische Trance einen höchst angenehmen Zustand, und als
ich mich seinerzeit an die Erforschung meiner Vorleben
machte, wurde ich anfangs nicht müde, mir diese inneren
Klamauk- und Abenteuervideos wieder und wieder anzusehen.

So reizvoll die Rückführungserlebnisse, als ästhetische Ge-
nußmittel konsumiert, auch wirken mögen – alles in allem
hat man mehr von ihnen, wenn man sie nicht für den Kata-
pultstart zum Flug in eskapistische Wolkenkuckucksheime
benutzt, sondern sich hauptsächlich unterm Aspekt ihres
Nutzwerts für die Lösung derzeitiger Lebensaufgaben mit
ihnen befaßt.

Rückführung als Egotrip

Mangel an Selbstwertgefühl kann sich zu einer erdrückenden
seelischen Belastung auswachsen. Ja, viele Psychologen und
Psychiater sind sogar der Meinung, daß der Verlust der
Selbstachtung die eigentliche Wurzel einer der zerstörerisch-
sten – und verbreitetsten – Seelenkrankheiten heutiger Zeit
ist: der Depression.

Ein angeschlagenes Selbstwertgefühl ist in manchen Fällen
mit so unerträglichem Leidensdruck verbunden, daß die Psyche nichts unversucht läßt, um diese Unlustempfindungen
abzuwehren, und nicht selten werden zu diesem Zweck die
kuriosesten Schliche und Kniffe ins Werk gesetzt: da werden
gewissermaßen Potemkinsche Dörfer aufgebaut, die den
peinlichen Mangel an Selbstwertgefühl verdecken sollen.

Was Wunder also, wenn Depressive mitunter eine geradezu
schwärmerische Begeisterung für die Inkarnationsregression
entwickeln, weil sie in ihr das Mittel entdeckt zu haben meinen, mit der ihre darniederliegende Selbstachtung wieder auf-
gepäppelt werden kann? Denn scheint es nicht auf der Hand
zu liegen, wie einfach es ist, die «Erinnerungen» an ein früheres Dasein so hinzubiegen, daß sie alle Leiden und Schmerzen

eines in diesem Leben für nichtswürdig sich haltenden Menschen zu betäuben vermögen? «Was ist schon groß dabei, wenn ich in diesem Leben eine Null bin?» könnte man sich die unbewußte Argumentation der depressiven Psyche etwa vorstellen: «In einem früheren Leben besaß ich Macht, Weisheit, Reichtum und Ansehen mehr als genug.»

Daß jemand wirklich so denken könnte, mag mancher Leser für unwahrscheinlich halten, aber ich kenne mehr als einen Menschen, der sich in den Netzen einer solch absurden Logik verfangen hat. Ein Abwehrmechanismus dieses Typs funktioniert allerdings nicht. Wir alle brauchen zum Leben das Bewußtsein unseres Eigenwerts, aber dieses Bedürfnis ist eine Sache des Lebens hier und jetzt. Im Hier und Jetzt müssen wir uns unseres Selbstwertgefühls versichern, wenn es zu unserem Glück beitragen soll. Die Rückbesinnung auf ein vermeintlich glücklicheres Leben in Zeiten vor unserer Geburt kann uns nicht zu mehr Glück in *diesem* Leben verhelfen. Wer meint, was ihm hier abgeht, auf der Rückreise in der Vergangenheit erlangen zu können, gibt sich einer Täuschung hin. Überdies: Die Rückreise in ein früheres Leben mit derart verzweifelten Hoffnungen im Gepäck zu unternehmen, ist der sicherste Weg, sich den realen Nutzen, den sie bringen könnte, teilweise oder ganz zu verscherzen.

Nach meiner Erfahrung schlägt die Seelenreise in die vorgeburtliche Vergangenheit zum Besten aus für den, der sie in gelassener Stimmung antritt – mit keiner bestimmten Erwartungshaltung, sondern mit freischwebend-offener Neugier etwa des Inhalts: «Na, wollen wir doch mal sehn, was da kommt» –, und der sich von dem Erlebnis zuallerletzt das Balkenmaterial verspricht, mit dem er sein vom Einsturz bedrohtes Selbstbild abstützen könnte.

Menschen, die sich, um ihr Selbstbewußtsein aufzumöbeln, in Outriertheit und überzogene Attitüden flüchten, wirken häufig «aufgeblasen». Dementsprechend bezeichnet man diesen Geisteszustand im Englischen als «ego inflation», d. h. Ich-Blähung; im Deutschen spricht man von «Selbstüberzogenheit». Bei der Beurteilung derartiger Verhaltensformen hat man sich aber immer vor Augen zu halten, daß sie aus tiefsitzender Unsicherheit entspringen. Menschen, die sich Selbstsicherheit zu verschaffen gedenken, indem sie sich in vorgeburtliche Glanzzeiten zurückwenden, bewirken damit nur die Verlängerung ihrer Qual, weil sie sich vor der Erkenntnis drücken, daß die Wurzeln des Übels in diesem Leben liegen.

Demgegenüber können umsichtig und bedachtsam als Instrument der Selbsterforschung – eines von vielen in einem umfangreichen Instrumentarium – eingesetzte Rückführungen mit der Zeit zu vertieftem Selbstverständnis führen, aus dem dann zu guter Letzt sehr wohl auch ein neues, gekräftigtes Selbstwertgefühl hervorgehen mag.

Wer also Rückführungserlebnisse allzu eilfertig zu dem Zweck ausschlachtet, sein angeknackstes Ego aufzumöbeln, verbaut sich damit faktisch selbst den Zugang zu jenem energetischeren Selbstgefühl, das ihm als Frucht einer sorgfältig überlegten, mit Bedacht ausgeführten Durcharbeitung seiner Inkarnationserlebnisse zufallen würde.

10
Bilanz

Im Zuge meiner Reinkarnationsforschung habe ich nahezu zweihundert hypnotische Regressionen durchgeführt. Ein Teil meiner freiwilligen Versuchspersonen gelangte dabei jeweils auf eine plastisch erlebte Seelenreise in die Vergangenheit, wo er sich in fremden Kulturen in unvertraute Situationen hineingestellt sah. Eine zweite Gruppe bildeten jene, denen sich nur flüchtige Bilder von einem früheren Leben zeigten, ehe sie wieder in die Gegenwart zurückkehrten. Die Mitglieder der kleinsten Gruppe – knapp 10 Prozent der Gesamtzahl – waren überhaupt nicht in der Lage, zu so etwas wie einem früheren Leben auch nur ahnungsweise vorzustoßen.

Bei den plastischen Rückführungserlebnissen handelte es sich durchweg um faszinierende Dramen, nach deren Herkunft man in vielen Fällen nicht lange zu suchen brauchte. Ein Teil ließ sich unschwer als Widerschein von Beziehungsproblemen oder latent neurotischen Bedingungen in den derzeitigen Lebensumständen der Versuchsperson identifizieren. Andere Erlebnisse wiederum brachten unverkennbar das Selbstkonzept – den persönlichen Mythos – der Versuchsperson zum Vorschein. So kam es vor, daß ein Mann, der sich in seinen Beziehungen zu Frauen seiner selbst nicht ganz sicher war, sich in einem vergangenen Dasein in einer Rolle wiederfand, in der er von einer Frau unters Joch gezwungen wurde. Genauso schlicht, einfach und unkompliziert stellen sich die Zusammenhänge in einer Vielzahl von Fällen dar.

Aber zuweilen hat man es auch mit Rückführungserlebnissen zu tun, die sich nicht so leicht auf so naheliegende Wurzeln zurückverfolgen lassen. *Welche Erklärung habe ich für die kleine Zahl von rätselhaften Fällen, in denen eine «Rückführung in ein früheres Leben» allem Anschein nach tatsächlich in ein früheres Leben führte?* Keine. Und auch die Wissenschaft insgesamt hat keine. Wo derlei «Sonderfälle» (wie sie von vielen meiner Kollegen genannt werden) auftreten, werden sie gewöhnlich als Kryptomnesie oder Xenoglossie abgetan – als eine Art geistiges Aufstoßen von lang, lang zuvor geschluckten Informationshappen. In unserer Welt dominiert ein wissenschaftlicher Forschungsstil, der voraussetzt, daß ganze Populationen auf eine spezifische Behandlung jeweils uniform reagieren, und unter der Herrschaft dieses Forschungsstils weiß man sich eben mit «Sonderfällen» nicht besser zu behelfen, als daß man sie so lange ignoriert, bis sie sich zu einem schlechterdings nicht mehr zu ignorierenden Berg aufgetürmt haben.

«Außergewöhnliche Behauptungen»

Es schafft daher Probleme, aus meinen Forschungen wissenschaftskonforme Schlußfolgerungen ableiten zu wollen. Mein Faktenmaterial ist anekdotischer Natur, was im konkreten Fall heißt: Es besteht aus Geschichten, die mir von anderen Leuten erzählt wurden. Häufig ist praktisch keine Möglichkeit gegeben, den objektiven Wahrheitsgehalt dieser Geschichten zu überprüfen, weil man dazu einesteils wiederum auf Faktenauskünfte der betreffenden Versuchsperson zurückgreifen müßte und zum anderen lückenloses Archivmaterial aus der fraglichen Zeit benötigen würde. Und es existiert auch keine wirklich zuverlässige Methode, den möglichen Anteil psychologischer Faktoren exakt einzugrenzen: In welchem Umfang handelt es sich bei dem Material um «altes Gerümpel», das in irgendeinem vergessenen Abstellraum des Unbewußten lagerte? Bis zu welchem Grad ist dieses oder jenes Rückführungserlebnis nur der symbolische Ausdruck einer tiefsitzenden Psychoproblematik, die in diesem Leben wurzelt? Unmöglich, das mit letzter Sicherheit zu bestimmen.

Am Ende eines arbeitsintensiven Forschungsunternehmens sähe ich mich jetzt gern in der Lage, den einen oder anderen positiven Beweis für die Realität der Seelenwanderung vorzuweisen. Aber was das betrifft, stehe ich mit leeren Händen da. «Außergewöhnliche Behauptungen verlangen außergewöhnliche Beweise», sagen die Vertreter der akzeptierten Wissenschaftsmethodik nicht ohne Berechtigung. Was die Seelenwanderung betrifft, stehen diese Beweise bisher noch aus.

Gleichwohl möchten die meisten Menschen im Zusammenhang mit der Inkarnationsregression immer als erstes wissen: Sprechen diese Rückführungserlebnisse nun in irgendeiner Weise für die Realität der Seelenwanderung oder nicht?

Die Vorstellung von der Reinkarnation – der Wiederverkörperung – hat für den menschlichen Geist insofern etwas Verlockendes, als sie unser derzeitiges Leben als lediglich eine Etappe in einem umfassenderen Lernprozeß begreift.

Denken Sie doch nur einmal daran: Uns allen, wenn wir uns auf unsere Vergangenheit besinnen, fallen viele peinliche Entscheidungen und Handlungen ein, die wir rückblickend zutiefst bedauern. Es wäre doch wirklich eine schöne Sache, wenn unsere Chancen, Liebe, Selbstverwirklichung und Glück zu erlangen, schier unausschöpflich wären, weil uns vom Schicksal ein weit über diese kurze Lebensspanne hinausreichender Entwicklungsprozeß zugemessen ist. Leben an sich ist eine so komplizierte Angelegenheit und stellt uns alle immer wieder in so verwirrende Situationen, vor so schwierige Aufgaben, daß es auf den ersten Blick als krasse

Ungerechtigkeit erscheinen muß, wenn uns nicht mehr als diese einmalige knappe Frist vergönnt wäre, um das Mysterium der Existenz zu durchdringen und zu bewältigen.

Doch eben *weil* die Lehre von der Wiedergeburt eine so tiefe Sehnsucht der menschlichen Seele stillt, ist äußerste Skepsis am Platze gegenüber allen von wem auch immer berichteten Beobachtungen und Fakten, die die Wahrheit jener Lehre zu beweisen scheinen. Schließlich ist es eine bekannte Tatsache, wie leicht wir uns als Beobachter selbst etwas vormachen, sobald unsererseits affektgetragene Wünsche mit ins Spiel kommen.

Beispiel: die aktuelle Wissenschaftskontroverse über die sogenannte Kaltschmelze. In Utah gab 1989 ein Physiker bekannt, er habe eine Methode der Kernenergiegewinnung entdeckt, die sauberer und ungefährlicher sei als die Verschmelzung im Reaktor.

Bis zum Zeitpunkt der Niederschrift dieser Zeilen hat sich unter den zuständigen Fachleuten jedoch ein Übergewicht zugunsten der Überzeugung ergeben, daß jener Physiker sich mit seinen Beobachtungen getäuscht hat. Bis zu einem gewissen Grad war hier zweifellos Wunschdenken mit im Spiel.

Nicht anders könnte es sich auch im Fall der Wiedergeburtslehre verhalten. Die Vorstellung, nach dem Tode wiedergeboren zu werden, hat für viele Menschen etwas so Verlockendes, daß der Reinkarnationsglaube womöglich psychologisch ungesunde Erwartungen in ihnen weckt.

Überdies sollten wir nicht vergessen, daß die Seelenwanderung – wenn es sie denn wirklich geben sollte – de facto vielleicht ganz anders aussieht, als wir sie uns vorstellen, ja daß sie sich in einer Form vollziehen könnte, mit der unsere Vorstellungskraft total überfordert wäre.

Nehmen wir zur Illustration einmal an, wir führten unter Vorschulkindern eine Umfrage durch zu dem Thema: «Wie stellt ihr euch euer Leben nach dem Abitur vor?» Es müßte schon ein richtiges Wunderkind sein, das uns eine halbwegs prägnante und darüber hinaus auch noch zutreffende Antwort zu geben in der Lage wäre. Die Wahrscheinlichkeit spricht mehr dafür, daß alle Antworten, die wir erhalten, auch nicht im entferntesten die – den Kindern zum gegebenen Zeitpunkt ja noch ganz unbegreifliche – Realität wiedergeben, mit der sie es nach dem Abitur zu tun haben werden. Was wir von diesen Befragten zu hören bekämen, wären wirklichkeitsferne Fortschreibungen ihrer derzeitigen Lebensform und ihres derzeitigen Weltbilds.

Denn was wissen Kinder in diesem Alter schon davon, wie komplex ihr späteres Leben sein wird? Sie würden in ihren Prognosen sehr wahrscheinlich die Bedeutung des sexuellen Faktors in den menschlichen Beziehungen weit unterschätzen, weil sie noch nicht ahnen, in welchem Umfang er eines Tages auch ihre Persönlichkeit mitprägen wird. Sie würden totale Verständnislosigkeit offenbaren, was die Bedingungen der Arbeitswelt oder elterliche Pflichten betrifft.

Ja, könnte man diese Vorschulkinder auf wunderbare Weise einen Blick in die Zukunft tun lassen, der ihnen zeigt, wie ihr Leben in zwanzig Jahren *wirklich* aussieht, müßte ihnen alles, was sie dabei zu sehen bekommen, wie ein verstiegener, unbegreiflicher Traum vorkommen.

Gibt es tatsächlich ein Leben nach dem Tode, müßte sich dann die Realität dieses Jenseits nicht in ähnlichem Maßstab von den Geschichten unterscheiden, die wir uns hier von ihm erzählen? Selbst die Menschen, die aus einem Nachtod-Erlebnis wiedererweckt wurden, versichern einhellig, daß unsere irdisch-diesseitige Sprache nicht in der Lage sei, das Wesen jener Erfahrung, die das Überschreiten der Grenze zum Tod ihnen brachte, in seiner ganzen Ungewöhnlichkeit wiederzugeben.

Meiner Ansicht nach ergibt sich ein näherliegender Deutungsansatz für das Phänomen der Erinnerung an ein früheres Dasein, wenn man es im Zusammenhang mit den Versuchen des menschlichen Bewußtseins sieht, sich den weltgeschichtlichen Prozeß begreiflich zu machen.

Möglicherweise haben die Inkarnationserlebnisse mit dem menschlichen Geschichtsbewußtsein zu tun. Die Annahme erscheint plausibel, daß die scheinbaren Erinnerungen an frühere Existenzen ursprünglich Teil der Bemühungen des menschlichen Geistes waren, das Faktum zu verarbeiten, daß die Menschheit im Lauf einer vieltausendjährigen Geschichte eine kaum zu fassende Vielfalt von Kultur- und Lebensformen hervorgebracht hat. Das Panorama der Kulturgeschichte bietet einen sinnverwirrenden Anblick – zumal für uns Heutige, vor deren Augen sich in gleichmäßiger Deutlichkeit die gesamte Strecke vom Steinzeitalter bis zum Computerzeitalter präsentiert. Der Gedanke ist nicht von der Hand zu weisen, daß jedes Individuum sich im unbewußten Bereich seines Selbst auf der Suche nach dem Ort in dieser langen Kette menschlicher Möglichkeiten befindet, den er als seine existentielle Heimat betrachten könnte.

Letzthin legte mir jemand die Frage vor: Wenn ein allgemeiner Gerichtshof darüber zu befinden hätte, ob es Dinge wie Seelenwanderung, Wiedergeburt und dergleichen wirklich gibt oder nicht, wie würden die Geschworenen Ihrer Meinung nach entscheiden? Nun, ich glaube, die Entscheidung würde zugunsten der Wiedergeburtslehre ausfallen. Denn letzten Endes gehen die einschlägigen Erlebnisse den meisten Menschen zu nahe, als daß sie sich mit einer anderen Erklärung zufriedengeben könnten.

Was mich persönlich betrifft, so hat sich im Zuge meiner Beschäftigung mit den Reinkarnationsphänomenen meine Einstellung geändert. Ich halte Rückführungserlebnisse schon lange nicht mehr für «Kuriositäten» oder gar «Abstrusitäten». Heute weiß ich, daß es ganz normale Vorkommnisse sind, die jedem hypnotisierbaren Menschen begegnen können. Wie hat man sie zu bewerten? Im bescheidensten Fall als unschätzbar wichtige Botschaften des tiefsten Unbewußten. Im äußersten denkbaren Fall als Beweise für ein Leben vor dem Leben.

ANHANG

Anleitung zur Selbsthypnose

Die Furcht, wehrlos einem fremden Willen ausgeliefert zu sein, hält viele Menschen davon ab, einen Hypnotherapeuten zu konsultieren, ja macht das Thema Hypnose für sie geradezu tabu. Nun würde es zwar einem guten Hypnotherapeuten nicht im Traum einfallen, seine – ohnehin sehr begrenzte – «Macht» in irgendeiner Weise «mißbrauchen» zu wollen (von der Frage, ob er das überhaupt kann, einmal ganz abgesehen). Aber trotzdem scheint es nach Lage der Dinge für manche Leute das Beste, sich auf eigene Faust den Zugang zur Welt des «Hypnotismus» zu erobern: auf diesem Weg werden sie am schnellsten lernen, ihre Befangenheit abzubauen. Zu diesem Zweck ist im folgenden die Textgrundlage für eine Tonbandhilfe zur Selbsthypnose abgedruckt. Manchen Menschen gelingt der Sprung in die Selbsthypnose auf Anhieb, anderen erst nach wiederholten Anläufen. Hier wie überall sind Geduld und Ausdauer die Schlüssel zum Erfolg.

Ich empfehle, den folgenden Text mit ruhiger Stimme langsam auf Tonband zu sprechen. Sie sollten sich dabei stets vor Augen halten, daß der Zweck des Tonbands darin besteht, Sie später in Hypnose zu versetzen – was Entspanntheit voraussetzt. Für das korrekte Timing der Pausen zwischen den gesprochenen Sätzen ist es ratsam, mit einer Stoppuhr zu arbeiten.

Lesen Sie sich den Text mehrere Male durch, bis Sie ihn ganz genau kennen. Nachdem Sie dann Ihr Tonbandgerät auf Aufnahme geschaltet haben, lesen Sie laut. (In Klammern hinter jedem Absatz die Dauer der anschließenden Sprechpause.)

Ein Text für die Selbsthypnose

Du verlegst dein Bewußtseinszentrum in deine Augenlider.
Dein ganzes Bewußtsein ist jetzt in den Augenlidern. –
(5 Sekunden Pause)
Du spürst, wie die Spannung weicht. Die Lider sind ganz
schlaff. – *(5 Sekunden)*
Ganz schlaff. – *(2 Sekunden)*
Ganz schlaff. – *(2 Sekunden)*
Du spürst jetzt deine Augen. Du spürst, wie deine Augen sich
entspannen. Die Augen sind jetzt ganz locker und entspannt.
– *(5 Sekunden)*
Ganz locker und entspannt. – *(2 Sekunden)*
Ganz locker und entspannt. – *(2 Sekunden)*
Dein Bewußtseinszentrum gleitet ein kleines Stück tiefer in
die oberen Gesichtsmuskeln. – *(2 Sekunden)*
Die Muskeln werden schlaff und schwer. – *(2 Sekunden)*
Ganz schlaff und schwer. – *(2 Sekunden)*
Ganz schlaff und schwer. – *(2 Sekunden)*
Jetzt spürst du deine Backenmuskeln. Die Spannung weicht
aus den Backenmuskeln. Sie werden schlaff und schwer. –
(2 Sekunden)
Ganz schlaff und schwer. – *(2 Sekunden)*
Ganz schlaff und schwer. – *(2 Sekunden)*
Ganz schlaff und schwer. – *(2 Sekunden)*
Du spürst jetzt die Muskeln um den Mund und deine Lippen.
Die Spannung weicht. Mund und Lippen werden...
...schlaff und schwer. – *(2 Sekunden)*
Ganz schlaff und schwer. – *(2 Sekunden)*
Ganz schlaff und schwer. – *(2 Sekunden)*
Du spürst jetzt deine Kinnbacken. Die Muskeln an den
Kinnbacken lockern sich. Sie werden schlaff und schwer. Das
Kinn klappt dir nach unten, so schlaff und schwer ist es. –
(2 Sekunden)

Die Kinnbacken sind schlaff und schwer. – *(2 Sekunden)*
Ganz schlaff und schwer. – *(2 Sekunden)*
Ganz schlaff und schwer. – *(2 Sekunden)*
Wenn du schlucken mußt, dann laß es einfach geschehen,
es stört nicht. Du merkst, du bleibst ganz, ganz entspannt. –
(2 Sekunden)
Du spürst jetzt deine Stirn. Achte auf deine Stirn. Deine Stirn
ist kühl und entspannt. – *(2 Sekunden)*
Kühl und entspannt. – *(2 Sekunden)*
Kühl und entspannt. – *(2 Sekunden)*
Dein Gesicht ist vollkommen entspannt, und du gehst jetzt im
Bewußtsein über die Kopfhaut. Du spürst, wie deine Kopf-
haut sich entspannt. – *(2 Sekunden)*
Die Kopfhaut ist ganz entspannt. – *(2 Sekunden)*
Ganz entspannt. – *(2 Sekunden)*
Ganz entspannt. – *(2 Sekunden)*
Jetzt gleitet dein Bewußtseinszentrum zum Hinterkopf…
und zum Nacken… Hinterkopf und Nacken sind ganz ent-
spannt. – *(2 Sekunden)*
Ganz entspannt. – *(2 Sekunden)*
Ganz entspannt. – *(2 Sekunden)*
Dein ganzer Kopf ist vollkommen entspannt. Du spürst, wie
schwer er ist. Ganz schlaff und schwer… so schwer, daß er
eine richtige Kuhle ins Kissen drückt. – *(3 Sekunden)*
Du verlagerst jetzt dein ganzes Bewußtsein in deine Nasenflü-
gel. Du spürst deine Nasenflügel… spürst, wie die Atemluft
einströmt… und ausströmt. – *(2 Sekunden)*
Ein… aus… – *(2 Sekunden)*
Ein… aus… – *(2 Sekunden)*
Du entdeckst, wie gut es tut, den Atem durch die Nasenlöcher
in die Nase strömen zu fühlen… durch die Nase in die Luftröhre, durch die Luftröhre in die Lunge. – *(2 Sekunden)*
Du spürst wohlig die Atembewegung der Lunge… beim Ein-
strömen… und Ausströmen… – *(2 Sekunden)*

Du spürst, wie das ruhige Strömen deines Atems deine Entspannung vertieft. Du fühlst dich wohler und immer wohler ... entspannter und immer entspannter ... – *(2 Sekunden)*
Du holst jetzt tief Luft – so tief du kannst – und spürst, wie sich beim Ausatmen die Muskeln an deinem Brustkorb entspannen. Die Brust ist ganz entspannt. – *(2 Sekunden)*
Ganz entspannt. – *(2 Sekunden)*
Ganz entspannt. – *(2 Sekunden)*
Du holst noch mal tief Luft. Brust und Rücken werden immer schwerer. – *(2 Sekunden)*
Brust und Rücken ... ganz schwer ... – *(2 Sekunden)*
Brust und Rücken ... ganz schwer ... – *(2 Sekunden)*
Das Schweregefühl sinkt hinunter in den Bauch. Du spürst jetzt deine Bauchmuskeln. Sie sind ganz schwer. –
(2 Sekunden)
Ganz schwer. – *(2 Sekunden)*
Ganz schwer. – *(2 Sekunden)*
Ganz schwer. – *(2 Sekunden)*
Dein Bauch ist ganz entspannt ... ganz entspannt. –
(2 Sekunden)
Du wanderst jetzt in Gedanken vom Nackenansatz bis zum Steißbein die Wirbelsäule hinunter. – *(2 Sekunden)*
Achte genau auf die Muskeln an deiner Wirbelsäule. Die Wirbelsäule ist vom Nacken bis zum Steißbein ganz schwer. –
(2 Sekunden)
Ganz schwer. – *(2 Sekunden)*
Ganz schwer. – *(2 Sekunden)*
Ganz schwer. – *(2 Sekunden)*
Du spürst jetzt, wie dein Oberkörper sich im Rücken entspannt. Du spürst, wie die Verspannungen sich lösen und der Rücken immer schwerer wird. – *(2 Sekunden)*
Der Oberkörper ist im Rücken ganz schwer. – *(2 Sekunden)*
Ganz ... ganz ... schwer. – *(2 Sekunden)*
Du entspannst jetzt Schultern und Arme. Zuerst die rechte

Schulter. Dein Bewußtsein ist in deiner rechten Schulter.
Die rechte Schulter ist ganz schwer. – *(2 Sekunden)*
Die rechte Schulter ist schwer. – *(2 Sekunden)*
Schwer. – *(2 Sekunden)*
Ganz schwer. – *(2 Sekunden)*
Jetzt spürst du den rechten Oberarm schwer werden. –
(2 Sekunden)
Der rechte Oberarm ist schwer. – *(2 Sekunden)*
Schwer. – *(2 Sekunden)*
Ganz schwer. – *(2 Sekunden)*
Jetzt verlagerst du dein Bewußtseinszentrum in den rechten
Unterarm. Du spürst den rechten Unterarm. Der rechte Un-
terarm ist ganz schwer. – *(2 Sekunden)*
Der rechte Unterarm ist schwer. – *(2 Sekunden)*
Schwer. – *(2 Sekunden)*
Ganz schwer. – *(2 Sekunden)*
Jetzt gleitet dein Bewußtsein in das rechte Handgelenk und
die Hand – bis in die Fingerspitzen hinein ... Rechtes Hand-
gelenk und rechte Hand sind bis in die Fingerspitzen hinein
ganz schwer. – *(2 Sekunden)*
Hand und Handgelenk rechts sind ganz schwer. –
(2 Sekunden)
Schwer. – *(2 Sekunden)*
Ganz schwer. – *(2 Sekunden)*
Jetzt verlagerst du dein Bewußtseinszentrum nach links ... in
die linke Schulter. Dein Bewußtsein ist in deiner linken Schul-
ter. Die linke Schulter ist ganz schwer. – *(2 Sekunden)*
Die linke Schulter ist schwer. – *(2 Sekunden)*
Schwer. – *(2 Sekunden)*
Ganz schwer. – *(2 Sekunden)*
Jetzt spürst du den linken Oberarm schwer werden. –
(2 Sekunden)
Der linke Oberarm ist schwer. – *(2 Sekunden)*
Schwer. – *(2 Sekunden)*

Ganz schwer. – (2 Sekunden)

Jetzt verlagerst du dein Bewußtseinszentrum in den linken Unterarm. Du spürst den linken Unterarm. Der linke Unterarm ist ganz schwer. – (2 Sekunden)

Der linke Unterarm ist schwer. – (2 Sekunden)

Schwer. – (2 Sekunden)

Ganz schwer. – (2 Sekunden)

Jetzt gleitet dein Bewußtsein in das linke Handgelenk und die Hand – bis in die Fingerspitzen hinein... Linkes Handgelenk und linke Hand sind bis in die Fingerspitzen hinein ganz schwer. – (2 Sekunden)

Hand und Handgelenk links sind ganz schwer. – (2 Sekunden)

Schwer. – (2 Sekunden)

Ganz schwer. – (2 Sekunden)

Jetzt verlagerst du dein Bewußtseinszentrum nach unten... ins linke Bein. Dein Bewußtsein ist in deinem linken Oberschenkel. Der linke Oberschenkel... mitsamt dem Knie... ist ganz schwer. – (2 Sekunden)

Der linke Oberschenkel ist schwer. – (2 Sekunden)

Schwer. – (2 Sekunden)

Ganz schwer. – (2 Sekunden)

Jetzt spürst du die Schwere vom Knie in den linken Unterschenkel wandern. Die Schwere fließt durch die linke Wade und die Muskeln am Schienbein bis hinunter in die Fußsohle und die Zehen. – (2 Sekunden)

Der linke Unterschenkel ist bis zur Fußsohle und in die Zehen hinein ganz schwer. – (2 Sekunden)

Schwer. – (2 Sekunden)

Ganz schwer. – (2 Sekunden)

Deine linke Körperhälfte ist jetzt von der Schädeldecke bis zu den Zehenspitzen ganz entspannt und schwer. – (2 Sekunden)

Du fühlst dich sehr, sehr entspannt. – (2 Sekunden)

Dein ganzer Körper ist jetzt schwer ... so schwer, daß es scheint, er wolle im Polster versinken. – *(2 Sekunden)*

Wenn du Mundtrockenheit verspürst, kannst du dem einfach abhelfen, indem du dein Bewußtseinszentrum in die Magengrube verlagerst. – *(5 Sekunden)*

Ich zähle jetzt rückwärts von Zehn bis Null. Und mit jedem Zählschritt sinkst du tiefer in die Entspannung. Von Zehn bis Null immer tiefer und tiefer. Wenn ich «Null» sage, fühlst du dich so vollkommen entspannt und so vollkommen wohl im Hier und Jetzt, wie man sich überhaupt nur fühlen kann. – *(2 Sekunden)*

Ich zähle, und mit jeder Zahl sinkst du tiefer in die Entspannung und fühlst dich sehr, sehr wohl. – *(2 Sekunden)*

Zehn. Du sinkst tiefer in die Entspannung. – *(2 Sekunden)*

Neun. Du sinkst tiefer ... und tiefer ... und tiefer. Du fühlst dich noch wohler und entspannter. – *(2 Sekunden)*

Acht. Du sinkst noch tiefer und tiefer – bis zur ... – *(2 Sekunden)*

Sieben. Noch tiefer und tiefer, fühlst du dich immer wohler. Es geht weiter in die Tiefe bis zur ... – *(2 Sekunden)*

Sechs. Weiter und weiter in die Tiefe. Tiefer und tiefer bis zur ... – *(2 Sekunden)*

Fünf. Du sinkst immer tiefer in die Entspannung – bis zur ... – *(2 Sekunden)*

Vier. Noch tiefer. Noch entspannter. Bis zur ... – *(2 Sekunden)*

Drei. Die Entspannung wird tiefer, du sinkst tiefer – bis zur ... – *(2 Sekunden)*

Zwei. Immer noch tiefer und tiefer – bis zur ... – *(2 Sekunden)*

Eins. Jetzt noch einmal ganz in die Tiefe des Entspanntseins – so tief wie noch nie zuvor. Du bist entspannt ... sehr entspannt. Jetzt gehen wir zur ... – *(2 Sekunden)*

Null. Du bist jetzt so entspannt, wie man überhaupt nur sein kann.

Wir bleiben jetzt in dieser vollkommenen Entspannung und diesem Wohlgefühl.

Jetzt vergegenwärtigst du dir den Ort, an dem du dich befindest. Es ist ein wunderschöner Ort, an dem du dich sehr, sehr wohl fühlst.

Es ist ein Ort unter freiem Himmel, und mit Hilfe deiner Phantasie stellst du dir jetzt die Schönheit dieses Ortes plastisch vor. Du blickst dich um und siehst klar und deutlich deine Umgebung. Du malst dir den Anblick mit allen Einzelheiten aus und spürst das Wohlbehagen, das dir dieser Ort einflößt. – *(2 Sekunden)*

Als nächstes werde ich dich nochmals auffordern, deine Vorstellungskraft und deine Phantasie zu gebrauchen. Du sollst dir dann vorstellen, wie du an diesem schönen Tag deinen Körper verläßt und in die Höhe steigst, ganz hoch hinauf, bis du deinen Körper fast hundert Meter tief unter dir siehst.

Von dort oben schwebst du dann langsam wieder auf die Erde zurück. Aber jetzt befindest du dich, wenn deine Füße den Boden berühren, in einem früheren Leben. Von nun an wird alles, was dir zustößt, dir so vorkommen wie ein Stück von einem anderen Leben. Wie ein Leben, das du in der Vergangenheit gelebt hast. Vor deiner Geburt.

Du wirst dieses Leben Szene für Szene wiedererleben können. Du kannst in die Szenen hineingehen und sie ebenso wieder verlassen.

Obwohl du dich in tiefer Entspannung befindest, kannst du sprechen und gleichzeitig alle auftauchenden Gefühle, Gedanken und Geschehnisse miterleben.

Wenn du willst, kannst du dein Kritikvermögen suspendieren und alles einfach kommen lassen, wie es kommt, und dich ihm überlassen. Hinterher kannst du es kritisch analysieren, wenn du das möchtest. Aber jetzt laß es einfach nur geschehen.

Das Erlebnis kommt von selbst. Und du wirst sehen, während

des Erlebnisses bleibt dein Körper die ganze Zeit über entspannt und fühlt sich wohl.

Es kann sein, daß du auch die Gefühlsreaktionen wiedererlebst, die mit dem jeweiligen Geschehnis verbunden sind. Wenn das eintritt, verharrst du in der unerschütterlichen Gewißheit, daß diese Gefühle dir jetzt in keiner Weise mehr weh tun können. Du hast sie schon einmal durchlebt und weißt, sie können dir nichts mehr anhaben.

Und während du dir jetzt noch einmal sagst, wie schön es hier rundherum ist, beginnst du die Lebenskraft in dir zu spüren. Du spürst die prickelnde Energie in deinem Körper.

Und jetzt spürst du, wie du dich über deinen Körper erhebst. Nimm deine Vorstellungskraft zu Hilfe, um dich über das Niveau deines Körpers zu erheben. Erst sind es nur wenige Fingerbreit. Jetzt schwebst du höher und höher.

Du schwebst hoch über deinem Körper. Nimm deine Vorstellungskraft zu Hilfe, um es dir auszumalen. Na, siehst du... Du fühlst dich so unendlich wohl. So unendlich entspannt.

Gleich wirst du ein Fingerschnippen hören, und daraufhin wird dein Unbewußtes ein früheres Leben auswählen, das besonders wichtig und aufschlußreich in bezug auf dein derzeitiges Leben ist. Du brauchst nichts weiter zu tun, als ganz entspannt zu bleiben. Die Arbeit überläßt du deinem Unbewußten. Du läßt dein Unbewußtes jetzt dein früheres Leben auswählen. *(Einmaliges Fingerschnippen)*

Jetzt spürst du, wie du langsam abwärts schwebst. Abwärts. Und immer abwärts. Jetzt langsam, ganz langsam – gleich wirst du sacht mit den Füßen den Boden berühren.

Denk jetzt daran, daß du, wenn du den Boden berührst, dich in einem anderen Leben wiederfinden und mit allem, was du von da an siehst, einverstanden sein wirst.

Du schwebst abwärts, abwärts. Und jetzt landest du sacht auf dem Boden. Du blickst auf deine Füße hinunter. Kannst du deine Füße sehen? – *(2 Sekunden)*

Betrachte den Boden rund um deine Füße. – *(2 Sekunden)*
Jetzt erhebe langsam den Blick... – *(1 Sekunde)*
...langsam... – *(1 Sekunde)*
...ganz langsam... – *(2 Sekunden)*
Du wirst mit allem, was du gleich sehen wirst, einverstanden
sein. – *(2 Sekunden)*
Langsam aufsehen. Du bist mit allem einverstanden, was du
sehen wirst. – *(2 Sekunden)*
Dein Blick ist jetzt geradeaus nach vorn gerichtet. –
(2 Sekunden)
Deine Umgebung kommt langsam scharf ins Bild. –
(1 Sekunde)
Kommt langsam scharf ins Bild. – *(1 Sekunde)*
Kommt langsam scharf ins Bild. – *(1 Sekunde)*
Du siehst jetzt alles klarer. – *(1 Sekunde)*
Klarer. – *(1 Sekunde)*
Und klarer. – *(1 Sekunde)*
Jetzt nimmst du alles in äußerster Schärfe wahr und bist mit
dem, was du siehst, einverstanden. – *(2 Sekunden)*
Du bist mit deiner Umgebung einverstanden. – *(2 Sekunden)*
Ich zähle jetzt bis drei, und dann sagst du mir, was du siehst. –
(1 Sekunde)
Eins... – *(1 Sekunde)*
Zwei... – *(1 Sekunde)*
Drei... – *(2 Sekunden)*
Jetzt berichte mir, was du in diesem deinem früheren Leben
siehst. – *(30 Sekunden Stille auf dem Band)*
Erzähl weiter. – *(30 Sekunden)*
Wenn es noch mehr zu berichten gibt, mach bitte weiter. Aber
fühl dich nicht gedrängt. Nur falls du noch mehr siehst –
erzähl weiter, was du siehst. – *(30 Sekunden)*
Siehst du irgendwelche Leute? – *(5 Sekunden)*
Falls du Leute siehst: wie sind sie angezogen und wie sehen sie
aus? – *(30 Sekunden)*

Wie steht es mit der Umgebung? Sind Häuser oder irgendwelche anderen Bauwerke zu sehen? Wie ist die Landschaft? Erzähl mir, was du davon siehst. – *(30 Sekunden)*
Berichte weiter über deine Umwelt in diesem vergangenen Leben, wenn es noch etwas zu berichten gibt. – *(15 Sekunden)*
Du kannst dich da, wo du bist, ungehindert umherbewegen. – *(5 Sekunden)*
Sieh dich ganz nach Belieben um. Untersuche die Dinge um dich herum, wenn du willst. Betrachte alles in diesem früheren Dasein mit Staunen und Neugier. Erzähl mir, was du siehst. – *(30 Sekunden)*
Hörst du Menschen miteinander sprechen? – *(2 Sekunden)*
Wenn du Gespräche hören kannst, erzähl mir, was du hörst. Wenn nicht, mach dir keine Gedanken darüber. Geh nur einfach immer weiter in diesem Traum herum. – *(2 Sekunden)*
Schildere, was du siehst und hörst. Ich hör dir zu. – *(30 Sekunden)*
Wenn du weitermachen möchtest – ich höre noch zu. – *(30 Sekunden)*
Hörst du noch andere Gespräche? Oder überhaupt irgendwelche Gespräche? Erzähle mir noch mehr darüber, was du hörst und siehst. – *(30 Sekunden)*
Siehst du in diesem früheren Leben Menschen, die dir im derzeitigen Leben nahestehen? – *(3 Sekunden)*
Wenn ja, erzähl mir was über sie. Was sind das für Menschen im früheren Leben? – *(30 Sekunden)*
Wie behandeln sie dich? Sag es mir. – *(30 Sekunden)*
In diesem früheren Leben kannst du dich frei durch die Zeit bewegen. Geh jetzt vorwärts zum Ende dieses Lebens und sag mir, was du siehst. – *(2 Sekunden)*
Wie siehst du aus? – *(15 Sekunden)*
Wo befindest du dich? Schildere deine Umgebung. – *(15 Sekunden)*
Erzähle mir jetzt bitte ausführlich, was an dieser Stelle deines

früheren Lebens geschieht. Ich bin die nächsten zwei Minuten still, damit du so genau wie möglich schildern kannst, was geschieht. Okay – fang jetzt an. – *(2 Minuten)*

Gibt es noch mehr zu berichten? Ich bin noch einmal eine Minute lang still, damit du weitererzählen kannst, wenn du möchtest. – *(1 Minute)*

Gut. Gibt es dazu noch etwas zu sagen? Ich höre zu. – *(30 Sekunden)*

Gut. Du stoppst jetzt dieses frühere Leben genau an dieser Stelle. Du bist der Herr des ganzen Geschehens, und deshalb ist es gar keine Frage, daß du das kannst, wenn du es willst. – *(5 Sekunden)*

Bitte präge dir ein, daß dies ein vergangenes Dasein war. Du bist in einem anderen Leben, und was immer auch in jenem Leben geschehen ist, du hast es lange hinter dir. Aus den Erfahrungen in deinem früheren Leben kannst du ein besseres und glücklicheres Leben im Heute führen lernen. – *(5 Sekunden)*

Wir lösen uns nun behutsam von dem vergangenen Dasein und kehren in die Gegenwart zurück. Du gleitest ganz langsam in deinen Körper zurück. Langsam. Ganz langsam. – *(5 Sekunden)*

Du fühlst, dein Unterbewußtsein löst sich von dem vergangenen Dasein und kehrt in deinen Körper zurück. Langsam. Ganz langsam. Es schlüpft wieder in dich hinein wie eine Hand in den Handschuh. – *(5 Sekunden)*

Spürst du es? Du bist wieder in deinem Körper. – *(5 Sekunden)*

Bewege jetzt sachte Hände und Füße. – *(5 Sekunden)*

Dreh sachte den Kopf hin und her. – *(5 Sekunden)*

Jetzt dreimal tief Luft holen... – *(2 Sekunden)*

Einmal... – *(2 Sekunden)*

Zweimal... – *(2 Sekunden)*

Und das drittemal. – *(2 Sekunden)*

Du bist wieder hier, in der Gegenwart. Öffne die Augen und sieh dich um. Ich für meinen Teil bin jetzt fertig, aber du solltest noch einige Minuten hier liegenbleiben und über das frühere Leben, aus dem du gerade kommst, nachdenken. Erkennst du irgendwelche Zusammenhänge mit deinem jetzigen Leben? Erkennst du eine Lehre, die du daraus ziehen könntest? Denk eine Weile darüber nach und wende dich dann dem nächsten Punkt auf deiner Tagesordnung zu. *(Ende des Tonbands)*

Der Vorzug der Selbsthypnose

Fraglos ist das Hypnoseverfahren mit Hilfe des Tonbands gewissen Beschränkungen unterworfen, die bei der Arbeit mit einem Hypnotiseur aus Fleisch und Blut nicht gegeben sind. So etwa kann der Tonbandtext nicht flexibel auf konkrete Details des Rückführungserlebnisses reagieren, sondern muß ein starres Inhalts- und Ablaufschema unterstellen.

Durchaus nicht selten kommt es vor, daß ein Hypnotisierter in der Rückführung zunächst überhaupt nichts sieht, in welchem Fall die daraufhin ins Leere zielenden Anweisungen vom Tonband nur Verwirrung stiften. Ein Hypnotiseur dagegen würde sein weiteres Procedere immer auf die gegebene Lage einstellen.

Ein Tonbandtext kann auch nicht Vorkommnisse vorausahnen, die möglicherweise ein besonderes Licht auf die derzeitigen Lebensprobleme des Mediums werfen. Tauchen in der Erinnerung beispielsweise Gesprächsfetzen auf, die unter diesem Aspekt interessant sind, geht das Tonband naturgemäß darüber hinweg, wohingegen ein Hypnotiseur sofort «nachhaken» würde.

Nach diesen Beispielen können wir uns die Aufzählung sonstiger Nachteile der Selbsthypnose guten Gewissens er-

sparen, um statt dessen besser von ihrem wesentlichen, uner-
setzlichen Vorzug zu sprechen: *Die Selbsthypnose vermag,
indem sie die Einschläferungsprozedur der eigenen Stimme
der Betroffenen anvertraut, auch Mißtrauischen den Zugang
zur Welt des Hypnotismus zu eröffnen.* Hierin liegt der
eigentliche Nutzen des Tonbandtexts. Hat jemand mit Hilfe
eines selbstgefertigten Tonbands erst einmal einen sei's noch
so bescheidenen Erfolg in der Selbsthypnose erzielt, hat er
sich damit die besten Voraussetzungen verschafft, zu begreifen, daß das wahre Wesen der Hypnose nicht darin besteht,
die Herrschaft über sich selbst an einen fremden Willen abzu-
geben, sondern vielmehr darin, die Selbstbeherrschung so
weit zu steigern, daß man das eigene Unbewußte aufzuschlie-
ßen in der Lage ist.

Wer das einmal begriffen hat, sieht dann auch keine Gefahr
mehr darin, sich für eine unter Umständen gebotene weiter-
gehende Selbsterforschung der Führung eines erfahrenen
Hypnotherapeuten anzuvertrauen.

Über die Autoren

RAYMOND AVERY MOODY, jr., wurde am 30. Juni 1944 in Porterdale in Georgia geboren. Er erwarb seinen B. A. (Bachelor of Arts), seinen M. A. (Master of Arts) und seinen Ph. D. (Doctor of Philosophy) an der University of Virginia in Charlottesville. Er lehrte Philosophie an der East Carolina University in Greenville, North Carolina. Seinen medizinischen Doktortitel erwarb er 1976 am Medical College of Georgia in Augusta, arbeitete anschließend als Assistenzarzt an der University of Virginia Medical School. Von 1983 bis 1985 war Dr. Moody Forensic Psychiatrist am Central State Hospital in Georgia. Seitdem arbeitet er in seinem heimatlichen Bundesstaat als niedergelassener Psychiater in eigener Praxis und lehrt zugleich als Associate Professor of Psychology am West Georgia College in Carrollton.

PAUL PERRY ist Chefredakteur des «American Health Magazine» und Dozent am Gammett Center for Media Studies. Autor zahlreicher Artikel und mehrerer Bücher über medizinische Themen.

Phobie   kraukhafte Angst

Ferner liegen vor:

Dr. med. Raymond A. Moody
Leben nach dem Tod

Die Erforschung einer ungeklärten
Erfahrung
Mit einem Vorwort von Elisabeth Kübler-Ross
Deutsch von Hermann Gieselbusch und Lieselotte Mietzner
187 Seiten. Kartoniert

Nachgedanken über das Leben nach dem Tod

Deutsch von Hermann Gieselbusch
192 Seiten. Kartoniert

Dr. med. Raymond A. Moody/Paul Perry
Das Licht von drüben

Neue Fragen und Antworten
Deutsch von Lieselotte Mietzner
Mit einem Vorwort von Colin Wilson
224 Seiten. Kartoniert

«...Es ist erstens dankenswert, daß Dr. Moody sich mit diesen Phänomenen befaßt und andere dazu angeregt hat, dies zu tun, und
zweitens ist ihm zuzustimmen, wenn er in seinem Buch ‹Nachgedanken über das Leben nach dem Tod› sagt: Die Frage lautet nicht mehr,
gibt es diese Phänomene, sondern: Was können wir damit anfangen?
Die Beobachtungen Moodys sind interessant und wichtig. Abgesehen von ihrem medizinischen Interesse wären die Untersuchungen
Moodys tatsächlich geeignet, eine gewisse Hilfe für das Sterben zu
bringen, mit dem wir ja alle fertig werden müssen. Eine Hilfe dadurch, daß sie auf die Bedeutung unseres gelebten Lebens, unserer
Lebenshaltung für die Bewältigung des eigenen Todes hinweisen.»
Der Spiegel

Rowohlt

Julian Jaynes

**Der Ursprung des Bewußtseins
durch den Zusammenbruch der
bikameralen Psyche**

Deutsch von Kurt Neff
560 Seiten. Gebunden

Der Mensch der Frühzeit gehorchte den Stimmen der Götter: nicht
der HERR sprach, sondern akustische Halluzinationen tönten im
Gehirn, sagt Professor Jaynes. Die bikamerale Psyche war in eine
befehlende und eine ausführende Hemisphäre, das Sprach- und das
Hörzentrum, geteilt. Vor 3000 Jahren zerfiel das System, und etwas
Neues trat auf in der Menschheitsgeschichte: Bewußtsein. Der ameri-
kanische Psychologe entwirft ein Bild vom Menschen, wie er war
und wie er heute ist.

«Jaynes erweist sich als Wissenschaftler, der sowohl kulturhisto-
risch als auch naturwissenschaftlich höchst kompetent erscheint.
Seine Schlüsse sind nie gewagt in dem Sinne, daß sie Argumen-
tationslücken mit willentlich herangezogenen Hypothesen füllen.
Sie sind plausibel. Julian Jaynes argumentiert auf dem sicheren Fun-
dament eines enormen Wissens auf den verschiedensten Gebieten.
Im übrigen ist dieses Werk geprägt von jener angloamerikanischen
Fairneß, die nicht nur den Sport, sondern auch die schöne Kunst der
Argumentation auszeichnet. Spekulationen werden als solche
kenntlich gemacht, wobei die Notwendigkeit dieser Spekulation
stets begründet wird. Und auch wenn man den Thesen von Jaynes
nicht in allen Punkten zustimmen mag, der Faszination dieser
Psychohistorie, dem Versuch, Kulturgeschichte auf der Grundlage
biologischer Gegebenheiten zu erklären, wird man sich nicht entzie-
hen können.»

Manfred Seiler, FAZ

Rowohlt

Stéphane Roussel
Jenseits der Nacht

Eine Reportage
156 Seiten. Gebunden

Die bekannte französische Journalistin, renommierte Deutschlandkorrespondentin und erfolgreiche Autorin («Die Hügel von Berlin») hat sich immer als Reporterin gesehen. Was sich ereignet, versucht Stéphane Roussel so genau wie möglich zu beschreiben, auch dann, wenn es ihr selbst geschieht. Wie in dieser Nacht im Amerikanischen Krankenhaus in Paris, allein im fremden Zimmer. Erinnerungen steigen in ihr auf.

Aber die Kranke umgibt nicht nur Vergangenheit, sondern auch eine immer befremdlicher werdende Gegenwart. Lichtstreifen sind auf dem Boden, wo keine Tür ist, durch deren Spalt das Licht fallen könnte. Flutende Bewegung erfüllt den Raum; sie selbst, unendlich klein geworden, sieht sich auf den «Wellen» treiben. Sie empfindet sich als Reisende, die sich einer «Pforte» nähert, hinter der sie erwartet wird, einem Ort, an dem sie schon einmal war...

Stéphane Roussel, die sich ein Leben lang zu skeptisch genauer Beobachtung erzogen hat, setzt sich unvoreingenommen dieser Erfahrung aus. Sie beschreibt, präzise und unsentimental, das Erlebnis der Todesnähe, das einen anderen Menschen aus ihr gemacht hat.

Rowohlt